한눈에 읽는 현대 철학

한눈에 읽는
현대 철학

30개의 키워드로
현대 철학의 핵심을 읽는다

남경태 지음

Humanist

| 머리말 |

현대사상의 길눈 얻기

1

철학자 수만큼 철학이 존재하는 세상이다. 과거에는 철학이 몇 가지 계열로 나뉘는 게 보통이었으나 지금은 각각의 철학자마다 고유한 사상을 전개하고 있다. 그만큼 현대의 지성계는 복잡하고 혼란스러우며, 교통정리하기도 어렵다.

정형과 무정형, 확실성과 불확실성의 중간쯤에 있는 지금, 다시 한 번 수십 년 전의 후설처럼 '학문의 위기'를 부르짖어야 할지, 아니면 언제나 있어왔던 역사적 고비, 경계 선상의 시대로 여겨야 할지 판단하기가 쉽지 않다. 더 큰 어려움은 그 판단이 철학자나 사상가만의 몫이 아니라는 데 있다. 예전에는 철학의 문제는 철학자의 문제였고 철학은 철학자의 분야였으나 지금은 그렇지 않다.

문학·미술·음악·영화·만화·매체 등등 현대 문화의 모든 장르는 의도적이든 아니든 철학적이라고 말해도 좋을 지적 배경을 등에 업고 전개되고 있다. 지금 시대의 지적 물결은 이제 철학자 사회의 문턱을 넘어 일상생활의 공간 속으로 흘러넘치는 중이다. 세계 속에 존재하는 우리로서는 마땅히 그 홍수에 대비하지 않을 수 없다.

현재 우리에게 밀려드는 지적 홍수의 정체를 한마디로 요약할 수는 없겠지만, 적어도 한 가지 공통적인 난제는 추출할 수 있다. 그것은 바로 말할 수 없는 것을 말해야 하는 난국에 처했다는 것이다.

400년 전에 데카르트는 "나는 생각한다, 그러므로 나는 존재한다$^{Cogito\ ergo\ sum}$."라는 유명한 말로 근대 철학의 문을 열었다. 모든 것을 회의하고 의심해본 결과 모든 것은 불확실하다. 그런데 그렇게 회의하고 의심하는 '나'라는 주체만은 확실하게 남는다. 그래서 철학적 사고의 출발점은 '생각하는 나'가 된다.

이것으로 이성의 시대, 합리주의 시대의 문이 활짝 열렸다. 한동안 인류 문명은 그 탄탄대로를 달려 자본주의와 의회민주주의를 일구었고, 과학혁명과 산업혁명을 일으켰다. 그 모든 것이 이성의 힘이었다. 그러나 무한히 빛을 발할 듯싶었던 이성은 그 찬란한 빛만큼 깊은 그늘을 만들었고, 결국 이성의 힘, 아니 이성 자체를 어떻게 봐야 할지를 근원적으로 고민해야 하는 시점에 봉착했다.

그 고민의 핵심에 바로 말할 수 없는 것을 말해야 한다는 난제가 놓여 있다. 이성은 이제 기존의 방식으로는 설명할 수 없는 반이성, 무의식, 욕망 같은 이성 바깥의 것들을 수용하든가 배제해야 하는 교차로에 섰다. 이성 자체가 위기에 처해 있다고 보든, 그래서 그것을 해체해야 한다고 보든, 아니면 이성이 흘러넘치는 게 아니라 오히려 태부족이라고 보든, 어쨌든 우리는 지금 말할 수 없는 것을 어떻게든 말해야 하는 묘한 처지에 놓여 있다.

2

어느 철학의 영역이든 이제 언어는 빼놓을 수 없는 중요한 논구 대상이 되었다(이렇게 '대상'이라고 말한 것 자체가 말할 수 없는 것을 말로 하는 느낌이다). 전통 철학에서는 그렇지 않았다. 단순히 도식화하면 전통적으로 철학이란 인간-인식-세계의 상호 연관된 삼원을 다루는 학문이었다. 언어는 인식의 도구, 철학의 수단일 뿐 철학의 대상이 아니었다.

그런데 이 구도에 일차적인 변경이 일어났다. 인식이 언어로 대체되면서 인간-언어-세계의 삼원으로 바뀐 것이다. 여기서 언어는 더 이상 인식의 도구가 아니며, 오히려 인식이 언어의 도구다. 이 구도는 언어를 인식 과정에 개재하는 모든 것의 총집합이자 인간과 세계의 여집합으로 보고 있다. 하지만 그 기획에는 무리가 있다. 비언어적인 것, 이를테면 직관이나 깨달음, 감동 같은 것들을 포함하지 못한다는 약점이 있는 것이다.

그러나 이 약점이 개선되기도 전에 언어는 한 걸음 더 나아가 인간을 아예 탈락시켜버린다(인간 자체가 사라진 게 아니라 언어가 인간을 언어 속으로 포함시켰다고 봐야 할까?). 이에 따라 인식의 지평이 사라지면서 삼원 구도는 언어-세계의 이원 구도로 바뀐다. 여기서 언어와 세계는 전통적인 의미의 연관성, 즉 친화성마저도 잃어버려 한층 소원한 관계가 되었다. 하지만 인간을 떼어버린 덕분에 비언어적인 것은 더 이상 고려할 필요가 없게 되었다. 약점은 개선된 게 아니라 아예 사라졌다. 이게 바로 현재의 상태다.

철학적 문제는 자꾸 반복되어 나온다는 데 특징이 있다. 해 아래 새것은 없다. 지금까지의 시각에서 미처 보지 못했고 심지어 가려져왔던 것들을 발견하고 그것을 새것으로 규정하면서 그것의 역사를 구성하려는 노력은 분명 가치 있는 작업이지만, 알고 보면 결코 새것이 아니다. 언제나 그랬듯이 철학에서는 창조란 없고 해석과 재해석만 있을 뿐이다. 가린 것도 없고 가려져온 것도 없다. 이렇게 본다면 언제 어디서도 언어의 문제는 있었다.

3

이 책은 모두 서른한 명의 사상가들에 관해, 그들의 핵심 개념을 중심으로 설명한다. 자연과학자나 사회과학자, 심지어 의사와 정치가도 있지만, 그들 역시 철학자는 아니더라도 모두 사상가임에는 틀림없다. 따라서 이 책은 철학서라기보다 현대의 지적 지형을 파악하기 위한 '교통 안내서'쯤 된다. 물론 이 책을 통해 다양한 현대사상을 남김없이 파악할 수는 없겠으나, 적어도 이 책에 소개된 인물들을 이해함으로써 대강의 '길눈'은 얻을 수 있을 것이다.

그렇게 말할 수 있는 이유는 여기 나온 인물들이 모두 19세기 말에서 20세기 초에 태어나 주로 20세기에 활동했기 때문이다. 여기 나온 사람들은 대부분 서로 만나거나 대화를 나눈 적이 없고 심지어 서로의 책을 그다지 열심히 읽지도 않았지만, 그럼에도 불구하고 놀라울 정도로 동시대성을 보여주고 있다. 비록 그들 각자는 동시대성을 부인할지 몰라도, 그리고 자신의 철학적 내용이 고유한 것이라고 항변할지 몰라도, 그들을 읽는 우리에게 더 생산적인 독해는 그들을 동시대성으로 읽는 것이다. 전반적으로 그들은 공통성보다 다양성을, 동일성보다 차이를 내세웠지만, 그들을 소화하는 우리는 반대로 다양성보다 공통성을, 차이보다 동일성을 찾아야 한다.

　철학 혹은 사상을 사전식으로 공부하거나 핵심어로 요약해서 읽는다는 것은 사실 옳은 방법이 아니다. 어딘가 모르게 수험 공부를 다시 하는 것 같아 언짢은 생각도 든다. 하지만 이 책은 단순히 어떤 사상의 내용을 요약하기보다 현대의 지적 흐름 속에서 각 사상의 좌표를 찾으려 한다는 점, 또한 이 얄팍한 책만으로 현대사상의 총체를 온전히 이해하리라고 기대하는 독자는 아마 없으리라는 점으로 변명을 삼고자 한다.

　끝으로, 이 책은 원래 《현대 철학은 진리를 어떻게 정의하는가》로 발간되었던 것을 수정해 재간행하는 것임을 밝혀둔다.

2012년 5월
남경태

| 차례 |

30개의 키워드로

머리말 현대사상의 길눈 얻기 5

카를 마르크스 : **잉여가치** 이윤을 낳는 거위 13

프리드리히 니체 : **권력의지** 허구를 버리고 허무로 25

지그문트 프로이트 : **무의식** 의식의 진짜 주인 36

페르디낭 드 소쉬르 : **기표와 기의** 언어의 진짜 주인 46

에드문트 후설 : **판단중지** 진리를 구하는 괄호 58

블라디미르 레닌 : **약한 고리** 세계대전을 내전으로 70

카를 구스타프 융 : **집단 무의식** 내 안에 전체가 있다 80

알베르트 아인슈타인 : **상대성** 절대는 없다 90

존 메이너드 케인스 : **유효수요** 경제주체의 해체와 대체 102

가스통 바슐라르 : **인식론적 단절** 단절과 불연속의 과학 112

죄르지 루카치 : **계급의식** 꿈을 실현하는 계급 123

마르틴 하이데거 : **다자인** 형이상학의 막다른 골목 133

루트비히 비트겐슈타인 : **언어 게임** 말할 수 없는 것은 말하지 마라 144

안토니오 그람시 : **헤게모니** 혁명은 영원한 진행 중 155

자크 라캉 : **욕망** 해 아래 내 것은 없다 166

한눈에 읽는 현대 철학

현대 철학의 핵심을 읽는다

베르너 하이젠베르크 : **불확정성** 자연이 설정한 인식의 한계 **178**

페르낭 브로델 : **장기 지속** 아주 깊고 느린 역사 **189**

테오도르 아도르노 : **계몽** 밝은 계몽의 칙칙한 그림자 **200**

장 폴 사르트르 : **자유** 자유의 비극 **211**

클로드 레비스트로스 : **심층구조** 세계의 중심에서 탈락한 인간 **222**

롤랑 바르트 : **신화** 현대의 신화 **232**

루이 알튀세르 : **이데올로기** 평생 벗을 수 없는 색안경 **242**

토머스 쿤 : **패러다임** 과학이 혁명을 만났을 때 **254**

장 프랑수아 리오타르 : **포스트모던** 작은 것이 아름답다 **264**

질 들뢰즈/펠릭스 가타리 : **욕망** 분열증 위에 서 있는 자본주의 **275**

미셸 푸코 : **지식/권력** 역사의 숨은 반쪽 **286**

장 보드리야르 : **시뮬레이션** 기호를 통해 혁명으로 **299**

위르겐 하버마스 : **의사소통** 이성에 대한 지순한 사랑 **311**

자크 데리다 : **해체** 저자도 독자도 없는 책 **321**

피에르 부르디외 : **아비튀스** 매개라는 이름의 줄타기 **331**

찾아보기 **341**

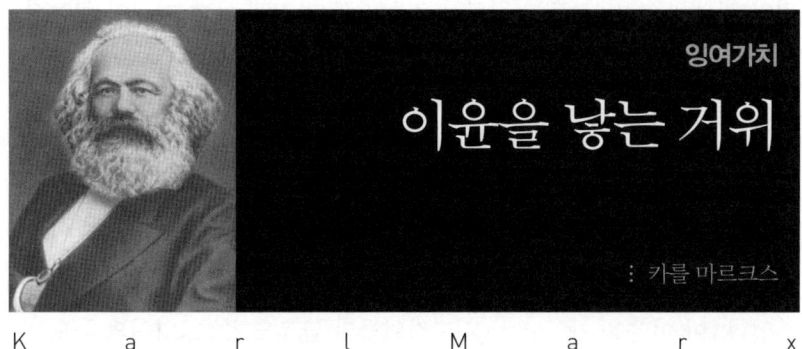

잉여가치

이윤을 낳는 거위

: 카를 마르크스

Karl Marx

백화점에 가보면 언제나 수많은 종류의 물건이 있다. 사실 그 물건들을 용도별로 크게 가름해보면 먹는 것, 입는 것, 갖고 노는 것의 세 가지에 불과하지만, 그래도 종류는 엄청나게 많다. 사람들의 기호가 다양하기 때문에 몇 가지 용도의 물건들을 그렇듯 여러 종류로 생산하는 것일 게다. 그런데 재미있는 것은 물건들의 종류만큼 가격들도 천차만별이라는 점이다. 천만 원대의 모피에서부터 천 원짜리 아이스크림에 이르기까지 물건들의 가격은 정말 다양하다. 심지어 같은 용도, 같은 종류임에도 가격이 몇 배 차이가 나는 물건들도 있다. 이렇게 다양한 물건들의 가격은 어떻게 정해지는 걸까?

일단 물건의 가격을 정하는 곳은 그 물건을 생산한 곳, 이를테면 공장이라고 볼 수 있다. 공장에서 매긴 가격을 공장도 가격이라고 부르며, 물건이 도매와 소매의 유통 경로를 거치면서 여기에 유통 마진이 붙는다. 이것쯤은 누구나 아는 상식이다. 그런데 그 공장도 가격이라는 것을 매기는 기준은 뭘까?

우선 생산원가를 생각할 수 있다. 공장의 사장으로서는 손해를 보면 안 되니까 그 물건을 만드는 데 얼마가 들었느냐는 것을 무엇보다 먼저 계산하지 않을 수 없다. 그다음에는 그 생산원가에 적정선의 제조 이윤을 붙인다. 이 이윤을 가지고 사장은 직원들의 급료도 주고, 자신의 몫도 챙기고, 대출금 이자도 내고, 각종 세금도 납부해야 한다(공장을 운영하는 비용, 실제 경비는 이윤이 아니라 생산가에 포함된다).

하지만 자신이 필요로 하는 돈이 얼마라고 해서 자기 마음대로 그 액수를 이윤으로 정할 수는 없다. 세상은 혼자 사는 게 아니니까 다른 회사, 다른 공장의 물건 값도 고려하지 않을 수 없다. 그래서 제조업자는 평균적인 이윤율을 바탕으로 물건의 이윤을 정한다. 예를 들어 생산원가가 만 원이고 이윤율이 보통 20퍼센트라면, 2천 원의 이윤을 덧붙여 만 2천 원이라는 공장도 가격이 정해지는 것이다.

이와 같이 이윤이란 상품의 가격에 덧붙는 거라는 생각이 상식이다. 즉 이윤은 상품을 생산하는 데 드는 비용, 다시 말해 상품의 본래 가치 이상의 가격을 매겨 상품을 판매함으로써 발생하는 것이다. "아, 글쎄 이 구두는 원가가 3만 원인데 어떻게 3만 원에 달라고 하십니까? 남는 게 하나도 없잖아요." 이런 장사치의 말처럼 이윤이란 '남는 것'이고 원가에 덧붙는 액수다. 이게 상식이며, 또 관행이기도 하다. 그러나 과연 그럴까? 마르크스는 아니라고 말한다. 그의 말에 따르면, 이윤은 원가에 덧붙는 액수가 아니다. 겉으로 보기에는 그럴지 몰라도 이윤은 상품을 원가 이상으로 판매하는 데서 발생하는 게 아니다.

상세히 살펴보기 전에, 사실 이 점은 잠깐만 곰곰이 생각해보면 누구나 어렵지 않게 이해할 수 있다. 자기 상품의 가격을 매기는 공장 사장도 자신이 필요로 하는 상품들을 구매해야 살아갈 수 있다. 국수 공장의 사장이라고 해서 늘 국수만 먹고 살 수는 없으니까. 바꿔 말하면, 누구나 사회 속에서 살아가는 한 판매자인 동시에 구매자다. 따라서 판매자로서 얻는 것은 언제나 구매자로서 잃게 된다.

이것이 전 사회적으로 일반화되면, 판매자로서 얻는 이득의 총액은 구매자로서 잃는 손해의 총액과 같아지게 된다. 그러므로 도대체 이윤은 생겨날 구석이 없다. 그렇다면 이윤은 어디서 발생하는 걸까? 마르크스가 내린 답은 이렇다. 이윤은 상품을 원가 이상으로 판매하는 데서 생기는 것이 아니라 바로 '원가대로' 판매하는 데서 생긴다. 상식을 뒤엎는 주장인데, 이런 주장이 성립하려면 뭔가 우리가 알지 못하는 비밀이 있어야 한다.

가치의 두 얼굴

친구에게 줄 생일 선물이라면 무엇이 먼저 떠오를까? 요즘에는 선물도 다양해져서 특별히 만든 기념품을 주기도 하고 재미 삼아 즉석 복권을 주는 경우도 있지만, 생일 선물의 고전은 역시 책이나 음반이다. 예전에는 생활기록부나 신상명세서, 자기 소개서 등에는 물론이고 파트너를 소개 받는 미팅 자리에서도 취미라고 하면 전통적으로 독서와 음악 감상이

으뜸이었다.

그런데 사실 책과 음반은 원래 선물로 줄 수 있는 게 아니다. 선물이라면 주는 사람보다 받는 사람에게 필요한 물건이어야 할 텐데, 책이나 음반처럼 수용하는 사람의 취향이 중요한 물건도 없기 때문이다. 받는 사람의 입장에서 생각해보면 더욱 분명해진다. 내가 읽고 싶은 책이나 듣고 싶은 음악이 담긴 음반을 선물로 받는다면 더없이 반갑겠지만 그렇지 않은 경우에는 아무런 쓸모도 없는 짐일 뿐이다. 차마 입 밖으로 낼 수 없는 말이지만, 차라리 그 돈으로 다른 선물을 사주었으면 하는 심정이다.

여기서 '쓸모'와 '다른 선물', 이것이 곧 가치의 두 가지 측면이다. 즉 쓸모가 있느냐 없느냐, 다른 선물과 바꿀 수 있느냐 없느냐, 이 두 가지가 상품의 가치를 이룬다. 마르크스는 이것을 '사용가치'와 '교환가치'라고 말한다.

사용가치란 인간의 욕망을 충족시키는 질적 속성을 가리킨다. 쉽게 말하면 상품이 지니는 쓸모, 즉 기능이나 용도다. 책이라는 상품은 소비자에게 지식이나 재미를 주며, 음반이라는 상품은 소비자의 문화적·예술적 욕구(간혹 허영)를 충족시켜준다. 예로 든 책과 음반처럼 단순히 소비하거나 향유하는 상품만이 사용가치를 지니는 것은 아니다. 생산을 하기 위한 도구와 수단도 사용가치에 해당한다. 이를테면 목수가 의자라는 상품을 생산하기 위해 망치와 못이라는 상품을 필요로 한다면 그것도 사용가치에 속한다.

앞서 이야기한 선물의 경우처럼 사용가치는 그 상품을 소유하고 있는 사람의 욕구와 관련된다. 책이라고는 삼류 소설밖에 읽지 않는 사람에게 칸트의 철학서를 선물한다거나, 모차르트의 오페라에 심취해 있는 사람에게 시카고 블루스 음반을 선물할 수는 없는 노릇이다. 그것은 전혀 사용가치가 없을 것이며 오히려 결례만 될 뿐이다. 이렇게 사용가치는 상품을 소비하는 사람의 주관에 의해 크게 좌우되며, 따라서 가치의 질적인 측면에 속한다.

그 반면 교환가치는 순전히 양적인 의미다. 선물로 받은 책이나 음반이 마음에 들지 않을 경우 다른 물건과 바꿀 수 있지 않을까 하고 생각한다면, 이것은 상품의 교환가치를 염두에 두고 있는 것이다. 한 상품을 다른 상품과 바꿀 경우에는 순전히 그 상품이 지닌 가치의 양만이 문제가 된다. 그 상품이 먹는 것이냐, 입는 것이냐, 노는 데 쓰는 것이냐 하는 것과 관련된 사용가치는 그 상품을 소비하고자 하는 사람의 관심사일 뿐 그것을 다른 상품과 바꾸려는 사람에게는 전혀 고려 대상이 아니다.

상품의 최종 소비자에게는 교환가치보다 사용가치가 중요하다. 물론 선물이라면 무엇이든 값비싼 것일수록 좋다고 여긴다면 그것은 교환가치를 우선시하는 태도라고 할 수도 있겠지만, 원래 상품이란 사용가치를 지니는 데서 출발한다. 쓰임새가 없다면 애초에 상품이 될 수 없을 테니까.

그런 점에서 사용가치가 상품의 더 근원적인 가치인 것은 사실이다. 그러나 경제학에서 더 중요한 것은 사용가치가 아니라 교환가치다. 사용가치는 상품을 소비해버리면 사라지는 것이지만, 교환가치는 언제나 다른 상품들과의 관련, 교환 비율을 뜻하고 있기 때문에 경제학의 대상이 된다. 그래서 마르크스는 교환가치를 그냥 가치라고 줄여서 부른다. 가치의 질적인 측면은 버리고 양적인 측면만 취한 것이다.

가치는 무엇의 양인가?

사용가치는 주관적이므로 크기를 잴 수 없지만, 교환가치는 객관적이므로(교환 비율!) 크기를 잴 수 있다. 마음에 꼭 드는 책이나 음반을 선물로 받았다면 그 사용가치는 얼마라고 딱 꼬집어 말할 수 없다. 주는 사람의 성의를 고려한다면 엄청나다든가 무한하다고 평가할 수도 있겠지만 엄밀히 말해서 그것은 사용가치를 올바로 평가한 게 아니다. 상품의 사용가치 자체는 본질적으로 잴 수 없다. 사용가치는 질적인 것이기 때문이다. 그러나 교환가치는 질적인 것이 아니라 양적인 것이므로 잴 수 있고 다른 것과 비교도 할 수 있다.

선물을 준 사람의 성의를 일단 배제하고 생각한다면, 내게 필요 없는 선물은 다른 상품으로 바꿀 수 있다. 그런데 이 경우 '다른 상품'이란 무수히 많다. 책 한 권은 다른 책으로 바꿀 수도 있고, 영화 관람권이나 놀이공원의 입장권, 괜찮은 점심, 잘하면 값싼 커플 티셔츠 등등 수많은 다른 상품으로 바꿀 수 있다. 이렇게 상품들이 교환되는 비율은 무수히 많다. 그렇다면 교환가치는 이런 식으로 측정할 수 있는 걸까?

그렇지는 않다. 한 상품을 다른 상품으로 바꿀 수 있다 해도 그것은 두 상품이 등가물이라는 사실만을 말해줄 뿐 그 가치 자체가 얼마만 한 크기인지는 말해주지 않는다. 그저 상대적인 비교만 무한히 가능할 뿐이다. 교환가치가 가치의 양적인 측면이라면 그것은 단순한 교환 비율이 아니라 뭔가 다른 것의 양이어야 한다. 가치의 크기를 알려면 뭔가 다른 기준이 있어야 한다. 마르크스의 말을 빌리면, "다양한 상품들과의 다양한 등식을 하나의 전혀 다른 형식으로 표현할 수 있어야 하는 것"이다.

그렇다면 그 기준을 돈으로 보면 안 될까? 화폐경제를 기본으로 하는 오늘날, 마르크스가 말한 그 '하나의 전혀 다른 형식'이란 바로 돈이 아닐까? 하긴, 일상생활에서 구두는 10만 원, 메모리칩은 5만 원 하고 말하는 것을 보면 그렇게 여겨지기도 한다.

하지만 돈은 절대적인 가치 기준이 되지 못한다. 돈 역시 다른 상품과 마찬가지로 (비록 특수한 상품이기는 하지만) 하나의 상품에 불과하기 때문이다. 우리는 가게에서 돈을 주고 물건을 사지만, 가게 주인의 입장에서 보면 우리에게 물건을 내주고 돈을 사는 격이다. 그렇게 보면 매매 행위는 상품과 상품이 교환되는 행위다.

돈이 기준인 것처럼 여겨지는 이유는 어느 상품보다도 교환하기 쉽다는 이유 때문이다. 지금은 옛날과 같은 물물교환이 거의 없으므로 책 한 권을 영화 관람권과 바꾸려면 먼저 책을 팔아 '돈을 사서' 그 돈으로 영화 관람권을 사야 한다. 이렇게 자본주의사회에서 돈은 유용한 매개물로 쓰인다. 그러나 돈은 하나의 매개물일 뿐 책 한 권의 가치 자체를 나타내는 것은 아니다.

그렇다면 마르크스가 말하는 '하나의 전혀 다른 형식'이란 뭘까? 그는 다각형의 예를 든다. 다각형의 면적은 한눈에 확인하기가 쉽지 않다. 크기가 비슷한 두 개의 다각형이 있을 경우 언뜻 봐서는 어느 것이 얼마만큼 큰지를 알기 어렵다. 하지만 다각형의 면적은 분명히 질적인 것이 아니라 양적인 것이므로 잴 수 있어야 한다. 어떻게 잴까? 다각형의 면적을 하나의 공통적인 요소로 바꾸어 표현할 수 있으면 된다. 그 공통의 요소란 바로 삼각형이다. 모든 다각형은 몇 개의 삼각형으로 분할할 수 있다. 그러므로 그 삼각형들의 면적을 더하면 다각형의 면적을 구할 수 있다. 삼각형의 면적을 구하는 공식은 이미 2,500년 전에 피타고라스가 발명해놓았다. 즉 밑변×높이÷2다.

그러면 상품이라는 다각형에서 삼각형의 노릇을 하는 것은 뭘까? 모든 상품을 공통된 하나의 표현으로 환원할 수 있도록 하는 기준은 뭘까? 그것은 바로 노동이다.

상품을 생산하기 위해서는 노동이 투여되어야만 한다. 오늘날에는 인간의 노동이 아니라 기계로 생산되는 상품이 많지 않으냐고 물으면 곤란하다. 기계란 노동이 축적된 결과이며, 마르크스의 표현에 따르면 '죽은 노동'이기 때문이다. 자동차는 수만 개의 부품이 들어가는 복잡한 상품이지만, 각각의 부품은 단순하며, 그 부품이 개발되고 제작되기까지는 숱한 인간 노동의 역사가 투입되었다.

또한 부지런한 사람도 있고 게으른 사람도 있으며, 원래 일을 잘하는 사람도 있고 못하는 사람도 있는데 어떻게 노동을 가치의 객관적인 기준으로 삼을 수 있느냐는 물음도 곤란하다. 마르크스가 말하는 노동은 개인적 노동이 아니라 사회적 노동, 즉 숙련도나 노동의 강도에서 사회적으로 평균적인 노동을 뜻하기 때문이다. 스스로 소비하기 위해 물건을 생산하는 사람은 단지 생산물을 만드는 것일 뿐 상품을 만드는 것은 아니다. 마르크스가 말하는 노동은 도자기 하나 굽는 데 엄청난 노력과 시간을 들이는 도예가의 노동이 아니라, 시장에 내다 팔기 위해 그릇을 만드는 도자기 제조공의 사회적 노동을 가리키는 것이다.

그러면 노동은 또 무엇으로 잴까? 잴 수 없는 기준이라면 그것은 기준이 아니다. 노동은 마치 다각형 속의 삼각형처럼 다른 것을 재는 척도이면서 동시에 그 자체도 잴 수 있어야 한다. 사회적 노동은 질적 개념이 아니라 양적 개념이므로 실제로 잴 수 있다. 바로 시간으로 재면 된다. 시간이야말로 가장 객관적인 척도가 아닌가? 그래서 상품의 가치는 그것을 생산하는 데 들어간 노동시간의 양이 된다. 이렇게 모든 상품의 가치를 노동시간으로 환원하고 나면 맨 앞에서 말한 이윤이 생겨나는 비밀을 알 수 있다.

황금 알을 낳는 잉여가치

봉건사회에서는 농노가 영주에게 무상으로 노동을 제공했지만, 자본주의 사회에서는 노동자가 자본가에게 고용되어 노동을 제공하고 임금을 받는다. 사실 자본주의를 성립시킨 부르주아지는 바로 그 점 때문에 자본주의가 많은 사람들에게 혜택을 주는 제도라고 주장했으며 실제로도 그렇게 믿었다. 그래서 자본주의 초창기에는 자본가가 노동자들에게 아무리 오랜 시간 일을 시켜도 양심에 거리끼는 게 아니었다. 얼마 전만 해도 너희는 노예처럼 보수도 받지 못하고 일하지 않았느냐? 국가조차 이런 견해를 가지고 있어 산업혁명기에는 오히려 국가가 노동시간을 늘리는 데 앞장섰다. 예를 들어 18세기 초반 영국의 노동법에서는 노동시간의 상한선이 정해져 있는 게 아니라 오히려 하한선이 정해져 있었다.

   임금이라는 대가를 받는 한 노동력도 하나의 상품이다. 따라서 노동력이라는 상품의 가치도 다른 상품들과 마찬가지로 그것을 생산하는 데 들어간 노동시간으로 결정된다. 노동자는 자신의 노동을 통해 우선 먹고살아야 하며, 또 노동력도 기계처럼 낡으므로 재생산할 수 있어야 한다. 이것을 다른 표현으로 바꾸면, 노동력의 가치는 노동자와 그 가족이 생활하고 노동자가 자신의 노동력을 훈련하고 개발하는 데 들어가는 생활필수품들을 생산하는 비용이 된다.

그런데 노동력은 자본가의 입장에서도 하나의 상품이다. 자본가는 노동력을 구입한 것이므로 그것을 다른 상품처럼—예컨대 기계처럼—자기 마음대로 이용할 권리가 있다. 따라서 자본가는 그 노동력이라는 상품이 훼손되지 않는 한에서 최대한 이용하려 할 것이다. 그 결과 노동자는 자기 노동력의 가치 이상을 생산하게 된다. 사람을 동물에 비유해서 안됐지만, 한 필의 말이 먹는 음식과 그 말이 기수를 태우고 갈 수 있는 시간(혹은 거리)은 전혀 별개의 것이듯이, 노동자가 일하는 시간과 그가 가진 노동력의 가치는 서로 차이가 있다. 이 차이는 바로 잉여노동시간이 된다.

이 잉여노동시간에 노동자가 생산하는 가치가 곧 잉여가치다. 그리고 이 잉여가치가 시장에서 판매되어 현실적인 이득이 생기면 그게 바로 이윤이 되는 것이다. 따라서 자본가는 노동자를 고용해서 생산한 상품에 정해진 이윤을 덧붙여 시장에서 판매함으로써 이윤을 얻는 게 아니다. 그는 상품의 생산과정에서 노동자의 노동을 통해 이미 이윤을 얻고 있는 것이다. 이렇게 이윤은 이미 생산된 상품에 부가되는 것이 아니라 그 상품을 생산할 때부터 상품과 함께 생산되는 것이다.

그러므로 흔히 잘못 알고 있는 것처럼, 자본가가 자신의 몫이 되는 이윤을 쪼개 노동자의 임금을 주는 것은 아니다(하지만 대다수 자본가들은 마치 그런 것처럼 노동자들에게 말한다). 노동자의 임금이 되는 몫은 노동자가 상품을 생산하는 과정에서 상품과 동시에 생산된다(하지만 대다수 노동자는 자신이 노동 과정에서 이미 자신의 임금을 생산했는데도 마치 자본가의 시혜로 임금을 받는 것처럼 생각한다). 따라서 이윤은 전부 자본가의 것이 된다. 자본가는 그 이윤으로 상품 생산에 필요한 원료나 도구를 구입하고, 자기 개인이 필요로 하는 몫을 챙기고, 각종 세금을 납부하고, 자본을 확대재생산하기 위해 신규 투자를 한다. 이렇게 해서 자본주의는 유지되고 성장할 수 있다. 즉 잉여가치의 생산이 자본주의를 발전시킨 결정적인 동력이다.

가치를 양적인 것으로 간주하고 또 그것을 노동시간이라는 보편적 척도로 환원함으로써 마르크스는 잉여가치라는 자본주의적 생산의 비밀을 발견했다. 알다시피 자본주의란, 생산은 사회적으로 이루어지는 데 반해 소유는 사적으로 이루어지는 체제다(사회적 생산과 사적 소유 간의 모순이 바로 자본주의의 가장 근본적인 모순이기도 하다). 따라서 노동자들은 집단적 생산의 흐름 속에 위치해 있으므로 자신이 직접 잉여가치를 생산하고 있으면서도 잉여가치의 존재를 알기 어렵다. 특히 분업화된 현대식 생산과정에서는 더욱 그렇다. 자본가들은 대개 이 점을 악용해서 '버는 게 없는데 어떻게 임금을 올려주느냐'고 항변하지만 실상은 생산과정 속에 이미 이윤의 원천이 가려져 있을 뿐이다.

마르크스가 가치의 질적 측면보다 양적 측면을 중시한 목적은 잉여가치의 생산과정을 밝히기 위해서였으나 그의 의도와 무관하게 그것은 탈현대적 관점의 선구적 모습을 보여준다. 그의 시대는 근대 이성이 절정에 달했던 때다. 그 시대를 대변하는 자유주의 철학은 이성을 가진 인간에게 어울리는 질적인 가치를 추구했다. 점잖은 빅토리아 시대의 자유주의 지식인들은 마르크스처럼 가치의 양적 측면을 추구하는 태도를 어둡고 비천하고 부도덕하게 여겼다(지금도 '질보다 양'을 외치면 좀 상스럽게 보이는 것이나 마찬가지다).

마르크스가 당대 지식인들의 눈에 자신이 얼마나 천박하게 보일지를 잘 알면서도 굳이 가치의 양적 측면을 부각시킨 것은 이성 중심주의에 정면으로 도전하는 자세였다. 그런 그의 혜안은 그의 시대에는 경제학과 혁명 이론에만 적용되었으나 다음 세기에 이르면 철학의 영역에도 빛을 발하게 된다.

카를 마르크스 Karl Marx, 1818~1883
독일의 경제학자이자 철학자. 학자로서 자본주의의 운동 방식을 분석한 《자본론》을 저술했을 뿐 아니라, 실천가로서 국제노동자협회를 조직하는 등 여러 가지 현실 정치 활동에도 열렬히 참여했다.

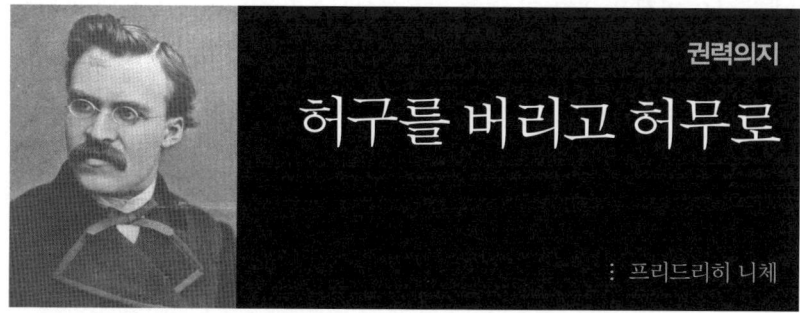

허구를 버리고 허무로

권력의지

: 프리드리히 니체

Friedrich Nietzsche

흔히 도덕은 따뜻한 마음씨나 선의, 양심에서 나온다고 생각한다. 뭐, 틀린 말은 아닐 게다. 그런데 18세기 철학자 칸트는 도덕을 명령이자 의무라고 말했다. 그렇게 말하니까 따스해야 할 도덕이 갑자기 차갑고 비정하게 변하는 느낌이다.

하지만 도덕을 그렇게 바라보면 더 엄정해지는 의미가 있다. 도덕을 그냥 선의라고 본다면 특별히 마음씨가 따뜻한 사람만이 도덕을 행하는 것처럼 여겨지지만, 도덕을 명령이라고 본다면 누구나 반드시 따라야 할 준칙처럼 여겨진다. 그런 점에서 칸트의 도덕관은 일반적인 도덕관보다 따스함은 덜할지라도 훨씬 더 강력하다.

도덕이 명령이고 의무라면 도덕이 향하는 대상보다 도덕을 실행하는 주체가 더 중요해진다. 이를테면 남을 배려하는 도덕은 남을 위한 게 아니라 실은 자신을 위한 것이다. 지하철에서 노인이나 임산부에게 자리를 양보하는 도덕은 언뜻 노약자를 위한 행위인 듯싶지만 실은 그렇지 않다. 좁게 보면 자리를 양보하지 않다가 다른 사람들에게 비난을 듣지 않기 위한 것이고, 넓게 보면 좀스럽게 자리에 연연하다가 자신의 자존심과 품위를 잃지 않기 위해서다. 둘 다 자신을 위한 행위다.

노블레스 오블리주 noblesse oblige 라는 문구는 보통 '상류층의 의무'라고 번역되는데, 이것도 칸트의 도덕관에 가깝다. 그냥 상류층이 자애로운 마음에서 하층을 돕는 것은 '노블레스'일지언정 '오블리주'는 아니다. 설령 심성이 전혀 곱지 않은 사람이라도 상류층이라면 반드시 실천해야만 하는 게 노블레스 오블리주다. 단적으로 말하면, 상류층은 상류층의 노릇을 해야만 상류층의 신분을 떳떳하게 계속 유지할 수 있는 것이다. 그렇다면 노블레스 오블리주도 도덕처럼 남을 위한 행위가 아니라 자신을 위한 행위라고 봐야 한다.

노블레스 오블리주를 흔히 부자들의 기부 행위쯤으로 여기는 경향이 있다. 우리 사회에 기부 문화가 부족한 것을 비판할 때 노블레스 오블리주를 언급하곤 한다. 하지만 노블레스 오블리주가 그저 자선과 박애라면 체계적인 복지로 승화되지 못하고 순전히 도덕적인 개인들의 행위에 불과하게 된다. 게다가 그 혜택을 입는 사람들의 기분도 불쾌하다. "내가 거지냐?" 하는 자괴감도 들 것이다.

도덕과 노블레스 오블리주를 이런 식으로 바라보면 상당히 건조해지는 것은 사실이다. 하지만 도덕을 마냥 따스하게만 바라보는 것은 감상주의의 위험에 빠질 우려가 있다. 감상주의는 감정을 소비하기만 할 뿐 아무것도 생산해내지 못한다. 그렇게 보면 칸트의 냉정하지만 냉철한 도덕관은 현실적으로 상당히 유용하고 생산적인 측면이 있다. 그렇다면 냉정한 칸트보다 한 걸음 더 나아가 도덕을 아예 싸늘한 눈초리로 바라본 니체는 어떨까?

니체는 도덕을 싸잡아 허구라고 주장한다. 특히 19세기 자유주의 시대에 겸손과 순종, 예절을 앞세운 그리스도교 도덕은 짐짓 따스해 보이지만 실은 전형적인 노예의 도덕이자 약자의 도덕이었다. 이제 강자의 참된 도덕을 정립해야 한다고 외친 니체는 도덕을 베푸는 게 아니라 의무라고 본 칸트와 사뭇 다르면서도 어떤 면에서는 통하는 듯하다.

계보학적 물음이 필요한 이유

도덕이란 무엇인가? 진리는 무엇이고, 이성이란 무엇인가? 니체에 따르면, 사실 이 물음들은 애초부터 잘못된 것이다. 우선 그는 '~란 무엇인가?'라는 어딘가 학구적이고 왠지 근엄한 질문 형식을 받아들이지 않는다. 언뜻 보기에는 가장 명확한 앎을 추구하는 것처럼 보이는 '~란 무엇인가?'는 사실 가장 불명확한 물음이다.

철학뿐 아니라 모든 학문에서 그런 질문 형식은 기본이었다. 무엇에 대해 알기 위해서는 그 무엇을 대상으로 삼아야 한다. 그래서 인식 주체인 내가 인식 대상인 그 무엇을 '냉철한 이성으로' 관찰하고 검토하고 분석해서 답을 얻어내야 한다. 그 답이 얻어졌을 때 우리는 비로소 그것에 대해 '안다'고 말할 수 있다. 주관이나 의도가 섞이면 불순한 앎이며 객관적인 진리가 되지 못한다. 그래서 고대 그리스 철학 이래 근대 철학에서는 그동안 "진리란 무엇인가?", "인간이란 무엇인가?", "아름다움이란 무엇인가?" 등등 똑같은 형식으로 된 수많은 문제를 제기하고 이것들을 철학적 주제로 삼아왔다.

하지만 정말 '냉철한 이성으로' 고찰해본다면 그렇게 얻어지는 앎이란 없다. 그런 형식의 질문에 대답하는 방식은 세 가지가 있다. 첫째는 국어사전에 나오는 것과 같이 정의를 내리는 것이다. "진리란 옳은 것을 뜻한다." 둘째는 속성을 말하는 것이다. "인간이란 이성을 가진 존재다." 셋째는 예를 드는 것이다. "아름다움이란 꽃이나 새처럼 보기 좋은 것을 가리킨다." 그런데 문제는 세 가지 모두 새로운 것이 전혀 없다는 점이다. 알고 보면 세 가지 대답 모두 진리, 인간, 아름다움이라는 개념 속에 이미 들어 있는 뜻일 뿐이다. 이를테면 그게 그거, 즉 동어반복tautology인 셈이다.

니체는 언어의 환상에 속지 말라고 경고한다. 모든 언어는 주어와 술어를 가질 수밖에 없다. '~란 무엇인가?'라는 질문 형식이 그 대표적인 예다. 그런 질문에는 '~는 ~이다.'라는 식으로 대답할 수밖에 없는데, 이 경우 주어 속에 이미 술어의 내용이 들어가 있게 마련이다. 이런 질문과 대답에서는 아무런 지식도 나올 수 없다. TV 드라마처럼 뻔한 스토리거나 국회에서의 대정부 질의응답처럼 예상된 질문에 예상된 대답만이 나올 뿐이다.

그렇다면 생산적인 질문의 형식은 뭘까?(이것조차 '~란 무엇인가?'의 형식을 취하고 있지만 일단 넘어가자) 니체에 따르면 반드시 필요한 게 있다. 그것은 바로 "무슨 뜻으로 그 질문을 하는가?"라는 물음이다. "진리란 무엇인가?"가 아니라 "누가, 왜 진리를 묻는가?"가 되어야 하는 것이다.

"진리란 무엇인가?"라는 물음 속에는 이미 진리에 대한 정의가 들어 있는 경우가 많으며, 심지어 아예 답을 전제하면서 묻는 경우도 많기 때문에 거기에 장단을 맞추는 것은 무의미할뿐더러 상대방의 불순한 의도에 넘어가는 격이다.

구체적으로 그것은 어떻게 불순한 의도일까? 언뜻 생각하면 "진리란 무엇인가?"라는 물음은 대단히 중립적이고 객관적인 것처럼 들리지만, 실상은 그렇지 않다. 진리를 묻는 사람은 우선 바보가 되고 싶지 않다는 의도를 숨기고 있다. 또한 지금의 세계는 진리를 찾아야 할 만큼 허위로 가득 찬 기만적인 세계라는 가치판단을 숨기고 있다. 그렇다면 그는 현상의 세계가 아닌 모종의 진정한 세계(진리의 세계)를 바라고 있는 것이다. 현상의 세계는 그릇된 세계이며 진정한 세계는 참된 세계라는 도덕적 대립을 전제하고 있는 것이다. 그의 의도는 현재 자신의 삶을 뒤집어 자신이 설정한 진리에, 도덕에, 지식에 복속시키려는 데 있다.

이렇게 니체는 진리에 대한, 순수를 가장한 탐구의 이면에는 도덕적인 금욕주의가 자리 잡고 있음을 폭로한다. 그 대표적인 예가 바로 그리스도교 도덕이다. 이 도덕은 약자를 배려하는 척하면서 실은 강자의 기득권을 수호하려는 의도를 가지고 있다. 마치 잘못된 노블레스 오블리주가 그런 것처럼.

하나의 물음 속에 내포된 의도와 의지를 읽어내는 것은 곧 그 물음과 연관된 지식과 인식의 꾸러미, 즉 계보를 추적하는 일과 같다. 그래서 니체는 그런 질문 방식을 계보학이라 부른다. 그러므로 계보학적 질문에는 단일한 대답으로 응할 수 없다. "진리가 뭡니까?"라는 장학퀴즈식 물음에는 단답형으로 대답해도 되지만, "진리가 뭔지 묻는 의도가 뭡니까?"

라고 묻는다면 주관식 질문이 되며 대답도 만만치 않다. 이 물음에 대답하려면 먼저 자신의 족보(계보)를 속속들이 내보여야 하기 때문이다.

그렇다면 여기서 계보학을 내세우는 니체의 '의도'를 충분히 알 수 있다. 니체는 그런 물음을 '힘의 관계'로 보고 있는 것이다. 객관적인 물음이란 없다. 동어반복과 같은 비생산적 물음이 아니라면 어느 것도 힘의 영향에서 벗어날 수 없다. 계보학적 물음은 힘과 그 힘에 의한 변형을 수용하고 있다. 계보학적 물음에는 이미 그 속에 힘 대 힘의 관계, 가치, 의지가 내재하고 있다. 언제나 가치중립을 외치며 가치의 개입과 판단을 불순하게 보는 전통 철학은 그 근엄하고 학구적인 태도 뒤에 모종의 가치를 숨기고 있으므로 오히려 불순하다.

힘이라면 방향이 있게 마련이다. "진리란 무엇인가?"라는 물음은 포괄적이고 무방향적인 형식을 가장하지만, 실은 "누가, 왜, 어떤 진리를 묻는가?"라는 특정한 방향성을 내포하는, 힘이나 가치를 지닌 물음이다. 그 힘의 방향을 결정하는 것은 모종의 의지다. 그래서 그것을 니체는 힘을 향한 의지, 곧 권력의지라고 부른다('권력'이라고 해서 정치권력 같은 것을 연상할 필요는 없다. 독일어의 Macht, 영어의 power는 그냥 힘이라는 뜻일 뿐이다. 번역상의 난점이라고 해두자).

실체를 해체하고 관계 속으로

권력의지는 일상적으로 흔히 발동하는 의지, 예컨대 심리적인 의지와는 전혀 다르다. 일상적인 의미의 의지는 대개 자유의지를 가리킨다. 자유의지는 주체를 자신의 행위와 분리시킬 수 있는 자율적인 행위자로 생각하도록 만든다. 하지만 그건 착각일 뿐이며, 사실 자유의지는 권력의지에 종속되어 있다(때로는 의지의 주체조차 그 종속 관계를 알지 못할 수도 있다).

니체는 권력의지에서 인격적인 의미를 배제한다. 의지는 주체의 속성이 아니다. "누가 진리를 말하는가?"라고 물을 때 그 '누구'란 사람을 지칭하는 게 아니다. 그 '누구'는 개인이나 인격체를 가리키는 게 아니라 하나의 사건, 즉 그 물음 속에 존재하는 다양한 힘의 관계, 의지와 의도를 나타내는 것이다. 이런 점에서 권력의지는 일종의 무의식이라고 할 수 있다.

권력의지를 중심으로 하는 니체의 일원론은 근대 철학의 이원론과 정면으로 배치된다. 이왕 근대 철학에 메스를 댔으면 아예 뿌리를 잘라내야 할 것이다. 근대 철학의 뿌리는 바로 데카르트다. "나는 생각한다, 그러므로 나는 존재한다." 데카르트의 유명한 이 명제는 근대 철학의 출발점이며, 주체와 대상으로 구분되는 이원적 인식론의 시작이다. 의심에 의심을 거듭한 끝에 최후로 남은 것, 즉 의심하는 나를 인식 주체로 확립함으로써 근대 철학은 성립할 수 있었다. 그것은 모든 의심을 물리치고 최후로 남았기에 무엇보다 자명하고 확실한 출발점이었다. '~란 무엇인가?'라는 질문 형식도 바로 근대 철학의 이원론에서 나온 것이다.

니체는 그렇듯 거창하게 마련한 근대 철학의 출발점을 조롱하고 있다. '나'라는 주어 없이는 '생각한다'라는 술어 자체가 있을 수 없다. 그러므로 '나'는 당연히 존재하는 것이다. 동시에 그것은 앞서 말한 동어반복이므로 아무것도 생산할 수 없다. 따라서 데카르트의 그 명제는 전적으로 무의미하다. 이것이 바로 니체의 결론이다. 그토록 자명하고 확실하다고 여겼던 근대 철학의 출발점은 전혀 자명하지 않으며 그 자체가 커다란 의문 덩어리다. 기초공사부터 부실하니 그 뒤는 말할 것도 없겠다. 그래서 니체는 '망치'를 들고 근대 철학을 본격적으로 해체하기 시작한다('망치를 든 철학자'라는 그의 별명은 거기서 나왔다).

인식 주체와 인식 대상을 확고하게 구분하고 주체가 대상을 관찰하고 분석, 검토하는 근대 철학의 방법은 처음부터 잘못된 것이다. 주체란 없다. 모든 비극은 애초부터 없던 주체를 실체화하는 데서 시작한다. 주체에서 흘러나온 이성, 앎, 영혼, 자유의지, 자아, 행위의 동기 등등은 모두 허구일 뿐이다. 니체는 심지어 자연법칙으로 여겼던 인과율조차 인습적인 허구라고 말하는데(이 점에선 흄이 훨씬 선배다), 이 정도면 가히 혁명적인 발상이라 하겠다.

진리의 문제 역시 마찬가지다. 근대 철학에 따르면 진리는 존재하며 자명한 것이다. 그러나 니체는 진리라는 건 없으며 있다면 '진리의지'뿐이라고 말한다. 진리라는 고정된 실체가 존재하고 있는 게 아니라 진리를 추구하는 힘만이 있다는 것이다. 진리를 실체로 삼고 이를 추구하는 근대 철학은 이성을 중시하고 감각을 무시한다. 또 그 이성은 감각을 통해 접하는 현상 세계를 부정하고 그 배후에 모종의 이상 세계를 설정한다. 현상을 꿰뚫고 본질을 파악하라. 언제나 이것이 철학의 방법이고 과제였다. 지금까지도 학교에서는 현상과 경험의 너머에 있는 본질과 구조를 파악하는 것을 '과학적 인식'이라고 가르치고 있다. 현상계 너머에 진정한 세계가 있다는 것, 요단 강 너머에 참된 삶이 있다는 것, 이것은 그리스도교의 가르침이며 약자의 도덕일 뿐이다. 어린 왕자에게 '눈에 보이는 것을 믿지 말라'고 충고하는 여우의 연약하면서도 간사한 속삭임에 불과하다.

그 반면 니체에 따르면 이상 세계는 날조된 것이고 오로지 현상 세계만이 유일한 세계다. 이성은 세계를 인식하는 훌륭한 도구가 아니라 오히려 권력의지의 단순 무식한 도구다. 세계는 이성이 세워놓은 고정된 목표를 향해 흘러가는 게 아니라, 권력의지를 축으로 영원히 돌고 도는 생성의 무대이며, 결과를 낳지 않고 언제나 '과정'에만 머문다.

니체는 근대 철학을 완전히 뒤집어놓는다. 그동안 안정된 상태에서 불변적으로 존재해왔다고 여긴 우리의 세계는 생성의 세계이며, 어떤 존재도 안정된 동일성을 누릴 수 없는 소용돌이 속의 세계다. 니체의 철학은 이성의 철학이 아닌 반이성의 철학이고, 실체의 철학이 아닌 관계의 철학이고, 정적인 철학이 아닌 동적인 철학이고, 계몽의 철학이 아닌 허무의 철학이고, 이원론이 아닌 일원론이다. 그저 충동이라든가 비천한 감각과 같은 것으로 여기던 권력의지가 실은 모든 현상을 설명해주는 중요한 열쇠가 된다.

이단과 선각의 사이에서

니체가 보는 세계는 개별적인 실체들이 공간 속에 자리 잡고 있는 원자적인 무대가 아니다(그는 실제로 원자론의 고정불변성을 비판하는데, 이는 마치 반세기 후에 나올 하이젠베르크의 불확정성 원리를 예견하는 듯하다). 니체의 세계는 각종 힘으로 가득 차 있고, 이 힘들로 인해 끊임없는 생성이 활발하게 일어나고 있는 현장이다.

물론 니체도 세계 속에 실체적 존재자들이 있다는 사실까지 부정하지는 않는다. 다만 그 존재자들보다 우선하는 게 힘이라고 볼 뿐이다. 즉 실체(이성)가 힘(권력의지)을 발휘하는 것이 아니라 거꾸로 힘이 실체를 움직이는 것이다. 세계는 힘의 작용으로 인해 실체들이 결합과 해체를 끊임없이 반복하는 영겁회귀 속에 있다.

니체를 선구자로 삼는 니체 이후의 탈현대 사상가들은 거의 예외 없이 하나의 결정 요인으로 모든 것을 설명하는 환원론을 거부하는데, 막상 니체는 권력의지라는 단일한 기반 위에서 독특한 일원론을 전개했다는 점이 흥미롭다. 하지만 니체의 일원론은 실체적인 요소, 예컨대 종교의 신이라든가, 헤겔의 절대정신 따위를 상정하지 않는다는 점에서 기존의 일원론과는 차원이 다르다고 해야 할 것이다. 또한 그런 점에서 니체는 근대 철학의 전통에서 한 걸음 벗어나는 동시에 현대 철학의 문을 열고 있다.

그런 위상에 걸맞게 스무 권이 넘는 니체의 저작들은 여느 철학 저작들과는 크게 다르다. 그의 저작은 대개 시적인 서술이나 경구적인 서술로 가득 차 있어 전통적인 의미의 근엄한 철학 저작과는 거리가 멀다. 그 덕분에 니체는 특히 철학의 엄정한 형식과 체계성을 주장하는 독일의 철학적 전통에서 '체계가 없는 철학자'라는 비판을 받기도 한다(그 때문에 니체는 같은 독일 철학자들보다 오히려 들뢰즈 같은 현대 프랑스 철학자들에게서 후한 대접을 받았다).

그러나 이성과 계몽의 범주를 벗어나려 하는 모든 사상가에게 가장 큰 어려움은 바로 지금의 언어로 앞날을 이야기할 수는 없다는 점이다. 그런 점에서 니체의 서술 형식은 그가 직접 말한 것처럼 "철학자는 체계를 생각하는 사람이 아니라 문제를 생각하는 사람이어야 한다."라는 점을 반영한다. 어쩌면 그는 자신의 철학에 가장 잘 맞는 서술 형식을 찾아낸 건지도 모른다.

다른 한편으로 니체의 독특한 서술 형식은 그가 심취했던 그리스·로마 사상의 영향을 말해주는 것이기도 하다. 예를 들어 그의 저작 《차라투스트라는 이렇게 말했다》는 마치 호메로스의 시편을 읽는 것처럼 신화적인 분위기를 풍긴다. 아닌 게 아니라 그가 '초인'의 모델로 꼽은 사람도 로마의 카이사르였다.

당대에 살면서 당대에 속하지 못하는 아웃사이더에게는 역시 고전이 커다란 매력의 대상이 아니었을까? 당대에서 자신의 뿌리를 찾지 못하면 역사를 더욱 거슬러 올라가야 하는 것과 마찬가지다. 다만 그렇게 해서 얻어지는 결과는 언제나 이단과 선각의 사이에서 위태롭게 흔들릴 수밖에 없다는 것을 각오해야 한다. 니체는 사상도 위태로웠지만 실제 삶도 만년의 10년 동안 정신병에 시달릴 만큼 위태로웠다.

프리드리히 니체 Friedrich Nietzsche, 1844~1900
독일의 철학자. '광인 철학자'라는 별명답게 그는 만년에 정신 질환을 앓았지만, 인류 지성사에서 한 시대를 마감하고 다른 시대를 연 선각자였다. 오늘날 이른바 '포스트모더니즘' 계열에 위치한 사상가들 대부분은 니체에게 정신적 빚을 지고 있다.

무의식
의식의 진짜 주인
: 지그문트 프로이트

Sigmund Freud

"나도 모르게 그랬습니다. 아무쪼록 선처를 바랍니다."

평생 동안 절도죄로 스무 번이 넘게 감옥에 드나든 일흔 살 노인이 또다시 절도를 범해 신문 지상에 오른다. 그전에 마지막으로 노인이 절도를 저지른 것은 5년 전의 일이었고, 그 5년간이 그의 생애 가운데 가장 길게 '손을 씻고 산' 기간이었다. 더구나 그 5년간은 담당 검사가 주선해 준 양아들까지 얻어 어느 때보다 행복하게 산 시기이기도 했다.

그런데 왜 그랬을까? 노인은 '나도 모르게 그랬다.'는 것이다. 자신이 한 일을 자신이 모른다? 그 말이 사실이라면, 노인에게는 자신도 모르는 부분이 있으며 그 부분이 노인으로 하여금 범죄를 저지르게 했다는 이야기가 된다. 사실 '나도 모르게 어떤 짓을 했다.'는 말은 그 노인에게만 국한되는 것이 아니다. 누구에게나 일상적인 행위 속에서 자신도 모르게 하는 일이 대단히 많다. 평소에 곱지 않게 보고 있던 어떤 친구가 재수 없는 일을 당했는데 나도 모르게 "꼴좋다."는 말이 불쑥 튀어나와 말썽을 일으킨 경험은 누구에게나 있음직한 일이다. 이미 엎지른 물이니 주워 담을 수도 없고…….

내 안에 있는 나도 모르는 부분, 그것이 바로 무의식이다. 의식의 쌍둥이 같은 존재이면서 의식의 구박과 박대를 받아 언제나 의식의 뒤에 숨어 있는 무의식, 그러나 그러다가도 엉뚱하게 자신의 존재를 밖으로 불쑥 드러내곤 해서 우리를 당혹케 하는 무의식. 노인의 경우에는 과거의 절도 경험이 쌓여 무의식 속에 들어가 있다가 우연히 밖으로 분출된 것이었다. 그러나 그것은 진짜 우연이었을까? 노인은 정말 우연히 절도죄를 다시 범한 걸까? 그렇지는 않다.

노인의 안에서는 5년 동안이나 깨끗한 의식이 범죄와 연관된 어두운 무의식을 억압해온 탓으로 무의식의 불만이 잔뜩 쌓여 있다. 해소되지 않은 무의식의 억압은 자신도 모르는 사이에 에너지를 키워 결국 바깥으로 터져 나오고 만다. 그렇다면 '나도 모르게 그랬다.'는 노인의 말은 사실이기도 하고 거짓말이기도 하다.

투명하고 밝은 의식, 무엇이든 내게 숨김없이 보여주고 누구보다도 내게 친근하게 다가오는 의식, 우리는 대부분의 일상생활을 이렇게 의식 속에서 살아가고 있다고 생각한다. 그래서 무의식이 가끔씩 얼굴을 내비칠 때면 마치 검은 비구름이 햇빛을 가리듯 알지 못할 불쾌감에 몸을 떨곤 한다. 이 정체 모를 내 안의 나, 무의식의 주인은 대체 나일까, 아닐까?

무의식의 존재는 오래전부터 여러 학자가 지적해오고 있었다. 그러나 그 불쾌하고 불길해 보이는 무의식을 처음으로 정식 연구의 대상으로 삼은 사람은 의사이자 정신분석학자였던 프로이트다.

기묘한 동거

사실 우리의 모든 사고와 행위가 의식 선상에서만 이루어진다면 그것도 문제일 것이다. 옷을 입는 일, 지하철을 타는 일, 다른 사람과 악수하는 일, 창문을 여는 일 등등 무심코 행하는 일상적인 행위들을 일일이 의식으로 성찰하고 심사숙고해야 한다면 얼마나 골치 아플까? 그래서 이런 익숙한 일들을 묵묵히 처리해주는 무의식은 우리에게 꽤 커다란 도움이 된다. 말하는 것까지 무의식적으로 한다면(무심코!) 주변 사람들에게 오해받기 십상이겠지만.

이런 무의식이 언제나 '무의식적으로' 흘러가기만 한다면 괜찮을 것이다. 그런데 그러지 못하는 경우가 있다. 참을성이 많은 무의식도 의식이 끝끝내 자신의 존재를 무시하면 결국 화를 낸다. 무의식은 이따금 제 영역을 벗어나 의식의 바닥을 불쑥 뚫고 자기 존재를 알린다. 그리고 그럴 때마다 우리의 의식은 평소에 잊고 지내던 자신의 추한 부분을 거울에서 본 것처럼 새삼스레 몸서리친다.

'한 지붕 세 가족'이라는 말은 여러 가족이 화목하게 사는 모습을 가리키지만, 같은 집에 여러 가구가 살면 아무래도 불편하게 마련이다. 더구나 세를 든 사람이 어딘가 음침하고 기분 나쁜 인물일 경우에는 더욱 그렇다. 하지만 어쩌랴? 무의식이라는 그 불쾌하고 무례한 세입자는 내보낼 수도 없으니……

프로이트가 무의식을 발견할 수 있었던 것은 정신과 의사로서 배운 최면술 덕분이었다. 최면술에 걸렸을 때는 자신이 평소에 생각하지 못했던 이야기를 하고, 때로는 깨어난 뒤 그런 말을 했다는 기억도 하지 못한다. 그 사람이 한 이야기가 하늘에서 뚝 떨어진 게 아니라면 그는 적어도 두 개의 기억을 가진 게 된다. 평소의 자기가 가진 기억과 최면술에 걸린 자기가 가진 기억이다. 최면술을 걸어 의식을 빼앗아야만 비로소 정체를 드러내는 기억, 그것을 프로이트는 무의식이라고 불렀다(흔히 '전생'을 알아본다는 의도로 최면술을 받는 경우가 있는데, 거기서 얻을 수 있는 기억은 자신의 전생이 아니라 무의식이다).

의식을 잃는 경우는 최면술 외에도 최소한 세 가지가 더 있다. 하나는 죽는 것, 그러나 이 경우에는 의식도 무의식도 모두 사라지므로 논외다. 둘째는 술이나 마약과 같은 약물의 힘에 의지하는 것, 그러나 이 경우에는 대개 무의식보다 환각을 경험하게 된다. 마지막은 기절하는 것 혹은 잠드는 것인데, 특히 잠은 일상적으로 무의식을 경험할 수 있는 기회다.

잠이 들면 꿈을 꾼다. 그런데 이 꿈은 의식의 소유자가 마음대로 내용을 선택하고 채색할 수 있는 게 아니다. 그래서 프로이트는 꿈을 무의식의 발현이라 여기고 꿈에서 나타난 상징을 해석하면 꿈꾼 사람에 관한 중대한 의미를 끌어낼 수 있다고 본다.

흔히 말하는 잠재의식과 무의식은 구별할 필요가 있다. 전에 인사를 나눈 사람의 이름을 잊었다가 우연히 생각해낸다든가, 아침에 흥얼거리던 노래의 곡조가 오후에 다시 생각나지 않는다든가 하는 것은 잠재의식과 연관되는데, 프로이트는 이것을 전의식前意識이라고 부른다. 이것은 의식의 일부이며 의식을 보조하는 역할을 한다. 그에 반해 무의식은 의식의 일부가 아니며, 의식에 의해 억압되어 있으므로 오히려 의식에 대해 대립적이다. 프로이트는 잠재의식과 달리 무의식은 특정한 계기가 주어지지 않으면 의식으로 전환되지 않는다고 말한다.

"흔히들 모든 잠재의식은 약한 상태일 때에는 잠재의식으로 머물러 있다가 강해지면 결국 의식으로 바뀐다고 생각한다. 그러나 아무리 강해져도 의식으로 전환되지 않는 잠재의식이 있다. 앞의 잠재의식을 전의식이라고 부른다면, 우리가 정신분석에서 연구하는 뒤의 잠재의식은 무의식이라고 부를 수 있다."

의식과 무의식은 분명히 한 집안에서 동거하면서도 서로 섞일 수 없는 대립적인 관계에 있다. 그뿐 아니라 집주인인 의식은 세입자인 무의식을 내보낼 수도 없고 심지어 서로 만나지도 못하는 기묘한 동거를 하고 있는 셈이다. 그런데 의식이 집주인이라는 것은 과연 사실일까?

아버지를 죽이고 어머니와 자고 싶다

무의식은 이따금씩 화산이 분출되듯이 예측하지 못한 상태에서 의식의 표면을 뚫고 나오지만 그렇다고 흔히 생각하는 것처럼 우연적이기만 한 것은 아니다. 알고 보면 무의식은 의식만큼이나, 아니 의식보다 더 체계적이다. 적어도 프로이트는 그렇게 믿었다. 그는 사람들이 자기 사고의 전부라고 생각해왔던 의식이 사실은 빙산의 일각에 불과하고 오히려 의식의 수면 아래 잠겨 있는 무의식이 훨씬 커다란 비중을 차지한다고 말한다. 더구나 그는 무의식도 의식처럼 나름대로의 구조를 갖추고 있으며,

욕구도 지니고 있다고 한다.

  그렇다면 이런 무의식이 그토록 알려지지 않았던 이유는 뭘까? 사실 무의식의 개념은 프로이트 이전에도 이미 있었다. 프로이트가 활동하던 무렵 일부 심리학자와 철학자들은 무의식을 잘 알고 있었다. 그러나 그들은 무의식을 무의식적으로 무시하거나 의식적으로 무시했다. 무의식적으로 무시하는 이들은, 무의식은 그냥 무의식일 뿐이지 무의식적인 사고나 욕구가 어떻게 있을 수 있느냐고 대수롭지 않게 여겼다. 이들에게는 의식이 곧 정신 또는 이성과 같은 것이었고, 무의식은 정신 외적인 것, 이를테면 미지의 괴물과도 같은 것이었다. 반면 무의식을 의식적으로 무시하는 이들은 설령 무의식이 존재한다 해도 무의식을 설명하고 다루는 방식이 어떻게 가능한가를 물었다. 무엇을 연구한다는 것은 곧 의식 선상에서 의식의 힘으로 이루어지는 작업인데, 어떻게 그런 방식으로 무의식을 다루겠느냐는 이야기였다(두 번째 문제의식은 20세기의 초현실주의 화가와 작가들이 실험했다. 그들은 무의식의 창조적 힘으로 그림을 그리거나 시를 쓰려 했는데, 그게 진짜 무의식인지는 본인만이 알 것이다).

  바로 그 점, 무의식 역시 의식을 통해 접근할 수밖에 없기 때문에 무의식은 의식에 비해 비체계적이고 우연적인 것처럼 보이게 된다. 또한 그렇기 때문에 무의식은 꿈이나 농담, 실언 등 우연적인 계기를 통해 그 존재의 징후를 드러내게 된다. 무의식의 지위를 의식 이상으로 격상시키려면 무의식도 의식 못지않게 체계성을 지닌다는 점을 증명해야 한다. 그래서 프로이트의 다음 과제는 무의식의 구조를 밝히는 것이다.

  프로이트에 따르면, 무의식은 두 가지로 나뉜다. 하나는 충동과 감정에 따라 제멋대로 움직이는 이드[id]다(이드란 '그것'이라는 뜻의 라틴어다. 공교롭게도 신분 증명, 즉 identification도 ID라는 약칭을 쓰는데, 뜻은 서로 정반대다. 이드는 신분 증명이 아니라 '그것'이라고 말할 수밖에 없는 것, 곧 정체불명이라는 뜻이다). 또 하나는 도덕적·사회적 질서가 내면화되어 있는 초자아superego로서, 이것은 이드를 억압하는 역할을 한다. 예컨대 이드가 남의 물건을 보고 무조건 탐내는 어린아이 심성 같은 나의 일부라면, 초자아는 "그러면 못써." 하면서 타이르고 달래는 도덕적인 나의 일부다.

무의식을 이루는 이 두 가지 요소는 서로 다투고 대립하는 긴장 관계에 있다. 이런 상태가 마냥 지속된다면 나는 견디지 못하고 박살날지도 모른다. 그래서 이를 완화하고 조절하는 또 다른 요소가 필요해진다. 이것이 곧 자아ego인데, 이것은 무의식이 아니라 의식에 속한다.

프로이트는 이드의 에너지가 특히 성욕에 집중되어 있다고 주장한다(무의식을 주로 성욕에만 국한시킴으로써 프로이트는 무의식을 발견한 공로를 상당 부분 까먹은 감이 있다). 그가 이것의 극단적 사례로 제시하는 것이 이른바 오이디푸스콤플렉스다.

그리스 신화에 등장하는 오이디푸스 왕은 신탁에 의해 의식하지 못하는 사이에 아버지를 죽이고 어머니와 결혼하는 비극의 주인공이다. 이처럼 "아버지를 죽이고 어머니와 자고 싶다."라는 원초적 욕망을 오이디푸스콤플렉스라고 부른다. 프로이트에 따르면, 3~5세의 남자아이는 어머니를 연인처럼 사랑하고 아버지를 경쟁자로 여겨 미워하게 된다고 한다. 록 음악사에 유명한 도어스의 짐 모리슨이 공연 중에 "Kill your father, fuck your mother."를 단골 메뉴로 삼고 외쳐댄 걸 보면, 과연 오이디푸스 콤플렉스는 서양인들에게는 실감나는 콤플렉스인 모양인데, 글쎄 우리에게는 어떨까?

무의식이 철학에 던진 파문

철학자 출신도 아닌 정신과 의사인 프로이트가 발견하고 다듬은 무의식은 정신분석학과 심리학뿐 아니라 철학에도 커다란 파문을 몰고 왔다. 마르크스가 인간 존재의 물질적 토대 분석에 지대한 공헌을 했다면, 프로이트는 인간 존재의 정신적 토대를 분석하는 틀을 제공함으로써 인간 이해의 새로운 장을 열었다. 그래서 이들은 아인슈타인과 함께 20세기의 지성사에 결정적인 방향을 제시한 세 명의 위대한 유대인 사상가로 꼽힌다.

데카르트 이래 자아('모든 것을 의심하는 주체'로서의 자아)의 동일성은 자명한 것으로 간주되어왔다. 나중에는 여러 갈래로 갈라지더라도, 일단 자아를 선험적으로 인정하는 토대 위에서만 근대의 철학과 학문이 가능했다. 그 현실적 성과가 18~19세기의 과학혁명과 산업혁명이었다. 그러나 프로이트의 무의식은 인류 문화에 빛나는 업적을 거둔 선험적 자아의 환상을 무참히 깨부순다.

우선 무의식이 존재한다는 사실만으로도 근대 철학의 출발점은 무너질 수밖에 없다. 나도 모르는 '나', 나도 모르게 하는 '나의 행동'이 있다는 사실 자체가 이미 인간 주체를 분열시키고 있기 때문이다. 그다음에 무의식이 의식의 수면 아래에 거대한 빙산처럼 잠겨 있다는 사실은 의식을 기준으로 주체를 구성하는 근대적 관점을 아예 초토화시킨다. 나도 모르는 나, 나도 모르게 하는 행동이 오히려 더욱 큰 비중을 차지하고 있다면 투명하고 자명한 나에 기초한 근대 철학이 설 땅은 이미 없다.

나의 주인은 내가 아니다. 무의식을 정립하면서 자연히 뒤따르게 된 이

명제는 이후에 "그럼 나의 주인은 누구(무엇)인가?"라는 물음으로 이어지게 된다. 예를 들어 구조주의자들은 그것을 구조라고 보았고, 프로이트의 뒤를 이은 정신분석학자 라캉은 그것을 언어라고 보았는가 하면, 알튀세르는 이데올로기라고 보았다. 기본적으로는 모두들 프로이트가 열어놓은 지평 위에서 각기 자신의 이론을 전개한 것이다. 다만 프로이트는 19세기 말부터 20세기 초반에 이르기까지 이른바 '물리학을 뒤흔든 30년'에 주로 활동했던 탓에 헬름홀츠의 에너지 이론과 같은 물리학적 성과에 크게 의존하고 있었다. 그래서 이후에 프로이트를 계승하거나 원용한 철학자들은 그의 사상에서 기계론적 의미를 거세시키는 게 보통이다 (프로이트처럼 성욕을 중요시하지 않는 것도 그 일환이다).

그러나 이처럼 20세기 지성사에 커다란 영향을 미친 프로이트의 무의식은 발견될 무렵부터 숱한 비난과 반발에 시달렸다. 아마도 어두운 무의식에 빛의 세례를 가해 누구나 숨기고 싶은 인간 존재의 야누스적인 측면을 정면으로 폭로하는 것을 환영할 수 없었기 때문일 터이다. 그러나 여기에는 또 다른 이유도 있다. 그것은 바로 무의식도 의식을 통해 말해질 수밖에 없다는 모순, 즉 말로 할 수 없는 이야기를 말로 할 수밖에 없다는 무의식과 의식의 모순 관계 때문이기도 하다. 이에 관해 보헤미아의 시인 릴케는 다음과 같이 절묘하게 이 모순을 해소하는 사례를 보여준다.

일찍 시를 쓰면 별로 이루지 못한다. 시인은 벌이 꿀을 모으듯 한평생 의미를 모으고 모으다가 끝에 가서 어쩌면 10행쯤 되는 좋은 시를 쓸 수 있을지도 모른다. 시란 사람들이 생각하듯 감정이 아니기 때문이다(감정이라면 젊을 때도 충분히 가지고 있다). 시는 체험이다. 한 행의 시를 위해 시인은 많은 도시, 사람, 물건들을 보아야 한다. …… 〔하지만〕 체험의 추억을 가지는 것만으로는 충분치 않다. 추억이 많으면 그것들을 잊을 수 있어야 한다. 추억이 되살아올 것을 기다리는 큰 인내가 있어야 한다. 추억이 내 안에서 피가 되고, 시선과 몸짓이 되고, 나 자신과 구별되지 않을 만큼 이름 없는 것이 되어야, 그때에야 비로소, 아주 가끔 시 첫 행의 첫 단어가 그 가운데서 떠오를 수 있다.

시인에게 체험만큼 소중한 것은 없다. 그러나 체험만 많이 한다고 해서 시인이 되는 건 아니다. 릴케의 말마따나 체험이라면 여기저기 항구를 떠도는 마도로스만큼 많이 할 수는 없다. 그러므로 체험을 많이 하는 것도 중요하지만 그 체험을 잊을 줄 알아야 한다. 이 말은 곧 체험(의식의 요소)을 망각(무의식의 요소)의 통 속에 집어넣으라는 뜻이다. 그 망각 속에서 언젠가 부지불식간에 시의 첫 구절이 튀어나올 것이다. 릴케가 꿈꾸는 진정한 시인이란 바로 무의식 속에서 시를 끌어낼 줄 아는 사람이다. 물론 그 시를 읽는 독자는 의식 속에서 읽을 테지만.

지그문트 프로이트 Sigmund Freud, 1856~1939
오스트리아의 의사이자 정신분석학자. 프로이트의 2대 발명이라 할 무의식과 정신분석학은, 철학을 연구한 적이 없고 철학자를 자칭한 적이 없던 그를 현대 철학의 토대를 놓은 인물로 탈바꿈시켰다.

기표와 기의
언어의 진짜 주인

: 페르디낭 드 소쉬르

Ferdinand de Saussure

공부 중에 쉬운 게 있을까마는 그중에서도 누구나 어려워하는 것은 외국어 공부다. 영어 공부를 10년 이상 했어도 간단한 회화 한마디는커녕 외국산 전기 제품의 사용 설명서 하나 제대로 해득하지 못하는 사람이 숱한 것을 보면, 외국어 공부가 얼마나 어려운지 새삼 실감하게 된다(실은 우리 사회의 외국어 교수법으로는 정식 책보다 그런 매뉴얼을 읽어내기가 더 어렵다).

성서에 따르면, 아주 오랜 옛날에는 인류의 언어가 하나였다고 한다. 그런데 인간의 오만이 하늘을 찌르려 했던 탓으로 신이 벌을 내려 이렇게 민족마다 다른 언어를 쓰게 되었다는 것이다. 하늘을 찌르다니, 어떻게? 노아의 홍수가 지나간 뒤 바빌로니아 사람들은 하늘에까지 이르는 높은 탑을 세우려 했다. 그것이 바로 바벨탑이다. 그러나 하늘에 사는 신이 자기 집 밑동까지 치받으려는 인간을 그냥 두고 보기만 할 리 없다.

결국 바벨탑은 신의 노여움을 사서 준공식을 보지 못하는데, 탑의 완공을 막기 위해 신이 썼다는 수단이 재미있다.

그때까지 세상 사람들은 모두 하나의 언어를 사용하고 있었는데, 하느님이 그것을 온통 뒤섞어놓았다는 것이다. 건설 현장에서 의사소통이 되지 않으니 작업이 제대로 이루어질 리가 없다. 일꾼들은 뿔뿔이 흩어지고 바벨탑은 마침내 무너져 내리고 말았다. 그래서 오늘날 우리는 이렇게 외국어 공부에 머리를 싸매게 된 걸까? 이유와 기원이야 어찌 되었든 언어마다 문법 체계와 어휘들이 각기 다른 것은 사실이다. 예를 들어 우리가 지금 보고 있는 '책'이라는 단어는 중국어로는 冊이라고 표기하며, 영어로는 book, 프랑스어로는 livre, 독일어로는 Buch, 그리고 일본어로는 本 등으로 각기 다양하게 쓴다.

우리는 각 나라의 언어가 다양하다는 사실은 잘 알고 있지만 각 언어 내에도 수많은 다양성이 있다는 데 대해서는 쉽게 무시하고 넘어간다. 사실 책이라는 단어 하나만 해도 발음하는 사람들마다 약간씩 차이가 있다. 그뿐이랴? 한 사람의 경우라 해도 발음할 때마다 조금씩은 달라지게 마련이다. 극단적으로 말하면 발음 행위가 있을 때마다 말은 달라진다.

다르다는 것, 차이라는 것은 엄밀하게 말해서 공통점이 없다는 뜻이다. 그런데 어떻게 사람들은 서로 의사소통을 할 수 있는 걸까? 언뜻 보면 지극히 당연한 것 같은 사실을 끈덕지게 물고 늘어지면서 차이의 중요성을 역설한 사람은 바로 구조주의 언어학을 창립한 소쉬르다.

파롤의 아래에는 랑그가 있다

일제강점기에 독립 투쟁을 하던 경상도 사람과 함경도 사람이 만났다고 한다. 함경도 사람이 밀봉된 비밀 편지를 건네주자 경상도 사람이 이렇게 말했다.

"이게 뭐꼬?"

이 말을 알아듣지 못한 함경도 사람이 이렇게 대답했다.

"뭐꼬가 무시기?"

역시 경상도 사람도 함경도 사투리를 몰랐다.

"무시기가 뭐꼬?"

"뭐꼬가 무시기?"

그들은 이렇게 한나절을 서로 묻기만 했다고 한다. 물론 웃자고 하는 이야기지만 외국어뿐 아니라 한 민족의 언어 내에서도 사투리가 심하면 알아듣기 어려운 경우가 종종 있다.

물론 "뭐꼬가 무시기?"와 "무시기가 뭐꼬?"라는 말은 사실 같은 뜻의 문장이다. '뭐꼬'나 '무시기'는 모두 '무엇'이라는 뜻의 사투리다. 즉 경상도 사람과 함경도 사람은 서로 "무엇이 무엇이냐?"라는 물음으로 일관한 것이다. 그러니 대화가 이어질 리 없겠다. 이렇게 같은 내용의 발언이 사람마다 달라지는 것을 가리켜 소쉬르는 파롤^{parole}이라 부른다. 그리고 이 다양한 파롤을 가능하게 해주는 것을 랑그^{langue}라고 부른다. 굳이 번역하자면 파롤은 발언이고 랑그는 언어에 해당한다고 하겠다.

파롤은 말하는 사람의 일회적인 발언이다. 따라서 말하는 사람마다(그뿐 아니라 말할 때마다) 조금씩 달라질 수밖에 없다. 그러나 랑그는 변하지 않는다. 높고 새된 목소리의 "난 너를 사랑해."나 낮고 묵직한 목소리의 "난 너를 사랑해."나, 파롤은 서로 다르지만 랑그는 같다. "낸 니를 사랑한데이." 하고 사투리로 말해도 마찬가지다.

랑그란 발언을 할 때 말하는 사람이 따라야 할, 혹은 적용해야 할 규칙을 가리킨다. 누구든지 같은 언어로 같은 발언을 하는 사람은 모두 같은 랑그를 따르고 있는 것이다. 랑그의 가장 대표적인 예는 문법 체계다. 하지만 문법 체계는 랑그와 동일한 게 아니라 랑그의 일부분이다. 즉 랑그는 문법을 비롯해 사람들이 언어 사용에 관해 무의식적으로 합의하고 약속한 규칙들의 체계 전체를 가리킨다.

장기를 둘 때 이따금 작은 말들을 일부 잃어버려 부족한 경우가 있다. 이때 흔히 바둑돌이나 단추 같은 것으로 잃어버린 장기의 말을 대체할 수도 있다. 이처럼 대체 가능한 것이 파롤이다(뭐꼬와 무시기처럼). 하지만 그렇게 대체되었다고 해서 장기판의 규칙 자체가 바뀌는 것은 아니다(뭐꼬와 무시기는 둘 다 무엇이라는 뜻이다). 랑그란 바로 그런 장기판의 규칙과 같다.

랑그가 없으면 파롤은 존재할 수 없다. 예컨대 "난 너를 사랑해."라는 말을 "사랑 너를 난 해."라고 말하면 알아들을 사람이 거의 없다. 랑그가 파괴되었기 때문이다. 이런 의미에서 랑그는 갖가지 특수한 양태의 파롤을 가능하게 해주는 불변의 공통 요소, 바로 파롤의 수면 밑에 있는 '구조'다.

랑그가 본질이라면 파롤은 현상이다. 본질이 없는 현상이 있을 수 없듯이 랑그가 없다면 파롤은 없다. 반면에 본질은 반드시 현상을 통해서만 그 모습을 드러낸다. 따라서 랑그는 그 자체로는 드러나지 않고 반드시 파롤의 옷을 입고서만 모습을 나타낸다. 랑그는 근본적이며 독자적으로 존재하지만 파롤에 의해서만 드러날 수 있고, 파롤은 표층적이며 랑그에 종속되지만 랑그를 드러나게 하는 창문과 같은 역할을 한다. 이것이 랑그와 파롤의 기묘한 의존관계다.

파롤과 랑그가 그런 관계에 있는 것을 안다면, 앞에서 말한 것처럼 외국어를 해득하기 어려운 이유는 명백해진다. "난 너를 사랑해."라는 말을 영어로는 "I love you."라고 할 것이다. 두 가지 모두 파롤이지만 서로 다른 랑그에서 나온 말들이다. 따라서 영어의 랑그에 익숙하지 못한 사람이라면 "I love you."라는 파롤을 이해할 수 없다.

사실 여기에는 단순히 영어의 문법 체계만 문제가 되는 게 아니라 그런 말을 사용하는 맥락, 즉 콘텍스트context의 차이도 포함된다. 언표된 내용, 즉 텍스트text상으로는 "난 너를 사랑해."와 "I love you."라는 서로 똑같지만 발언의 콘텍스트상으로는 서로 다르다(쉽게 말해 의미는 같아도 어감은 다르다). 이를테면 한국인보다는 미국인이 그런 말을 더 자주 사용하는 게 사실이므로, "난 너를 사랑해."보다는 "I love you."가 더 상용적인 표현이라 할 수도 있고, 낯간지러운 느낌이 덜하다고 볼 수도 있는 것이다.

이렇게 보면 외국어의 정확한 번역이란 애초부터 불가능한 것인지도 모른다. 'my mother'의 올바른 번역은 뭘까? 나의 어머니? 아니다. '우리 어머니'다. my라는 영어 단어는 분명히 '나의'라는 뜻이지만 우리말에서 그 표현이 사용되는 맥락을 고려한다면('내 어머니'라고 말하는 사람은 거의 없으므로) 'my mother'는 '우리 어머니'라고 해야 옳다. 여기서도 역시 랑그란 단순히 문법 체계로만 환원되지 않는다는 점을 알 수 있다.

기표는 기의의 옷이 아니다

텍스트의 의미가 콘텍스트에 따라 달라질 수 있다는 것, 랑그와 파롤이 구분된다는 것은 어찌 보면 너무도 당연해서 굳이 강조할 필요가 없어 보인다. 그런데 랑그/파롤의 구분을 소쉬르가 그렇듯 장황하게 말하는 이유는 뭘까?

그것은 랑그/파롤이 전제되어야만 언어학이 가능하기 때문이다. 랑그/파롤이 구분되지 않는다면 언어학은 곧 어학과 같은 것이 되고 만다. 그렇다면 영어를 분석하는 영어 언어학, 일본어를 다루는 일어 언어학 등등 각 언어마다 언어학이 달라져야 하고 그때마다 언어학의 방법론을 새로이 정립해야 할 것이다. 하지만 각 언어의 발언을 파롤로 구분하고 모든 언어의 기저에 놓여 있는 공통 구조를 랑그로 묶어놓으면 그럴 필요가 없어진다. 그러므로 랑그/파롤의 구분은 소쉬르 언어학의 출발점일 뿐 아니라 언어학 자체의 기반이 되는 셈이다.

소쉬르는 어학자나 어문학자가 아니라 언어학자였으므로 그가 랑그와 파롤 중 어느 것을 연구 주제로 삼았을지는 뻔하다. 그는 당연히 파롤이 아닌 랑그를 기초로 삼아 언어에 대한 본격적인 분석에 나선다. 그가 맨 처음 품은 의문은 바로 이것이었다.

"언어는 과연 지시 대상과 밀접한 관련이 있는 걸까?"

또다시 지극히 당연한 물음인 듯하다(나중에 보겠지만 구조주의의 모토는 '당연시되는 것을 의문시하라.'는 것이다). 언어와 언어의 의미가 관련이 있는 것은 상식이 아닌가? 그러나 실은 그렇게 간단하지 않다. 예를 들어보자. '개'라는 말은 실제로 살아 있는 생물인 개와 무슨 관계가 있을까?

의성어나 의태어 또는 한자와 같은 상형문자라면 말과 지시 대상의 관계를 어렵지 않게 추리해낼 수 있다. 예컨대 개를 멍멍이라고 부르는 어린아이의 말이나, 개의 모습에서 나온 한자어인 '犬' 같은 말은 개라는 생물의 특성(짖는 소리, 모습)에서 나온 것들이다. 하지만 우리말의 '개'와 실제의 '개'는 전혀 관계가 없지 않은가? 뿐만 아니라 영어의 'dog'도 실제 개와는 아무 관계도 없다. 나무라는 말은 실제 나무처럼 생기지 않았으며, 돈이라는 말을 아무리 뜯어보아도 실제 돈과는 닮은 구석이 전혀 없다.

사물과 직접 관련된 말이 아닌 경우에는 그 점이 더욱 분명해진다. 예를 들어 마음, 파란색, 깨끗함 같은 추상적인 말들은 실제 지시 대상과는 무관한(혹은 지시 대상이 고정되어 있지 않은) 언어 기호다. 혹시 '즐겁다는 말을 보면 실제로 즐겁게 생겼다.'고 생각하는 사람이 있다면, 그것은 언어생활을 통해 길러진 선입견일 뿐 언어 자체에 그 뜻이 담겨 있는 것은 아니다.

전통적인 생각이나 상식에 따르면, 언어와 지시 대상이 일치한다는 것은 너무도 당연한 것이었으므로 소쉬르 이전까지는 아무도 그것에 의문 부호를 달지 않았다. "개는 개지, 개가 개와 상관없다니 뭔 개소리야?" 그런데 그게 개소리가 아니었다.

언어 기호와 그것이 가리키는 대상을 별개로 본 것은 혁명과도 같은 발상이었다. 우선 그것은 전통적인 견해에서 고정불변의 것으로 보았던 정의定義의 개념을 해체한다.

정의라면 명백하고 확실해야 한다. 그러나 과연 말의 정의는 그토록 명백하고 확실할까? 예를 들어 국어사전에서 '마음'이라는 말을 찾아보자.

사전에 나오는 마음의 정의는 "사람의 몸에 깃들어 지식·감정·의지 등의 정신 활동을 하는 것"이다. 하지만 냉정히 따져보면 이 정의는 결국 마음이라는 말을 다른 여러 말로 대체한 것일 뿐이다. 사전에 나온 대로 마음이라는 말을 이해하기 위해서는 그 정의에 나오는 사람, 몸, 지식, 감정, 의지, 정신 활동 등의 말들을 이미 알고 있어야 한다. 물론 사전에서 그 말들의 뜻을 모두 찾아볼 수는 있다. 그러나 어느 단어를 찾아보아도 우리는 마찬가지의 경험을 하게 된다. 예를 들어 그 가운데 '지식'이라는 말을 사전에서 찾아보면 "어떤 대상에 대해 배우거나 실천을 통하여 알게 된 명확한 인식이나 이해"라고 나오는데, 이 정의를 이해하려면 또다시 대상, 실천, 인식, 이해 같은 말들을 찾아보아야 한다. 이렇게 사전 내에서는 말들이 서로 돌고 돌 뿐 그 자체로 정의되는 것은 없다.

그렇다면 언어 기호의 본질적 의미, 정체성이란 없는 걸까? 그렇지는 않다. 다만 그전과는 다른 방식으로 정체성을 파악해야 한다. 예전에는 언어 기호 자체에 정의가 담겨 있다고 생각했지만, 소쉬르에 따르면 언어 기호는 다른 요소들과 맺는 관계와 차이에 의해서만 규정될 수 있다.

여기서 소쉬르는 언어 기호를 기표signifiant와 기의signifié로 나눈다. 기표란 '표시하는 것'이며 기의란 '표시되는 것'이다. 쉽게 말해 기표가 언어 기호라면 기의는 언어의 의미라고 볼 수 있다. 예컨대 '개'라는 말이 기표라면 실제 생물인 '개'는 기의가 된다.

전통적인 해석은 기표가 당연히 기의와 일치한다고 믿었다. 마치 고급 양복점에서 산뜻하게 맞춘 것처럼 기표는 기의의 몸에 꼭 맞는 양복이라고 여겼다. 하지만 소쉬르는 그렇게 당연시되었던 기표와 기의의 일치를 거부한다. 기표는 기의의 옷이 아니다!

언어 기호는 사실 그것이 지칭하는 대상과는 아무런 관계도 없다. '개'라는 말이 실제 생물 '개'를 가리키게 된 것은 순전한 우연이다. 양자는 서로 무관한 관계, 더 그럴듯하게 말하면 자의적인 관계다. 오히려 개는 소나 돼지가 아니기 때문에 개다. 예컨대 상병이라는 계급은 그 자체로 정의될 수 없다. 다만 병장과 일병의 중간에 있는 계급이라고만 말할 수 있을 뿐이다. 화요일은 월요일과 수요일 사이에 있기 때문에 화요일인 것이며, 봄은 여름, 겨울, 가을과 다르기 때문에 봄인 것이다. 화요일과 봄을 반드시 화요일과 봄이라는 말로 불러야 할 이유는 전혀 없다.

물론 모든 어휘에는 나름대로의 기원을 두고 발전해온 것들도 상당히 있겠지만, 소쉬르는 어떻게 해서 언어가 발생하고 발달해왔는가는 문제시하지 않는다. 그의 용어에 따르면, 그것은 언어의 역사, 즉 통시성 diachronie인데, 언어학에서 중요한 것은 통시성이 아니라 언어의 규칙과 체계, 즉 공시성 synchronie이기 때문이다.

차이에 주목하라

소쉬르의 언어학이 혁명적인 이유는 바로 기표와 기의의 자의성, 즉 언어 기호와 지시 대상이 서로 무관함을 밝혔다는 데 있다. 전통적인 해석에서는 언어 기호 자체 속에 지시 대상의 의미가 들어 있는 것으로 보았지만, 소쉬르는 양자가 아무런 관련이 없다고 본 것이다.

그렇다면 그것은 어떤 의미를 가지고 있을까? 앞서 프로이트의 경우에도 현대 지성사에 큰 영향을 미친 부문은 그의 '이론'보다 '방법론'이었다(정신분석학보다는 무의식의 개념이 훨씬 중요했다는 이야기다). 이 점에서는 소쉬르도 마찬가지다. 소쉬르는 자신이 언어학자일 뿐 철학자라고 생각하지 않았고 자신의 언어학을 철학으로 연장시키려 하지도 않았지만, 그의 혁명적 발견은 엄청난 철학적 반향을 불러일으켰다.

전통 철학은 확실성의 철학이며, 동일성의 철학이며, 실체의 철학이었다. 하지만 소쉬르의 언어학적 성과를 반영하면 확실한 것은 아무것도 없으며, 동일성보다는 차이가, 실체보다는 관계가 훨씬 중요해진다(이 점에서도 역시 프로이트와의 공통점을 읽을 수 있는데, 두 사람이 거의 같은 시기에 활동했다는 것은 서로 만나거나 이야기한 적이 없다 해도 사상의 동시대성을 분명히 보여준다).

언어 기호의 가치(즉 의미)는 각각의 언어 기호 속에 내장된 게 아니라 그 바깥에서 찾을 수 있다. 한 언어 기호의 의미는 다른 기호들과의 차이에 의해 정해진다. 또한 각각의 언어 기호는 그 속에 고정된 의미를 튼튼히 끌어안고 있는 실체와 같은 것이 아니라, 서로 간에 차이라는 관계를 맺고 있는 것일 뿐이다. 예컨대 플러스와 마이너스라는 말은 그 자체로 독립적인 실체의 개념이 아니라 서로 대립되는 전기적 속성을 나타내는 '관계'의 개념일 뿐이다. 실체라면 단독으로 존재하는 것이 가능하겠지만, 플러스와 마이너스는 관계를 나타내는 것이기 때문에 어느 하나가 없으면 다른 하나도 있을 수 없다.

언어라는 랑그도 역시 독립적인 실체처럼 존재하는 게 아니라 기의와 무관한 기표들로 이루어진 그물일 따름이다. 국어사전에서 낱말을 찾으면 그 낱말의 본래 뜻 대신 무수히 많은 다른 낱말들로 조합된 기호들의 그물만을 만나게 되는 것은 바로 그 때문이다.

파롤은 발언자 개인이 주체가 되지만 랑그는 그렇지 않다. 랑그는 사회적으로, 집합적으로 약속된 언어의 규칙 체계이므로 랑그를 이용하기 위해 각 개인은 그 규칙에 따르지 않으면 안 된다. 더군다나 기표와 기의가 서로 무관하기 때문에 각 개인은 실제 사물을 통해서 랑그를 하나하나 배워 나갈 수도 없는 입장이다. 그렇다면 인간은 랑그와의 관계에서 수동적인 자세를 취할 수밖에 없다.

여기서 인간과 언어의 전통적인 관계는 역전된다. 인간 개인은 다만 랑그를 이용해 파롤만을 말할 수 있을 뿐인데, 그 랑그는 인간의 소유가 아니고 마치 독자적인 생명을 지닌 존재처럼 행동한다. 인간이 언어의 주인이 아니라 오히려 언어가 인간의 주인이다. 모든 판단이나 사고는 인간이 능동적으로 행하는 것이 아니라 언어 구조 속에 내재해 있다(짧은 메시지 하나를 쓸 때도 애초에 담으려 했던 의미가 도중에 문법이나 문장구조로 인해 변형되는 경험은 누구나 해보았을 것이다).

인간이 주체가 아니라니? 내가 내 언어의 주인이 아니라 언어가 나의 주인이라니? 무의식이 의식의 주인이라는 프로이트의 암울한 이야기와 더불어 또 하나의 불쾌한 이야기지만, 소쉬르에 따르면 나는 언어의 주인이 아니다. 사실 냉정하게 생각해보면 그렇다. 하나의 발언이나 사고 행위를 할 때 우리는 누구나 자연스럽게(즉 무의식적으로) 언어를 사용하지만 그 언어 가운데 어느 것 하나 우리 스스로가 만든 것이 있던가? 우리는 이미 존재하고 있는 언어 구조 속에 혈혈단신으로 뛰어든 처지에 불과하다. 우리는 언어를 사용할 수는 있어도 가질 수는 없다. 집주인은 언제나 언어이고, 우리는 영원한 세입자일 뿐이다.

인간을 중심에서 끌어내리고 언어 구조를 중심에 가져다놓았다는 점에서 소쉬르는 구조주의의 기반을 다진 인물로 간주된다. 그리고 소쉬르 이후로 언어학과 언어의 문제는 철학의 가장 중요한 분과 가운데 하나로 자리 잡게 된다. 물론 인간 주체를 중심으로 삼고 논의를 전개하는 전통적인 의미의 철학도 여전히 큰 발언권을 가지고 있지만, 어쨌든 거기서도 언어를 철학적 주요 테마로 포함시킬 수밖에 없게 된 것(예컨대 하이데거)은 다분히 소쉬르의 덕택이다.

그런데 랑그는 인간 주체가 개입할 여지가 없는 철옹성 같은 것일까? 맨 처음 '개'라는 말을 만든 사람이 누군지는 알 수 없지만 그도 역시 인간임에는 틀림없지 않을까? 그 사람이 누군지 모른다고 해서, 혹은 특정한 개인으로 못 박을 수 없다고 해서, 랑그가 인간 주체와 무관하다는 주장은 약간 억지스럽지 않을까? 하지만 이 소박한 의문을 해명하지 않은 것은 소쉬르의 책임이 아니다. 소쉬르 자신은 분명히 언어 구조의 역사적 연구, 즉 통시성이 아닌 공시성을 자기 언어학의 대상으로 삼았으니까. 하지만 그것은 다른 한편으로 소쉬르가 기초공사한 구조주의의 결함이 몰역사성에 있음을 암시한다.

페르디낭 드 소쉬르 Ferdinand de Saussure, 1857~1913
프랑스의 언어학자. 그의 구조언어학은 언어학 자체보다 오히려 구조주의라는 20세기의 커다란 사상적 조류를 형성하는 데 결정적으로 기여했다. 소쉬르 역시 프로이트처럼 철학과 무관하면서도 현대 철학사에서 중요한 비중을 차지하는 인물이다.

판단중지

진리를 구하는 괄호

: 에드문트 후설

Edmund Husserl

백문이 불여일견. Seeing is believing.

동양과 서양의 속담이 뜻과 형식에서 모두 일치하는 보기 드문 예다. 그럴 만큼 "보지 않고서는 믿을 수 없다."라는 생각은 우리의 일상적인 사고와 행위에서 포기할 수 없는 진리의 척도로 기능한다. 사실 반드시 내 눈으로 직접 확인해야만 믿겠다는 사고방식을 가지고 있으면 대체로 손해 보지 않는 삶을 살아갈 수 있다. 때로는 주위의 오해도 꽤나 살 테고 대인 관계도 별로 좋지 않을 수 있겠지만 그냥 무시하고 독불장군처럼 살면 된다. 그다지 고민할 필요도 없고 무척 편리한 인생관이다. 단, 그러려면 배짱은 두둑해야겠다.

그런데 그런 태도는 과연 일상생활에서만큼 철학적으로도 위력을 발휘하는 사고방식일까? 실제로 그런 식으로 생각한 철학자들이 있었다.

그 가운데 가장 대표적인 이들이 실증주의라는 유파로 분류되는 사람들이다. 일상생활에서의 독불장군과 마찬가지로 실증주의자들도 편리한 사고방식과 두둑한 배짱을 지니고 있었다.

눈에 보이지 않는 것이면 믿을 수 없으므로 없는 것이나 다름없다고 여기면 된다. 더구나 "너 직접 눈으로 봤어?" 하고 따져 물으면 확신이 덜한 사람들은 흔히 꼬리를 내리고 물러서기 십상이므로 골치 아픈 논쟁에서 이기기도 쉽다(최소한 지지는 않을 게다). 특히 뭔가 심오하고 진지한 태도로 쓸데없이 어려운 개념어나 선문답을 일삼는 사기꾼 철학자들에게는 실증주의가 약이다. "주체를 본 적이 있어?" "무의식을 보여줄 수 있어?" 실증주의자들에게 신비한 것이란 없다. 신비한 것을 말하는 자는 모두 사기꾼이다.

그러나 꿩 잡는 게 매다. 실증주의자들이 당연하고 확실한 것으로 여기고 넘어가는 '눈으로 본다는 것', 즉 의식이라는 것을 전혀 당연하지도 확실하지도 않은 것으로 생각한 철학자가 있다. 이미 고대 그리스의 플라톤이 의식의 경험을 '하나의 경이'라고 말한 적이 있지만, 후설은 한술 더 떠 의식이야말로 (결코 자명한 게 아니라) '우주에서 가장 커다란 수수께끼'라고 말한다.

실증주의에 맞서다

실증주의에서 의식을 당연하게 보는 이유는 의식 주체와 의식 대상을 칼로 무 자르듯이 확연히 분리하기 때문이다. 나는 주체이고 사물은 대상일 뿐이다. 주체와 대상 사이에는 결코 넘을 수 없는 유리벽이 있다. 주체인 나는 이 유리벽 너머로 대상을 관찰하고 의식한다. 물론 이 관찰과 의식은 절대적으로 객관적인 과정이며, 그 대상에는 사물들뿐 아니라 나 이외의 다른 사람들도 포함된다.

천상천하 유아독존. 세상에서 가장 간편한 구분은 바로 이런 것이다. 우선 나를 주체로 고정시키고 그 밖의 모든 것을 '나 이외의 것'으로 한데 묶으면 된다. 즉 세계는 나와 '기타 등등'으로 구성되어 있다. 이런 사고방식은 자연과학에서 흔히 볼 수 있다. 그래서 실증주의적 태도는 사실 19세기 자연과학의 발달에 지대한 공헌을 했다.

의사인 나는 의식 주체이고, 병원균은 의식 대상이다. 나는 각종 세균의 생존 배경과 활동 방식을 연구함으로써 세균으로 인한 질병을 고칠 수 있다. 기술자인 나는 동력의 발생 원리를 대상으로 삼아 연구함으로써 자동차 엔진을 발명할 수 있다. 이렇게 자연과학적 태도에서는 주체와 대상의 완전한 분리가 가능하며 또 매우 유용하기도 하다.

그렇게 편리하면서도 위력적인 과학적 태도를 철학이나 사회학, 심리학에 도입하지 못할 이유가 뭐가 있겠는가? 인간 존재, 사회 체계, 정신분석 등의 연구에서도 역시 연구하는 주체와 연구하는 대상은 쉽게 분리되지 않는가?

주체와 대상의 분리는 이미 우리의 문장 구조 속에도 있다. "나는 사과를 먹는다.", "너는 피아노를 친다." 등등 주어와 목적어가 완전히 분리되어 있는 것이 가장 자연스럽고 알기 쉬운 문장이 아닌가? 게다가 곰탕이나 보쌈은 아니지만 여기에도 '원조'가 있다. "나는 생각한다, 그러므로 나는 존재한다." 대선배 데카르트의 이 말처럼 명백한 주체 분리가 또 있던가? 실증주의야말로 데카르트가 확립한 근대 철학의 최종 완성품이다!

호랑이를 잡으려면 호랑이 굴로 들어가라. 막강한 힘으로 19세기를 지배한 실증주의에 맞서 후설은 실증주의의 심장부로 들어간다. 실증주의에서 그토록 자명한 것으로 여기는 주체와 대상의 분리, 의식의 확실성이란 근거가 있는 주장일까? 과연 그 질문은 실증주의의 쥐약이었다. 등잔 밑이 어두운 것처럼 실증주의의 뿌리를 이루는 그 문제에서 실증주의는 '실증주의적' 해답을 주지 못한다.

당시 실증주의는 철학자들에게 공적公敵이었지만, 그전까지 실증주의의 권위를 변방에서 섣부르게 공략하려다가 1라운드에 나가떨어진 형이상학자들과 달리 후설은 정면 도전을 선언했다. 더구나 후설은 원래 수학으로 박사 학위를 받은 수학자 출신이었다. 수학이라면 일체의 오차도 허용하지 않는 엄밀함의 극치를 다루는 가장 순수한 과학이 아닌가? 하지만 후설은 그런 수학적 엄밀성을 실증주의 인식으로 발전시키지 않고, 오히려 그 반대편으로 밀고 나간다.

후설에 따르면, 철학이란 가장 엄밀한 것을 다루는 '엄밀학strenge Wissenschaft'이 되어야 한다. 알다시피 철학의 근본을 가장 엄밀하게 추구한 대표적인 사람들은 데카르트와 칸트다. 그래서 그는 데카르트의 방법적 회의를 근대 철학의 1차 전환으로, 그리고 칸트의 선험철학을 2차 전환으로 규정한 다음, 진정 엄밀한 철학으로 전환시키기 위한 최종 단계를 자신의 과업으로 삼았다.

다른 학문이라면 몰라도 철학이라면 가장 근본적인 것부터 문제 삼아야 한다. 실증주의자들은 그 가장 근본적인 문제를 당연시하고 넘어갔기 때문에 참된 의미에서의 '실증'도 추구하지 못하고 오히려 결과적으로 자신들이 가장 혐오하는 형이상학에 빠질 수밖에 없었다. 실증주의에서 당연시되고 있는 '의식'이야말로 사실은 가장 해명하기 어려운 수수께끼이자 신비로운 현상, 그 자체로 커다란 경이인 것이다.

어떻게 의식의 경험이 가능한가? 인간은 어떻게 해서 세계를 경험할 수 있는가? 경험을 경험이도록 해주는 것은 과연 무엇인가? 실증주의에서는 경험의 주체와 대상을 '이미 주어진 것'으로 당연시하고, 형이상학에서는 그것을 말만 다른 '선험적인 것'으로 간주하며, 종교에서는 신이 인간의 경험의 실제 주체라고 본다. 그렇다면 실증주의도, 형이상학도, 종교도 아닌 '진정한 철학', 엄밀학에서는 무엇이 경험을 주재하고 있는가?

의식에는 방향이 있다

실증주의에서는 의식의 외부에 대상이 독립적으로 존재하는 것을 당연하게 여긴다. 하지만 후설은 우선 그 전제부터 의심하고 들어간다. 물론 사물이 우리의 의식과 무관하게 독자적으로 존재한다는 명백한 사실 자체를 부인하는 것은 아니다. 다만 그는 누구의 눈에든 똑같이 보이는 외부 대상이란 없다고 보는 것이다. 그런 게 있다면 착각일 뿐이다. 가장 명확한 외부 대상인 일반 사물조차 의식과 전혀 별도로 존재하는 것은 아니다.

후설은 수학자 출신이니까 수학적인 도형의 예를 먼저 들어보자(사실 수학적인 도형은 사물의 가장 순수한 형태라고 할 수 있다). 여기 원뿔이 하나 있다. 이 원뿔은 형태가 명확한 도형이므로 누구의 눈에든 똑같이 보이리라고 생각하기 쉽다. 그런데 과연 그럴까? 원뿔은 밑에서 보면 원이고 옆에서 보면 삼각형이다. 그러므로 한쪽 면에서만 바라볼 수밖에 없다면 (실제로 누구나 시점이 고정되어 있으므로 한쪽 면에서만 볼 수밖에 없다), 한 사람은 원뿔이 원이라고 우길 테고 다른 사람은 삼각형이라고 우길 것이다. 장님 코끼리 만지듯 한다는 이야기는 사실 드문 일이 아니다.

순수한 수학적 도형마저도 이러할진대 복잡한 사물, 나아가 사회적 현상 같은 것이 의식의 대상이라면 애초부터 객관적 태도란 공염불空念佛에 불과할 것이다. 예컨대 교육제도라는 사회적 문제가 의식의 외부에 독립된 대상이라면, 그래서 실증주의에서 말하듯이 누구의 눈에나 명백한 것이어서 관찰과 연구를 통해 해답을 알 수 있는 것이라면, 왜 이렇게 아침저녁으로 교육제도가 바뀌는 걸까? 백 년을 두고 써야 할 교육제도가 정권에 따라, 주무 장관에 따라 걸핏하면 바뀌는 불합리한 일들은 왜 일어나는 걸까?

그것은 눈에 보이는 것이 전부라고 생각하는 실증주의적 착각 때문이다. 외부의 대상은 언제나 본질의 일부만을 의식에게 보여줄 뿐이다. 원뿔을 원이라고 주장하는 사람이나 삼각형이라고 주장하는 사람이나 모두 원뿔이라는 본질의 일부만을 말하고 있을 따름이다. 대학별 본고사를 유지해야 한다고 주장하는 사람이나 폐지해야 한다고 주장하는 사람이나 모두 교육제도라는 본질의 일부만을 이야기하고 있을 따름이다.

그렇다면 본질의 전부, 본질 자체를 알 수 있는 절대적인 지식은 어떻게 획득할 수 있을까? 후설은 그것을 의식 바깥(즉 사물 존재)에서 찾을 게 아니라 의식 안에서 찾아야 한다고 말한다. 원뿔을 원뿔로서 경험하게 되는 것은, 무조건 원뿔을 열심히 관찰한다고 해서 얻어지는 게 아니라 원뿔에 대한 여러 시점의 관찰을 의식 안에서 종합함으로써 가능하다 (모든 관찰은 개별적으로는 일면적일 수밖에 없으니까 그 한계를 극복하는 것은 '일면적 관찰들'의 종합이다).

들어보니 옳긴 한데 문제는 남는다. 그런 태도야말로 후설이 격파하고자 하는 전통적이고 전형적인 관념론, 형이상학이 아닌가? 그것이 어떻게 진정한 철학이고 엄밀학이 될 수 있단 말인가?

물론 후설의 그 말을 액면 그대로만 받아들이면 그렇다. 그러나 그것은 후설의 사상이라는 원뿔을 밑에서만 보았기 때문이다. 그 원뿔을 옆에서도 보면 지향성志向性이라는 삼각형이 나온다.

후설에 따르면, 의식은 그 자체로 독립적으로 존재하는 게 아니다. 실증주의에서는 의식을 외부 대상과 마찬가지로 고정된 실체처럼 취급했지만, 의식의 존재 방식은 외부 대상과는 전혀 다르다. 비유하면 의식은 비닐봉지와 같다. 비닐봉지는 그 자체로 형태가 정해져 있는 게 아니라 무엇을 안에 집어넣어야만 형태를 갖춘다. 그렇게 해서 정해지는 형태는 안의 내용물에 따라 달라진다. 책을 담으면 사면체가 되고 공을 담으면 구가 되는 식이다. 그렇다면 비닐봉지의 존재 방식과 내용물의 존재 방식은 달라야 할 것이다.

의식은 항상 '무엇에 대한 의식'이다. 의식은 속이 꽉 찬 스스로 완전 무결한 실체와 같은 것이 아니라 텅 비어 있고 항상 어떤 외부 대상과 관계되는 한에서만 존재할 수 있는 미완성의 존재다. 미완성이 완성되려면 뭔가와 관계를 맺어야만 한다. 의식이 대상과 관계 맺는 방식이 바로 지향성이다.

의식과 외부 대상은 실증주의에서 보는 것처럼 서로 완전히 분리되어 있어 한쪽이 다른 쪽을 일방적으로 연구하고 가공할 수 있는 관계에 있는 게 아니다. 의식과 대상은 지향성으로 한데 묶여 그 자체로 '경험이라는 사건'을 이룬다. 후설은 이를 명확히 하기 위해 지향성의 한쪽에 있는 의식을 노에시스(Noesis, '사유'라는 뜻의 그리스어)라고 부르고, 다른 쪽의 대상을 노에마(Noema, '사유된 것')라고 부른다. 즉 노에시스-노에마는 지향성으로 묶인 관계다.

괄호 속에 관해서는 노코멘트

그렇다면 지향성의 개념은 과연 대상에 대한 엄밀한 지식을 얻을 수 있게 해주는가? 만약 그렇지 못하다면 지향성은 가뜩이나 쓸데없이 복잡한 철학적 개념들에 또 하나의 골칫덩어리를 보탠 격이 되고 말 것이다. 이제 후설이 왜 지향성의 개념을 발명했으며 어떻게 활용했는지를 살펴보자.

공교롭게도 실증주의자가 자신의 직계 조상이라고 여기는 데카르트와 칸트는 후설에게도 조상의 역할을 했다. 하지만 후설은 데카르트와 칸트의 한계를 날카롭게 지적하고 있다. 데카르트는 철두철미하고 전반적인 회의를 통하여 얻어진 선험적 자아(모든 것을 회의하고 난 뒤 최후로 남은 자아이기에 '경험 이전의 자아'라고 할 수 있다)를 정신적·심리적 '실체'로 고정화함으로써 자기 완결적 대상물로 전락시켰다. 또한 칸트는 '감각'이라는 일차적 경험에 이미 '순수직관'이라고 부르는 일종의 판단 작용이 결부되어 있음을 밝혔으면서도(사실 이것이 지향성의 전 단계라고 할 수 있다), 결국에는 이를 질료와 형식으로 분리시켜 주관과 객관의 이원론으로 정립하는 실수를 범했다.

따라서 칸트의 이원론을 받아들인다면 각각의 의식 과정과 경험에서 어느 정도까지가 외부 대상의 반영이고, 어느 정도가 의식 주체의 투영인가를 가려내는 작업이 필요해진다. 그러나 후설은 지향성으로 주체와 대상을 한데 묶는다. 이런 방법이 지니는 장점은 그렇게 한데 묶인 경험 자체를 '주어진 것'으로 받아들이고 그 밖의 모든 것으로부터 분리시켜 고찰할 수 있다는 점이다. 이것이 바로 후설의 전매특허 방법론인 '판단중지'다.

이를테면 $x+y$라는 식은 항이 두 개지만, $(x+y)$로 괄호를 쳐놓으면 한 개의 항이 된다. 괄호 속에 들어 있는 두 개의 항은 더 이상 나누어 고찰하는 게 무의미하다. 그런데 실증주의적인, 그리고 일상적인 태도에서는 그것을 두 개로 나누는 것을 더 자연스럽게 여긴다(실증주의가 득세한 이유는 바로 여기에 있다. 실증주의자들은 항상 '상식'을 중시하라고 주장한다. 물론 그들은 그 상식을 증명하지는 못하지만). 그래서 후설은 그런 습관적 인식을 하지 못하도록 하기 위해 괄호 속의 항들에 대해서는 판단중지, 즉 노코멘트를 외치는 것이다.

그렇게 해야 하는 이유는 어디에 있을까? 앞서 원뿔의 예에서 보았듯이 의식 주체는 외부 대상의 일부분만을 볼 수밖에 없다. 그것도 주체의 관점에 상응하는 측면만을 본다. 주체가 밑에 있다면 원뿔은 원이 되고, 주체가 옆에 있다면 원뿔은 삼각형이 되는 것과 마찬가지다. 이렇게 주체의 관점에 따라 본질이 달라질 수밖에 없다면, 남는 것은 두 가지밖에 없다.

하나는 일찍이 영국의 철학자 흄이 말했던 것처럼, 주체가 파악한 대상의 부분적인 모습들은 오로지 주체의 연상 작용에 의해서 조작된 허구에 불과하다고 주장하는 것이다(쉽게 말하면 모든 감각은 인간의 착각이라는 이야기다). 하지만 이것은 더 이상의 논의 진전을 용납하지 않는 명백한 철학적 파국이다. 또 하나는 후설과 같이 주체의 경험을 대상과의 관계에서 검토하는 방향을 포기하고 우선 '의식에 주어진 현상'으로 파악하는 것이다. 그렇게 하려면 바로 지향성으로 의식과 대상을 묶어놓는 작업이 필요하다. 그렇지 않다면 대상은 영원히 주체와 관계를 맺을 수 없게 되니까!

후설은 주체와 대상의 '한데 묶기'를 '괄호 치기'라고 부른다. 이는 아마도 후설이 수학자 출신이기에 쉽게 연상할 수 있었던 용어일 것이다. 수학적 어감을 걷어내고 더 철학적인 용어로 포장하면 현상학적 환원이라고 말할 수 있다. 여기서 환원이라는 것은 경험을 다른 모든 것으로부터 분리시킨다는 의미다. 후설 하면 떠오르게 되는 '현상학'이라는 용어는 바로 이렇게 대상을 의식 안의 현상으로 가져다놓는 후설의 철학적 방법에서 나온 것이다. 경험을 경험이도록 하는 것, 원뿔을 원뿔이도록 하는 것은 바로 원뿔을 밑과 옆에서 본 부분적 감각을 의식 속에서 종합함으로써 가능하다. 그렇다면 이것이야말로 진리에 접근하는 유일한 방법이 아닐까?

예를 들어 '사랑'이라는 경험을 가장 적절하게 설명하기 위해서는 개별적인 사랑에 매몰되어서는 곤란하다. 사랑이라는 말을 국어사전에 올려놓으려면 순수한 의미의 사랑을 설명할 수 있어야 할 것이다. 그렇다면 무엇보다 먼저 사랑에서 주체와 대상을 분리시켜야 한다. 주체인 '나'는 생각만큼 순수하지 못하다. 나는 이미 어떠어떠한 집안 출신이며 이러저러한 학력과 사회적 신분과 외모를 가지고 있기 때문이다. 또한 그런 점은 사랑의 대상인 '그(녀)' 역시 마찬가지다.

이렇게 따로국밥으로 놀던 주체와 대상을 지향성으로 한데 묶는 것, 그리고 괄호 속에 대해서는 판단중지를 선언하는 것이 바로 후설이 제시한 방법이었다. 물론 이 방식은 사실 완벽한 것이라기보다는 외부 대상의 본질 추구에 대한 한계점을 설정해놓은 의미가 강하다. 그래서 결국 후설은 본질 추구의 공식만을 제시했을 뿐 최종적인 답을 내지는 못했다(문제를 풀지 못했으니 수학자로서는 낙제다). 그러나 그렇게 한계를 설정했다는 점에서 후설은—비록 본질에 닿을 수 있다는 전통 철학적인 믿음에 여전히 집착했지만—동시에 전통 철학에서 한 걸음 비켜가기 시작한 모습을 보여주고 있다.

한 가지 흥미로운 점은 후설의 현상학적 인식론이 마치 각본이라도 짠 것처럼 철학 이외의 분야에서 실천되었다는 점이다. 후설보다 한 세대쯤 뒤의 인물이기는 하지만 입체주의^{cubisme}라는 미술 유파를 창시한 피카소의 대표작 중 하나인 〈아비뇽의 처녀들〉에는 코는 옆을 향하고 눈은 앞을 향하는 기괴한 여자들의 모습이 그려져 있다. 2차원의 화폭에 3차원의 입체를 담으려면 그럴 수밖에 없다는 게 입체주의의 논리다. 한 인물의 앞모습만으로 그 인물의 총체적인 모습을 알 수는 없으니까 옆모습과 뒤통수까지 하나의 화폭에 그려 넣은 피카소는 아마 그게 훨씬 올바르고 '사실적'인 인식이라고 믿었음직하다.

그런 입체주의의 논리는 앞에서 말한 원뿔의 예와 정확히 일치한다. 사상의 동시대성이란 이런 게 아닐까?

에드문트 후설 Edmund Husserl, 1859~1938
독일의 철학자. 19세기를 '유럽 학문의 위기'라고 규정하면서 철학적 대안으로 현상학을 주창했다. 데카르트를 극복한다는 애초의 의도를 충분히 실현하지는 못했지만, 그는 근대 철학과 현대/탈현대 철학을 잇는 가교의 역할을 했다.

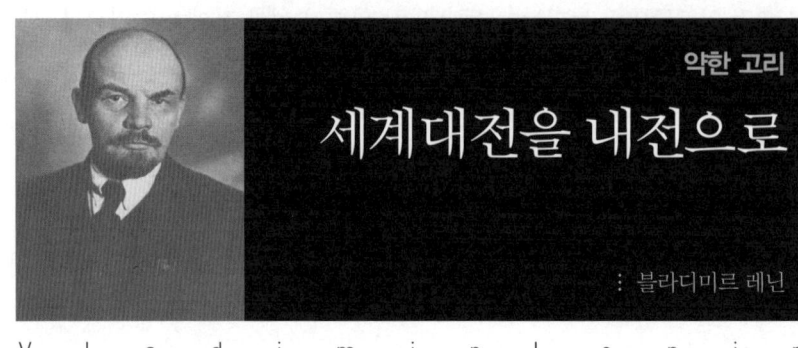

약한 고리
세계대전을 내전으로

: 블라디미르 레닌

Vladimir Lenin

1930년대 태평양전쟁의 전운이 감돌던 무렵, 일본 제국주의는 대륙 침략의 전진기지로서 만주를 집어삼키기 위해 만주에서 활동하던 중국과 조선의 항일 독립군에 대한 대대적인 공격에 나섰다. 당시 일제는 그 작전을 토벌이라 부르고 항일 독립군을 '공비'라고 불렀다. 공비란 다름 아닌 공산비적共産匪賊의 준말이다. 당시 항일 독립군의 주력이 좌익이었고 또 일제가 보기에 그들은 정식 군대가 아니었으므로 그들을 체포한 뒤 재판에 회부할 때 딱히 지칭할 이름이 없어 고민하던 일제의 검찰이 찾아낸 이름이다. 그런데 그렇게 비천한 이름의 '공비'가 우리의 입장에서 보면 우리나라의 독립에 크나큰 역할을 했고 마땅히 국립묘지에 모셔야 할 전쟁 영웅이 된다. 물론 공비라는 일제강점기의 검찰 용어를 냉전 시대에 입에 달고 살았던 사람들이 들으면 큰일 날 소리겠지만.

이렇게 같은 사건을 두고 나라에 따라 평가와 용어가 달라지는 경우는 대단히 많다. 근현대사에서 악연이 많은 한국과 일본 두 나라의 관계에서는 특히 그렇다. 우리나라에서는 안중근을 독립운동의 영웅으로 여기지만, 일본에서는 그에게 암살당한 조선 침략의 주동자 이토 히로부미가 국가적 영웅이다. 우리나라의 텔레비전 사극에 등장하는 도요토미 히데요시는 허풍쟁이인 데다 깡패 집단의 우두머리에 불과하지만, 일본의 사극에서는 오랜 전국 시대를 통일하고 최초로 대륙 침략까지 꿈꾸었던 희대의 영웅으로 등장한다.

사실 나라와 민족에 따라 역사와 현실에 대한 평가는 엇갈릴 수밖에 없다. 그런데 만약 나라가 전쟁을 벌인다면 그 나라의 국민들은 어떻게 해야 할까? 애국심에서 무조건 지지해야 할까? 나라를 지키기 위한 전쟁이라면 큰 고민을 할 필요가 없겠지만, 그 전쟁이 부정한 전쟁이라면, 이를테면 일제가 그랬듯이 다른 나라를 침략하는 전쟁이라면 아무래도 망설여질 것이다. 하지만 정부가 주도하고 여론도 애국심의 이데올로기에 호소하면서 호전적인 분위기를 조성할 테니 섣불리 전쟁을 반대한다고 나섰다간 몰매 맞기 십상이다.

제1차 세계대전이 일어났던 1914년의 러시아도 그랬다. 독일이 일으킨 전쟁에서 제정러시아는 자기방어를 위해 참전할 수밖에 없었다. 늙고 병들어 덩치만 큰 공룡에 불과했지만, 러시아는 연합국 측의 일원으로 참전했다. 더욱이 러시아로서는 그 전쟁이 침략 전쟁이 아니라 방어 전쟁이므로 정의로운 것이었다. 그런데 왜 러시아의 국민이었던 레닌은 조국의 참전을 반대했을까? 심지어 그는 그 '애국적인' 방어 전쟁을 내전으로 전환시키자고 주장했다. 그는 왜 몰매 맞을 각오를 하면서까지 나라에 혼란을 꾀하는 '불순분자'가 되고자 했을까?

더러운 전쟁

19세기는 제국주의의 시대였다. 14세기부터 지리상의 발견에 나섰던 포르투갈과 에스파냐, 그 뒤를 이은 네덜란드, 그리고 에스파냐를 물리치고 유럽의 패자로 발돋움한 뒤 산업혁명으로 마침내 세계 최강국의 지위에 오른 영국 등 유럽 열강은 서로 앞 다투어 세계 곳곳에 식민지를 건설했다.

자본주의가 독점화하면서 생겨난 막대한 잉여생산물을 이윤으로 실현하려면 식민지 시장이 절대적으로 필요했다. 그러나 지구라는 바둑판에 땅이 무한정 있는 것은 아니다. 유럽 열강이 500년간이나 경쟁적으로 영토 확장에 주력한 결과 지구상에는 임자 없는 땅이 거의 사라졌다. 신대륙과 인도, 동남아시아는 물론 아프리카 오지까지도 열강의 경계선이 조밀하게 그어졌다(오늘날 아프리카 나라들의 국경선이 대개 자로 잰 듯 똑바른 이유는 당시 유럽 국가들이 '편의상' 위도와 경도에 따라 서로의 식민지를 구분했기 때문이다). 심지어 남극과 북극의 극지에까지 탐험을 빙자한 정복의 발길이 이어졌다.

무주공산이 없어졌다면 그다음 순서는 뭘까? 당연히 임자가 있더라도 땅 주인의 힘이 허약한 곳으로 눈길이 가게 된다. 그래서 유럽 열강은 노쇠한 중국에까지 손을 뻗친다. 하지만 중국은 워낙 드넓은 데다 마지막으로 남은 빵 조각이므로 군침을 삼키는 입이 너무 많다. 자칫 먼저 건

드렸다간 주변에서 가만히 있지 않을 것이다. 그래서 서로 눈치를 보고 있는데, 영국이 과연 유럽 열강의 선봉답게 모범 해결책을 제시한다. 군함과 대포로 중국에 시비를 걸어 굴복시키고는 화해한다는 조건으로 전쟁배상금을 받아내고 항구를 양도 받는 방법이다. 1842년 영국이 전형적인 불평등조약인 난징조약을 맺은 이후로 열강은 각다귀 떼처럼 중국으로 몰려들어 각종 불평등조약을 맺고 주요 도시들을 조차租借하는 형식으로 중국의 동해안 일대를 분할한다. 그중에서 가장 오래 간 조약이 1999년에 반환된 영국의 홍콩 임대다. 자, 이렇게 해서 중국의 분할도 끝났다. 바둑 한 판을 다 두었다. 이제 그다음 수는?

삼척동자라도 알 수 있다. 평화로운 배분이 끝났으면 그다음에는 싸움밖에 없다. 이제는 남이 가진 식민지를 빼앗아야만 한다. 그럼 누가 먼저 싸움을 시작할 것인가? 당연히 불리한 측이 나선다. 유리한 측은 현 상황을 유지하려 하고 불리한 측은 뒤집기를 시도하게 마련이다. 우리 속담에 "내 팔자에 무슨 난리야?"라는 말도 있듯이, 없는 놈의 팔자라면 차라리 판을 뒤집어엎을 수 있게 난리라도 나야 한다.

불리한 측은 물론 식민지를 가장 적게 가진 나라다. 19세기에야 비로소 통일된 국민국가nation-state를 이룬 독일은 뒤늦게 식민지 쟁탈전에 나선 탓에 차지할 몫이 별로 없었다. 더욱이 당시 독일은 공업 생산력에서 영국을 제치고 선두로 나선 경제 강국이었으니 필요한 건 오로지 시장, 즉 식민지뿐이었다. 그래서 제국주의의 후발 주자인 독일은 식민지 재분할을 위한 전쟁을 일으켰는데, 그게 바로 제1차 세계대전이다. 독일의 상대인 연합국 측도 역시 제국주의 열강이었다. 따라서 그 전쟁은 제국주의 열강이 두 패로 나뉘어 벌인 최후의 영토 재편 전쟁이었다.

전쟁의 성격이 이렇다면 그것은 정의의 전쟁이 아니다. 이미 남의 입에 들어간 먹이까지 빼앗으려는 더러운 아귀다툼일 뿐이다. 빼앗으려는 놈이나 빼앗기지 않으려는 놈이나 마찬가지다. 레닌이 러시아의 참전을 반대한 일차적 이유는 바로 그것이었다. 더구나 당시 제정러시아는 후발 제국주의 국가이자 유럽의 가장 후진국이었다. 제 몸조차 추스르지 못하는 처지에 산적들의 탐욕스러운 잔치판에 뛰어들다니, 레닌이 보기에 러시아의 참전은 도덕적으로도 부정한 것일뿐더러 아무런 실익도 없는 것이었다.

게다가 극도로 부패한 당시 제정러시아는 조국이라고 부를 수도 없다. 자신의 백성들을 억압하고 고혈을 쥐어짜기만 하는 조국도 있단 말인가? 그래서 그는 외친다. 차르 전제 체제의 러시아는 우리 조국이 아니다. 일찍이 마르크스가 말했듯이, 프롤레타리아트에게는 조국이 없다. "전 세계 노동자여, 단결하라!" 계급이 조국에 앞선다.

부정한 전쟁, 후진국인 러시아, 국민을 탄압하는 차르 체제, 어느 면으로 보나 레닌은 러시아의 참전에 동조할 수 없다. 그래서 그는 단호히 전쟁을 반대한다. 그러나 애국심을 이용한 선동은 무섭다. 독일을 포함한 유럽 각국의 사회주의 정당들은 대부분 자기 나라의 전쟁을 지지하고 나섰으며, 심지어 러시아 사회주의 세력 중에서도 멘셰비키와 사회혁명당은 러시아의 참전을 지지했다. 그 과정에서 사회주의 국제단체인 제2인터내셔널도 분열되고 만다. 하지만 사면초가에 몰린 상황에서도 레닌은 단순한 전쟁 반대에서 한 걸음 더 나아가 아예 제국주의 전쟁을 내전으로 전환시키자고 주장한다. 이건 무슨 뜻일까?

사슬의 약한 고리

전쟁을 내전으로! 당시 독일의 사회주의자로서 레닌과 같은 견해로 조국의 제국주의 전쟁에 반대한 카를 리프크네히트나 로자 룩셈부르크 같은 사람들도 레닌의 이 슬로건에는 아연실색할 수밖에 없었다. 평화 운동을 벌여도 시원찮은 판에 내전이라니? 그러나 터무니없어 보이는 그 슬로건에는 사실 레닌의 깊은 수읽기가 내재해 있었다.

레닌은 제국주의를 자본주의가 최고도로 발전한 단계로 보았다. 따라서 자본주의의 근본적인 모순도 제국주의 단계에 이르면 최고도로 성숙하게 된다. 그 모순이란 바로 생산은 사회적인데 소유는 사적이라는 사실이다. 알다시피 자본주의적 생산은 과거의 수공업적 생산과 달리 사회적이고 집단적으로 이루어진다. 생산기술이 발달하고 분업이 도입되면서 사회적 생산방식이 일반화된다. 그러나 소유는 자본주의 시대에도 개별화된 상태로 남아 있으며, 오히려 점점 독점 기업과 독점 자본가의 수중으로 집중되는 실정이다.

이 모순이 바로 제국주의 전쟁을 일으킨 원동력이다. 현상적으로 보면 이 전쟁은 식민지 쟁탈전이라는 정치적 양상을 띠지만 본질적으로 보면 경제적인 데 원인이 있다. 소유가 독점화되면 자본주의적 생산을 위해 절대적으로 필요한 시장이 부족해진다(나중에 보겠지만, 이를 다른 측면에서 읽은 경제학자 케인스는 그것을 유효수요의 부족이라 말한다). 따라서 독점 자본가들은 해외시장의 개척에 발 벗고 나서게 된다. 그들의 도구는 국가다. 결국 해외시장을 놓고 독점 자본가들이 국가를 움직여 치열한 경쟁을 벌인 결과가 곧 전쟁으로 발현된 것이다.

최고도로 발전한 단계라는 말은 곧 최후의 단계라는 말과 통한다. 그래서 레닌은 제국주의 단계를 자본주의 최고이자 최후의 단계로 규정한다. 따라서 그다음은 당연히 사회주의로의 이행이다. 그 핵심은 물론 사회적 생산과 사적 소유의 모순을 해소하고 사회적 생산과 사회적 소유로 나아가는 데 있다. 사적 소유에 자본가들이 반발할 것은 뻔하다. 그 반발을 제압해야 하기 때문에 사회주의로의 이행은 순탄한 과정이 아니라 혁명의 형태를 취할 수밖에 없다.

마르크스의 시대에는 선진 자본주의 나라에서 사회주의혁명이 일어나리라고 생각했다. 우선 부르주아지가 주도하는 시민혁명(예를 들면 17세기 영국 내전과 18세기 프랑스혁명)을 거쳐 자본주의사회를 이루어야만 사회주의혁명이 가능하다고 보았기 때문이다. 그러나 레닌은 마르크스의 시대와는 사정이 달라졌다고 말한다. 당시에는 없던 독점 자본주의, 곧 제국주의가 출현했다는 게 그 근거다.

자본주의가 제국주의 단계로 접어들면서 부르주아혁명은 더 이상 의미도 없고 일어날 수도 없다. 부르주아혁명의 단계를 생략한다면 사회주의혁명으로 곧장 직행할 수 있다. 그렇다면 사회주의혁명은 어디서 일어날까? 그것은 이미 제국주의화한 선진 자본주의 나라도 아니며, 그렇다고 제국주의의 식민지가 되어 있는 나라는 더더욱 아니다. 따라서 혁명의 장소는 제국주의라는 쇠사슬에서 가장 약한 고리를 이루는 곳, 바로 러시아다.

러시아는 자본주의가 어느 정도(사회주의혁명에 필요한 만큼) 발달해 있고 차르 체제의 가혹한 억압이 있다. 이것은 혁명의 필요성, 즉 객관적 조건을 이룬다. 또한 러시아에는 프롤레타리아 계급과 그 당이 존재하고 있다. 이것은 혁명의 담당 세력, 즉 주체적 요소에 해당한다. 이렇게 혁명의 조건과 요소가 갖추어진 러시아는 제국주의라는 튼튼한 사슬이 끊어질 수 있는 가장 약한 고리다.

혁명의 객관적 조건보다 혁명의 주체 요소를 부각시킨 것은 레닌 특유의 정치주의적이고 실천적인 관점에서 비롯되었다. 마르크스가 혁명의 경제적 배경을 강조한 데 비해 그는 주체를 강조했다. "'순수한' 사회혁명을 기다리는 자는 아무리 기다려도 결코 혁명을 만나지 못할 것이다. 그는 현실의 혁명을 이해하지 못하는 말뿐인 혁명가다." 이런 레닌의 주장에 따르면, 혁명은 저절로 찾아오는 게 아니라 (설령 시기가 설익었다 하더라도) 적극적으로 이루어야 하는 목표다.

이미 혁명의 조건과 주체를 갖춘 제국주의의 약한 고리 러시아에서는 더 이상 기다릴 필요 없이 제국주의 전선을 돌파하여 사회주의혁명을 이룰 수 있다. 그렇다면 어차피 부도덕하고 실익이 없는 제국주의 전쟁은 오히려 좋은 기회가 된다. 그러므로 그것을 내전으로 전환시켜 혁명으로 향한다는 레닌의 슬로건은 터무니없는 주장이 아니었다.

혁명과 건설의 차이

과연 레닌이 통찰한 바와 같이 제1차 세계대전 막바지인 1917년 제정러시아가 무너지고 역사상 최초로 소비에트 사회주의 권력이 등장했다. 레닌의 혁명은 성공한 것이다. 그러나 러시아를 제국주의의 약한 고리로 규정한 레닌의 혁명 이론은 혁명의 객관적 조건보다는 혁명 주체에 더 큰 비중을 두고 있었다. 그 점 때문에 소비에트 사회주의혁명은 전 세계 모든 사회주의자의 동의를 얻지는 못한다.

우선 사회주의혁명과 국가의 문제가 새로이 대두되었다. 소비에트 혁명은 러시아라는 한 나라만을 배경으로 한 혁명이다. 기존의 마르크스주의에서는 계급이 중시되고 국가는 별로 중요한 개념이 아니었는데, 소비에트 혁명은 계급보다는 국가를 우선으로 하는 일국 사회주의혁명이므로 아무래도 문제가 없을 수 없었다. 그래서 혁명의 동지들 간에도 이견이 드러났다. 일국 혁명에 반대하고 프롤레타리아 국제주의 원칙을 고집한 영구혁명론의 트로츠키가 그 대표다. 혁명이 성공한 뒤 신생국 소비에트 러시아는 제3인터내셔널 코민테른을 결성하고 동유럽 국가들의 민족해방운동을 지원함으로써 나름대로 국제주의 원칙을 견지하려 했지만, 첫 단추부터 잘못 꿰어 생겨난 간극은 쉽게 메워지지 않았다. 레닌의 의도와 달리 소련과 동유럽이 나중에 형제국 관계가 아니라 주종국 관계가 되어버린 게 그 결과다.

그러나 더 큰 문제는 후진 자본주의 나라에서 사회주의혁명이 일어났다는 사실이다. 자본주의가 숙성하기도 전에 사회주의를 택했으니 무엇보다 뒤처진 생산력이 문제였다. 그래서 소련은 혁명 이후 생산력을 증대해야 한다는 과제를 계속 멍에로 짊어질 수밖에 없었다(이미 레닌 생전에 자본주의적 요소를 도입하는 신경제정책이 추진되었다). 이런 점에서 보면, 결국 70여 년 뒤 사회주의를 사실상 포기하게 되는 상황은 출생 때부터 짊어진 멍에와 무관하지 않다.

혁명과 건설은 다른 걸까? 혁명은 정치권력을 장악하는 것으로 완료되지만 건설, 즉 혁명의 완성은 이후에도 꾸준히 계속되는 과정이다. 혁명은 끝이 있지만 건설은 끝이 없다. 사회주의혁명 직후 레닌은 건설이 곧 혁명의 완수 과정이라고 선언하며 혁명과 건설의 일체를 꾀했지만, 그는 건설의 프로그램을 제대로 실천하기도 전에 병으로 세상을 떠나고 만다. 그의 후임은 그가 일찍이 능력과 인성의 면에서 모두 의혹을 품은 스탈린이었다. 스탈린을 후계자로 세우지 말라는 레닌의 유서가 공개되었음에도 불구하고 스탈린은 모든 반대파를 물리치고 힘으로 권력을 장악했다. 그래서 '혁명의 완수' 과정, 혁명의 건설은 스탈린의 주도 아래 진행되었는데, 그 결과는 정치적으로는 철저한 숙청을 통한 무자비한 유혈극이었고, 경제적으로는 신생국 소련을 계속 '약한 고리'로만 남겨두었을 뿐이다.

블라디미르 레닌 Vladimir Lenin, 1870~1924
러시아의 정치가. 사회주의 사상가/실천가의 전형적 인물이라 할 레닌은 세계사에서 아무도 예측하지 못했던 유럽의 후진국 러시아에서 사회주의혁명을 성공으로 이끌었으며, 직접 유물론 철학을 기초하기도 했다.

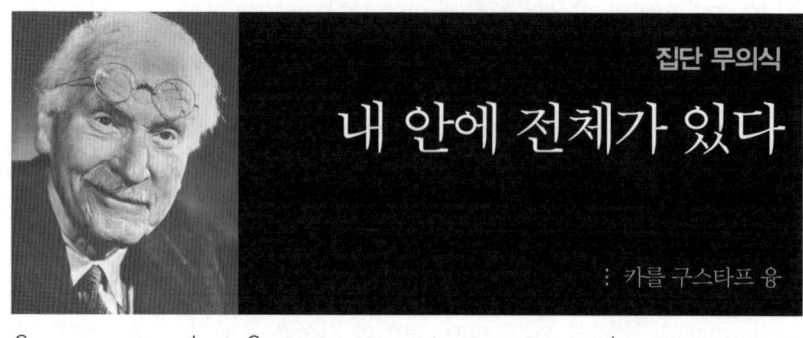

집단 무의식

내 안에 전체가 있다

: 카를 구스타프 융

Carl Gustav Jung

흔히 피라미드라고 하면 이집트에만 있는 것으로 생각한다. 하지만 그것은 이집트의 피라미드, 특히 기자의 대피라미드가 가장 규모도 크고 널리 알려져 있기 때문이다. 피라미드는 사실 고대 문명의 발원지인 메소포타미아에서 멕시코, 하와이에 이르기까지 전 세계에 걸쳐 광범위하게 존재한다. 모양은 물론 약간씩 다르긴 하지만, 돌들을 층층이 쌓아 올린 기본 구조는 모두 비슷하며, 심지어 우주의 형상을 축소했다는 의미나 지배자의 무덤으로 쓰였다는 용도도 공통적이다. 고구려 광개토왕 또는 장수왕의 무덤으로 추측되는 중국 지안의 장군총도 사각 피라미드 형태로 지어져 있다. 지금처럼 매체가 발달하지도 않은 고대에 어떻게 세계 각지에 사는 사람들이 그렇게 비슷한 용도를 가진 비슷한 건축물을 만들게 되었을까?

그러나 비슷한 것은 피라미드만이 아니다. 세계 어느 민족이나 신화가 있다. 그런데 자세히 보면 신화들은 기본 구조가 일치하는 것이 많을뿐더러 등장인물들도 거의 같은 경우가 많다. 알에서 태어난 주몽이 나중에 자라서 고구려를 건국하게 되는 우리나라의 설화나 늑대가 키운 로물루스와 레무스가 로마를 창건하게 되는 로마 건국신화가 비슷하고, 그리스도교와 이슬람교, 조로아스터교, 불교 등등 거의 모든 종교에서 찾아볼 수 있는 구세주에 대한 기다림도 그렇다. 심지어 중국의 강시와 서양의 좀비, 아일랜드의 레프러콘과 우리나라의 도깨비 같은 민간의 미신도 캐릭터와 발상이 비슷하다.

이처럼 각기 다른 역사와 문화를 가진 여러 민족이 공통적인 요소를 많이 품고 있다는 사실은 어떻게 설명해야 할까? 물론 지리적 환경이 비슷한 탓이 아니겠느냐고 생각할 수도 있다. 추측하기가 성가시다면 그냥 다 우연이라고 볼 수도 있다. 하지만 융 같은 사람은 그 문제에 좀 더 끈질기게 천착한다. 융이 보기에 그런 현상들은 단지 환경의 문제도 아니며, 우연이라기보다는 필연에 가깝다.

사본이 있는 것은 원본이 있기 때문

앞서 보았듯이 프로이트가 무의식을 발견한 계기 중 하나는 꿈이었다. 환자들이 꾸는 꿈은 평소의 '의식적인' 상태에서는 겉으로 드러나지도 않고 환자 스스로도 알지 못하는 측면을 보여준다. 그전까지 심리학자나 정신분석 의사들은 대부분 꿈이라는 현상 자체를 무의미하게 간주했고, 꿈을 제법 진지하게 받아들이는 일부 학자들도 그냥 의식의 연장이라고 여겼다. 하지만 꿈을 무의식의 발현으로 본 프로이트는 꿈도 나름대로 엄정한 체계를 갖추고 있으며, 더 나아가 의식이 빙산의 일각이라면 무의식은 빙산 자체라고 말한다. 주요 저작 가운데 하나가 《꿈의 해석》일 정도로 프로이트는 꿈을 중시했다.

이 점에서는, 프로이트에게서 한 수 배운 융도 마찬가지다. 정신과 의사였던 그는 환자들의 꿈 이야기에서 공통된 이미지들이 무수하게 튀어나오는 것에 강렬한 흥미를 느꼈다. 각자 살아온 배경과 처한 환경이 다른 환자들임에도 불구하고 그들의 꿈에는 영혼, 귀신들림, 악마, 대지, 야만인, 성자 등의 이미지들이 공통적으로 등장하는 것이다. 심지어 환자들이 말하는 그 이미지들의 형상마저 서로 상당히 유사한 경우가 많았다. 게다가 꿈에 나타나는 환자들의 환상이나 상징은 고대의 설화나 신화에서 보이는 것들과도 놀랍도록 비슷했다.

이렇듯 공간적으로나(환자들의 문화적·개인적 차이) 시간적으로나(수천 년 전 고대 신화와의 시간적 차이) 큰 차이가 있음에도 불구하고 동일한 이미지가 반복된다는 것은 무슨 뜻일까? 각각의 개별적인 경우들이 뭔가 공통적인 측면을 상당히 포함하고 있다면 그 배후에 뭔가 근본적인 원리나 요소가 있다고 생각할 수 있다. 이를테면 그 근본적인 요소가 일종의 원본과 같은 역할이고, 그것을 바탕으로 이미지의 사본들이 만들어진다고 볼 수 있을 것이다. 여기서 융은 그 복사본들의 원본을 원형^{archetype}이라고 부른다.

다분히 플라톤이 말한 사물의 본질, 즉 이데아를 연상시키는데, 융이 말하는 원형은 그것과 다르다. 플라톤의 이데아는 사물이나 인간과 독립적으로 존재하는 본질이지만, 원형은 인간 각 개인의 심리와 무관하게 존재하는 게 아니라 심리에 내재하는 역사적이고 집합적인 기억의 본질을 가리킨다. 그러므로 원형은 인간 심리의 본성을 규정하는 초인격적 인간 심리 구조라고 할 수 있다. 그렇기에 인간 개인은 이 원형을 거부할 수도 없고 변화시킬 수도 없다.

융은 인간의 원형이 다른 동물의 본능에 해당하는 것이라고 말한다. 사슴이 태어나자마자 걷는 것처럼, 상어가 알집을 벗어나자마자 사냥을 시작하는 것처럼 동물들은 처음부터 유전적으로 물려받은 본능을 지니고 태어난다. 하지만 인간은 태어나서 처음 맞는 1년 동안은 제 발로 일어서기는커녕 제 몸조차 추스르지 못하는 절대 약자의 처지다. 더구나 인간 사회에서 생존하는 데 반드시 필요한 언어를 제대로 구사하기 위해서는 태어난 뒤에도 몇 년이 걸리며, 배움을 마치고 성인 사회에 뛰어들기 위해서는 또 10년 이상의 공부가 필요하다. 전부 합쳐 인간은 태어나서 20년 동안이나 배우고 나서야 비로소 어른의 구실을 하는 것이다(생물학적 원인 때문만은 아니지만, 동물의 본능인 번식도 보통 그때가 되어야 시작한다). 하지만 그렇다고 해도 인간에게 동물의 본능에 해당하는 것이 전혀 없지는 않다. 인간에게는 생물학적 본능보다 오히려 문화적이고 역사적인 '본능'이 큰 작용을 하게 되는데, 그것이 바로 원형이다. 동물이 조상에게서 본능을 물려받듯이 인간은 조상에게서 원형을 물려받는 셈이다.

누구나 스스로 원해서 태어나지는 않았듯이 누구나 이 원형으로부터 자유로울 수 없다. 모든 인간 개인은 원형이 규정하는 범위 내에서만 사고하고 행동한다. 또한 원형은 대단히 보편적이다. 각 민족의 신화가 놀라울 만큼 유사한 이유도 공통적인 원형이 존재하기 때문이다. 원형은 인간 개인이 처한 문화와 시대에 무관하게 심리의 본성을 동일한 것으로 만들어준다. 요컨대 원형은 인간을 인간이도록 해주는 기본 구조, '인간의 조건'이다.

하지만 그렇듯 원형이 인간 개인을 통제하고 있다고 해서 인간을 수동적인 존재로만 볼 필요는 없다. 원형은 역동적인 구성을 취하며 심리 에너지를 형성한다. 따라서 인간은 원형을 가장 커다란 에너지원으로 활용할 수도 있다. 사실 인간이 지닌 모든 힘과 에너지는 이 원형에서 나오는 것이다. 따라서 원형과 자아의 관계를 올바르게 설정하고 살아가는 사람일수록 원형에서 더욱 큰 에너지를 얻어낼 수 있다.

개별 무의식에서 집단 무의식으로

어떤 개인도 원형을 마음대로 선택하거나 거기서 벗어나거나 할 수 없다면, 원형은 당연히 무의식일 수밖에 없을 것이다. 하지만 그것은 프로이트가 말하는 개인적 무의식과는 다르다. 프로이트의 무의식은 개인이 유아기에 경험한 내용이 의식에 의해 억압되어 형성된 것이었다. 하지만 융의 원형은 모든 개인의 경험을 초월하며 어떤 개인의 경험보다 앞서 존재하는 초인격적 본질이다.

모든 개체에 내재하지만 동시에 개체를 넘어서는 무의식, 그래서 융은 그냥 무의식이 아니라 집단 무의식이라는 개념을 도입한다. 집단 무의식은 원형이라는 충실한 기억의 '소자'로 만들어지는 무의식이다. 옛날에 살았던 조상들이 경험한 집단적 기억이나 이미지들이 원형으로 보존되어 집단 무의식이 형성된다. 그리고 이것이 각 개인에게 투과됨으로써 개인의 무의식이 형성되는 것이다. 융은 이 과정을 건축에 비유하고 있다.

"집단 무의식의 구조 안에는 인간 심리의 원형적 건축 자재들이 저장되어 있으며, 인류 전체에 관한 집합적 기억이 축적되어 있다. 각기 다른 문화와 시대에 있었던 상징물, 이미지, 신화, 신 등이 놀랍도록 비슷할뿐더러 환자의 꿈에 나타난 이미지들과도 비슷하다는 사실이 그 점을 증명해준다."

다시 말하면 과거의 조상들까지 포함해 우리 모두는 원형이라는 벽돌로 지어진 집단 무의식이라는 집 속에서 살고 있다는 이야기다. 집 바깥은 야생의 세계이므로 인간임을 포기하지 않는 한 살아갈 수 없다. 타잔이나 모글리처럼 야생과 동화되어 산다면 어떨까 싶지만, 그들도 결국 '원형의 조종에 따라' 인간 사회로 돌아오지 않던가?

집단 무의식이라고 하면 혹시 부두교 같은 신비 종교에서 보는 집단 최면을 연상하거나, 아니면 더 속되게 팀 스피릿 같은 거 아니냐고 하는 사람이 있을지 모르겠다. 하지만 집단 무의식에서의 '집단'이란 일상적인 어느 집단보다 훨씬 규모가 크고 오랜 역사를 지닌 인류 전체를 가리키는 개념이며, 일시적으로 작용하는 게 아니라 개별 인간과 인류 전체가 생존하는 한 영구히 지속되는 것이다.

프로이트가 말했듯이 개별 무의식은 꿈이나 농담, 실언 등에서 그 징후를 드러낸다. 집단 무의식이 집단 최면과 같은 게 아니라면 그것은 어떻게 자신의 존재를 드러낼까? 물론 집단 무의식도 꿈을 통해 나타날 수 있다. 하지만 집단 무의식이 발현하는 계기는 꿈만이 아니다. 꿈은 개별 무의식과 연관되는 통로일 뿐이므로 꿈만 말하려 한다면 굳이 '집단'이라는 개념을 사용할 필요가 없을 터이다. 집단 무의식은 신화와 종교 같은 개별 인간의 생산물은 물론이고 그 밖의 있을 수 있는 모든 인간 경험의 영역에 예외 없이 침투해 있다. 심지어 엄밀하고 객관적으로 보이는 과학조차 집단 무의식과 무관하지 않다.

따라서 융은 계시, 기도, 신 따위의 종교적 현상들이 과학적 진리와 완벽하게 양립할 수 있다고 주장한다. 모든 인간 경험은 집단 무의식에 토대를 두고 있으며, 경험을 지각하는 것 자체가 바로 집단 무의식이므로 과학도 예외가 될 수 없는 것이다.

집단 무의식은 인간의 예술과 신화, 종교에 기록된 모든 이미지의 원천이며 마르지 않는 저수지다. 바로 여기에서 시인의 시가 흘러나오고 과학자의 통찰력이 솟아나온다. 또한 집단 무의식에서 흘러나오는 꿈은, 그 꿈을 꾸는 사람은 물론 그가 속한 전체 사회에 대해서도 함축된 의미를 지니게 된다. 그러나 이쯤 되면 어딘가 신비주의의 냄새가 나는 것도 사실이다. 프로이트가 무의식을 의식의 언어로 표현하는 데 애를 먹었다면, 융은 추상적인 집단 무의식을 설정하면서 신비주의의 문을 열려는 걸까?

삶도 학문도 신비 속에서

무의식을 의식의 언어로 설명하려는 사람들에게는 넘지 못할 장벽이 있다. 프로이트의 무의식, 레비스트로스의 구조 등 무의식과 연관된 것을 언어로 말하려는 시도에는 모두 어느 정도의 한계가 있을 수밖에 없다. 그렇기 때문에 나중에 보겠지만 레비스트로스 같은 사람은 근대 철학의 주체인 '나'를 중심에서 끌어내리는 작업을 통해 그 한계를 다소나마 극복하고자 한다.

하지만 융은 결코 '나'를 포기하지 않는다(주체와 끈질기게 무의식을 연관시키는 게 바로 융의 특징이기도 하다). 무의식적인 원형도 역시 자아라는 주체를 통해 시간과 공간의 좌표상에 모습을 드러낸다. 이를테면 융은 무의식적 원형이 의식에 도입되기 위한 계기가 바로 자아라고 생각한다. 결국 원형과 집단 무의식은 의식과 실 끊어진 연처럼 무관한 게 아니다. 그것들은 바로 자아라는 튼튼한 연결 고리를 통해 의식과 소통하고 있다.

하지만 자아라는 의식의 개념이 어떻게 원형과 같은 무의식적 요소들을 수용하고 인식할까? 물론 자아의 개념을 에고에만 국한시킨다면 불가능할 것이다. 그러나 융은 자아를 단순히 의식적인 것으로만 보지 않는다. 융이 말하는 자아는 에고라는 의식적 주체와 더불어 자율적 콤플렉스라는 무의식적 주체를 포함하고 있는 이중적인 존재다. 이렇게 자아를 한 쌍의 대립물로 설정하면 의식과 무의식의 관계를 해명할 때 늘 맞닥뜨리게 되는 주체의 문제로부터 벗어날 수 있다. 그런데 묘하게도 융은 이 대립물의 개념을 연금술에서 찾아낸다.

융은 중세에 크게 유행한 연금술을 연구하면서 영혼의 의미를 발전시킨다. 물론 연금술의 화학적인 과정에 주목한 것은 아니다. 연금술에서 금속이 변화하는 과정은 무의식의 자기실현 과정이며, 이 과정에서 연금술사들은 스스로의 영혼을 변화시키게 된다. 따라서 진정한 연금술은 금을 만드는 게 아니라 무의식적으로 영혼을 변화시키는 것이다. 그런데 변화시킨다는 것은 곧 무엇을 무엇으로 바꾼다는 뜻이므로 적어도 두 개의 항을 필요로 한다. 이것이 바로 융이 말하는 대립물의 쌍이다.

대립은 궁극적으로 해소되어야 하지만 쉽게 해소된다면 대립의 긴장 관계 자체가 무의미해진다. 그래서 융은 서로 대립하는 두 개의 이미지, 감정, 관점이 있을 때, 중요한 것은 대립 관계의 어느 한쪽도 무의식 속으로 완전히 사라져버리지 않도록 하면서 자아가 그 사이에서 균형을 잡는 것이 대단히 중요하다고 생각했다. 이러한 긴장 관계가 곧 대립물의 진정한 통일이다.

일단 이렇게 해서 융은 주체의 분열과 통합을 밝혔고 주체의 문제를 극복하는 데는 성공했다. 그러나 사실 그런 설명은 극복이라기보다 문제의 회피에 가까워 보인다. 연금술을 도입한 것도 그렇지만, 대립 관계의 설정 자체가 작위적인 느낌이 강하므로 아무래도 그의 주장은 외줄 타기처럼 불안해 보인다. 어느 한쪽으로도 빠지지 않으면서, 즉 균형을 잡으면서 대립물을 통일한다는 게 대체 가능할까? 가능하다 해도 오랜 기간 수양을 쌓은 도인이나 할 수 있는 일이 아닐까?

사실 융의 집단 무의식 개념은 너무 총체적인 의미를 띠고 있으므로 한마디로 평가하기가 쉽지 않다. 헤겔의 절대정신이 그렇듯이 하나를 가지고 전체를 설명하는 방식은 실상 아무것도 설명하지 못하는 경우가 많다. 물론 그런 설명 방식을 주창한 사람의 입장에서는 숲을 설명하는 방식과 나무를 설명하는 방식은 다를 수밖에 없다고 항변하겠지만(그래서 헤겔은 참새가 봉황의 뜻을 어찌 알겠느냐는 뜻으로, "미네르바의 부엉이는 황혼이 질 무렵에야 비로소 날개를 펴기 시작한다."라고 말했다).

그러나 그 과정은 자칫하면 신비주의로 흐를 소지가 다분하다. 융이 만년에 연금술이나 동양 종교의 신비주의적 측면에 몰두했던 지적 편력은 그 점을 시사하고 있다. 또한 융의 심리학이 다른 학자들에게서 과학적 구체성을 결여하고 있으며 너무 '문학적'이라는 비난을 받은 이유도 바로 거기에 있다. 하지만 과학의 지나치게 합리주의적인 측면을 달갑게 여기지 않았던 융은 그런 비난에도 아랑곳하지 않았다.

오히려 융은 자신의 방법론을 자신에게 적용하기도 했다. 이를테면 환자들의 꿈뿐만 아니라 자신의 꿈도 분석의 대상으로 삼은 것이다. 그는 자서전의 첫머리에서 이렇게 말하고 있다. "나의 삶은 무의식이 그 자신을 실현한 역사다. 무의식에 있는 모든 것은 삶 속의 사건으로 표현된다." 가히 '심리학의 헤겔'이라고 볼 만한 주장이다. 이처럼 의식과 무의식을 무상하게 넘나들 수 있다면 해탈의 경지에 있다고나 할까? 실제로 융은 학문만이 아니라 삶마저도 신비스런 꿈처럼 살았다.

카를 구스타프 융 Carl Gustav Jung, 1875~1961
스위스의 심리학자. 프로이트가 무의식을 발견했다면, 융은 이 정신분석학적 개념인 무의식을 더욱 발전시켜 집단 무의식이라는 심리학적 개념으로 만들었다. 프로이트와 더불어 현대 심리학을 발전시키는 데 주요한 공헌을 한 그는 만년에는 연금술과 동양적 신비주의로 기울었다.

상대성

절대는 없다

: 알베르트 아인슈타인

Albert Einstein

동물의 생태를 특이한 방식으로 다룬 어느 텔레비전 다큐멘터리가 있었다. 동물들이 각자 자신의 세계를 독특하게 구성하는 방식을 보여주는 프로그램이었는데, 재미있는 것은 카메라가 동물의 눈을 대신하는 점이었다. 이를테면 벌의 겹눈에 비친 벌집의 모습이라든가 색맹인 소의 시야에 들어오는 풀밭의 풍경 등을 카메라에 트릭을 걸어 촬영한 것이다.

그중에서 특히 인상에 남을 만한 장면은 쥐와 코끼리의 비교였다. 쥐는 늘 민첩하게 움직이고, 코끼리는 모든 동작이 느릿하다. 카메라는 이들의 눈에 비친 인간 세상으로 뉴욕이라는 대도시를 보여주었는데, 같은 대상을 두고도 쥐와 코끼리의 인식은 서로 상당히 달랐다. 쥐가 보는 뉴욕의 아침은 대단히 느리다. 사람들은 출근 시간인데도 천천히 걸어 다니며 도무지 급한 일이라곤 없는 듯하다. 반면 코끼리가 보는 뉴욕은 엄청나게 바쁘다. 자동차들은 번개같이 휙휙 지나가고, 사람들은 점심으로 샌드위치 하나를 눈 깜짝할 사이에 먹어치운다.

쥐가 보는 인간 세상은 복창이 터질 만큼 답답하고, 코끼리가 보는 인간 세상은 현기증을 일으킬 만큼 빠르다. 이렇게 자신이 움직이는 속도에 따라 자신의 세계를 구성하는 방식도 달라진다. 무엇보다 큰 차이는 시간을 인식하는 방식이다. 객관적으로 똑같은 한 시간 동안 쥐는 아주 부지런히 몸을 놀리며 바쁘게 보내지만, 코끼리는 이 숲에서 저 숲까지 어슬렁거릴 뿐이다. 아마 쥐와 코끼리에게 시계가 있다면 서로 다른 시간 측정 체계로 되어 있을 게 틀림없다.

쥐가 부지런하다고 해서 코끼리보다 훨씬 많은 일을 한다고 해야 할까? 천만의 말씀이다. 코끼리의 수명은 쥐의 열 배 이상이나 되니까 평생 하는 일의 총량은 쥐나 코끼리나 비슷하다고 볼 수 있다. 아닌 게 아니라 그 텔레비전 프로그램에서는 지구상의 동물들 대부분은 평생 동안의 심장 박동 수가 비슷하다고 말한다. 빨리 움직이는 동물은 그만큼 수명이 짧다는 이야기다.

그러나 아인슈타인의 상대성이론에 따르면 그와 반대다. 그는 빨리 움직일수록 시간이 천천히 흐른다고 말한다. 물론 그가 말하는 것은 생물학적 시간이 아니라 물리학적 시간이다. 쥐와 코끼리가 각기 자신의 시간 개념에 따라 세계라는 공간을 다르게 구성한다면, 그것은 시간과 공간이 서로 별개의 것이 아니라 긴밀하게 연관되어 있다는 뜻이다. 그와 마찬가지로 아인슈타인도 시간과 공간이 보통 생각하는 것처럼 서로 동떨어져 있는 게 아니라고 말한다. 그래서 그는 시간과 공간을 나누어 부르지 않고 한꺼번에 '시공간'이라고 부른다.

시간이라는 또 다른 차원

흔히 우리가 사는 세계는 3차원의 공간으로 되어 있다고 말한다. 차원이란 원래 수학에서 쓰던 용어인데, 수학적으로는 한 점에서 직각으로 교차하는 직선의 숫자를 가리킨다. 점이라면 직선 자체가 없으므로 0차원이고, 선이라면 직선이 하나이므로 1차원이다. 면의 경우에는 고등학교 수학 교과서에서 지겹게 보던 x축과 y축 두 개의 선이 있으므로 2차원이고, 입체의 경우에는 x축, y축, z축 세 개이므로 3차원이 된다. 그럼 4차원이라면? 우리가 아는 공간에서는 한 점에서 직각으로 교차하는 직선을 네 개 그을 수 있는 방법이 없다. 그래서 수학에서 보는 우리의 공간은 3차원으로 국한된다. 그러나 물리학적으로 보면 다르다. 물리학에서 보는 우리의 세계는 4차원이다.

　4차원은 원래 독일의 수학자이자 물리학자인 헤르만 민코프스키가 만들어낸 용어지만, 그 개념을 처음으로 제안한 사람은 바로 아인슈타인이다. 3차원의 공간에다 아인슈타인이 추가한 또 하나의 차원은 뭘까? 그것은 바로 시간이다. 3차원까지의 차원들은 점, 선, 면, 입체 등 공간을 나타내는 것들이지만, 넷째 차원은 시간이다. 그런데 잠깐, 시간이라면 공간과 더불어 모든 존재의 기본이 되는 두 가지 축이 아니던가? 일찍이 고대 그리스 시대에 시간과 공간은 세계가 존재하기 위한 기본적인 틀이라고 보았고, 근대 철학자인 칸트는 인간의 의식이 기본적으로 가지고 있는 두 개의 형식이라고 보았다. 세계의 모든 존재와 인간의 모든 경험은 시간의 축과 공간의 축이 이루는 좌표상에 표시할 수 있다. 함수의 x축과 y축이 서로 수직이듯이 시간과 공간은 서로 독립적인 별개의 축이다.

이것이 전통적인 시간과 공간의 개념이었다.

하지만 아인슈타인은 시간과 공간이 그렇게 서로 독립적인 게 아니라고 한다. 시간과 공간은 서로 별개인 두 개의 축이 아니라 밀접한 연관을 가지고 있으며, 물리학적으로는 사실상 같다고 할 수 있다. 예를 들어보자. 지구에서 북극성까지의 거리는 800광년이니까 지금 우리의 눈으로 보는 북극성은 사실 800년 전인 고려 시대에 이미 그 별의 표면을 출발한 별빛이다. 설령 북극성이 지금으로부터 500년 전쯤에 갑자기 폭발을 일으켜 사라져버렸다고 해도, 지구에 사는 우리는 앞으로 적어도 300년 동안은 그 사실을 알 수 없다. 우리에게 북극성과 지구 사이의 거리라는 공간은 800년이라는 시간과 똑같은 효과를 지니는 것이다(사실 '광년(light-year)'이라는 단위 자체에 이미 시간과 공간이 어우러져 있다). 그래서 시공간이라는 용어가 필요해진다.

아인슈타인은 더 나아가 시공간이란 절대적인 게 아니라 상대적인 것이라고 말한다. 예전에는 시계로 측정된 시간이 언제나 절대적인 것이라고만 여겼다. 한 시간은 북극에서나, 적도에서나, 우주 한복판에서나 같은 한 시간일 뿐이다. 그러나 그 절대적이고 객관적인 시간을 운동 상태에서 측정하면 사뭇 달라진다. 아인슈타인은 빨리 움직이는 물체에서의 시간은 천천히 흐른다고 말한다. 그는 실제로 수학 같은 것을 전혀 쓰지 않고도(그가 수학을 아주 싫어했다는 것은 유명한 사실이다) 이 점을 아주 간단한 방법으로 증명해 보이고 있다.

대단히 빨리 달리는 열차가 있다고 하자. 이 열차의 바닥에 전구를 놓고 그 바로 위 천장에는 거울을 붙여놓는다. 열차 안에서 전구를 켜면 거기서 나온 빛은 천장까지 수직으로 올라갔다가 거울에 반사되어 바닥으로 되돌아온다. 그렇다면 빛이 움직인 거리는 바닥에서 천장을 왕복한 거리가 된다. 문제는 보는 관점에 따라 빛이 실제로 움직인 거리가 달라진다는 점이다.

 열차 안에서 보면 빛은 수직으로 올라갔다 내려왔을 뿐이지만, 열차 바깥에서 보면 사정은 다르다. 열차가 앞 방향으로 달리고 있기 때문에 전구의 빛이 수직으로 올라갔다가 내려오는 짧은 시간에 열차는 아주 약간이라도 앞으로 이동한 상태다. 그러므로 열차 바깥에서 본 전구의 빛은 살짝 비스듬히 포물선을 그리며 올라갔다가 거울에 반사되어 다시 비스듬히 바닥으로 내려온 것이 된다. 이 경우 빛이 이동한 거리는 열차의 바닥에서 천장까지의 수직 거리보다 조금이라도 더 길다. 그런데 두 경우 모두 '하나의 사건'이므로 거기에 걸린 시간은 당연히 같아야 한다. 같은 시간 동안 빛이 이동한 거리가 열차 안과 바깥에서 서로 달라졌다는 것은 무슨 뜻일까?

 사실 아인슈타인 이전에도 그런 사고실험思考實驗을 한 사람들은 꽤 있었다. 그러나 그들은 그것을 분명한 모순이라고 여기면서도 딱히 해결할 방법을 찾지 못했다. 아인슈타인의 해법은 황당할 만큼 간단하다. 빛의 속도를 불변으로 못 박아버린 것이다. 그러면 해결은 지극히 간단해지면서 동시에 상식을 완전히 벗어난다. 열차 안과 밖에서 빛이 이동한 거리는 서로 다르다. 그러나 빛의 속도는 언제나 같다. 속도는 '거리÷시간'이므로 속도와 거리가 변함이 없다면 소요된 시간이 다르다고 할 수밖에 없다. 즉 열차 안에서 측정한 시간과 바깥에서 측정한 시간은 서로 달라야만 한다. 이것을 바꿔 말하면, 똑같은 사건이라도 그 사건이 일어나는 데 걸리는 시간은 관측자의 위치에 따라 달라진다는 게 된다.

빛에도 속도가 있다는 사실이 알려진 이래 과학자들은 빛의 속도를 측정하기 위해 애썼다. 하지만 그 과정에서 중대한 모순이 드러났다. 시속 50킬로미터로 달리는 열차 안에서 사람이 시속 10킬로미터의 속도로 달린다면, 그가 달리는 속도는 실제로는(즉 열차 바깥에서 보면) 시속 60킬로미터가 된다. 그런데 빛의 속도는 정지된 상태에서 측정하든, 운동하는 물체에서 측정하든 언제나 시속 30만 킬로미터로 일정하다. 예컨대 열차가 시속 1만 킬로미터의 초고속으로 달린다 해도 열차 앞의 라이트에서 나오는 빛의 속도가 시속 31만 킬로미터로 늘어나지는 않는다.

빛의 속도는 불변인데, 하나의 사건이 진행된 시간은 여러 가지다? 과학자들은 이 사실에 곤혹스러움을 느꼈으나 어찌할 바를 몰랐다. 그러나 아인슈타인은 마치 콜럼버스가 달걀을 깨뜨려 세운 것처럼 파격적으로 발상을 전환했다. 있는 그대로 인정하면 된다. 빛의 속도는 불변이니까 시간이 여러 가지일 수 있다는 사실을 인정하자! 누구나 할 수 있는 발상이지만 막상 그 발상을 실행에 옮기는 사람은 드물다.

앞서 말한 사고실험의 결과나 광속의 불변성은 모두 아인슈타인이 발견한 게 아닐뿐더러 기존의 사고방식으로 보면 모순이다. 아인슈타인은 다만 그러한 모순을 현실로 인정했을 뿐이다. 그러나 그 간단한 발상의 전환은 물리학에서 상대성이론이라는 엄청난 발견으로 이어졌으며, 철학에서는 고정된 우주관과 세계관을 뒤흔드는 엄청난 파장을 몰고 왔다.

상대적 사고의 힘

물체의 속도는 고정불변이 아니라 무엇을 기준으로 보는가에 따라 달라진다. 그래서 시속 50킬로미터의 저속으로 자동차를 운전하고 있는데도 대형 교통사고의 피해자가 될 수 있다. 중앙선을 넘어 맞은편에서 같은 속도로 달려오는 자동차와 부딪힌다면 시속 100킬로미터로 달린 것과 같은 효과가 난다. 우주에는 절대적인 기준점이 없다. 지구에서 발사하는 로켓은 지구로부터 멀어져 가지만 사실은 지구가 로켓으로부터 멀어져 가는 것이라고 봐도 틀린 말이 아니다(물론 가속도에서는 다르지만).

이러한 상대적 사고는 사실 갈릴레오 때부터 있었다. 어떤 의미에서 아인슈타인의 특수상대성이론은 바로 그러한 상대적 사고를 연장한 것에 불과하다. 다만 다른 과학자들은 실험을 통해 분명히 인지했으면서도 그저 모순으로만 알고 있었던 사실, 즉 빛의 속도가 불변이라는 사실을 그는 자명하게 받아들이고 거기서부터 연구를 출발했다는 점이 다르다. 바꿔 말해 다른 과학자들이 빛의 속도가 불변이라는 사실을 연구 '목표'로 삼았다면, 아인슈타인은 그것을 오히려 연구의 '출발점'으로 삼은 것이다.

찰리 채플린은 아인슈타인을 만났을 때 아인슈타인이 "대중의 사랑을 받아 좋겠소."라고 말하자 이렇게 받아쳤다. "선생님은 더 좋겠습니다. 아무도 선생님의 이론을 이해하지 못하는데도 선생님을 존경하지 않습니까?" 내용은 몰라도 누구나 잘 아는 $E=mc^2$이라는 공식이 바로 특수상대성이론이 낳은 최대의 성과다. 물체의 속도가 광속에 가까워질수록 그 질량이 무한대로 늘어난다는 사실은, 앞에서 예로 든 열차 실험의 발상을 연장하고 여기에 몇 가지 간단한 일차방정식과 피타고라스의 정리를 보태면 쉽게 도출된다. E=mC²가 이차방정식의 근을 구하는 공식보다 간단한 외양을 취할 수 있는 이유는 그렇게 간단한 과정을 통해 도출해낼 수 있기 때문이다.

이 공식에서 E는 에너지이고, m은 물체의 질량이며, C는 빛의 속도, 즉 상수다. 따라서 이 공식의 의미는 에너지가 곧 질량이고 질량이 곧 에너지라는 것이다. 바로 여기서 핵무기의 원리가 파생되었다는 사실은 잘 알려져 있다. 질량은 아무리 작은 것이라 해도 엄청난 에너지로 전화할 수 있으므로 가장 손쉽게 붕괴함으로써 에너지화할 수 있는 원소만 찾아내면 되었던 것이다(그게 바로 우라늄이다).

특수상대성이론은 등속운동을 전제로 하고 있었다. 그것을 발표하고 나서 11년 뒤 아인슈타인은 가속운동의 경우까지 포함한 일반상대성이론을 발표한다. 특수상대성이론의 핵심이 '질량은 곧 에너지'라는 단순한 '미학적' 원리였다면, 일반상대성이론에서도 그에 못지않게 간단하고 깔끔한 원리가 등장한다(아인슈타인은 과학적 진리란 단순한 것이라는 철칙을 가지고 있었다). 그것은 '중력은 곧 가속도'라는 원리로서, 흔히 '등가의 원리'라고 부른다. 자유낙하로 떨어지는 엘리베이터 속에서는 중력을 느끼지 못한다. 반대로 가속도로 상승하는 엘리베이터에서는 중력이 늘어나는 느낌을 받는다. 이것은 곧 가속도가 중력과 같은 효과를 가진다는 것을 말해준다. 이 사실도 누구나 생각할 수 있는 평범한 현상이었지만, 상식에서 엄청난 공식을 이끌어내는 아인슈타인의 발상이 아니었다면 영원히 상식 속에만 묻혀 있었을지도 모른다.

중력과 가속도가 서로 호환된다는 사실에 착안해 아인슈타인은 중력장의 개념을 발전시킨다. 그전까지 과학자들은 중력을 그저 공간에서 작용하는 힘으로만 생각했을 뿐 중력이 공간 자체를 변형시킬 수 있다는 발상까지는 하지 못했다. 그러나 아인슈타인은 비유클리드기하학인 리만 기하학을 도입해 중력을 공간기하학적으로 인식한다. 여기서 그는 중력장이 시공간을 휘게 만든다는 중요한 사실을 발견한다.

빛은 언제나 직진하는 것으로 알려져 있지만 빛이 통과하는 공간, 즉 시공간 자체가 휘어 있다면 빛도 그에 따라 휠 수밖에 없다. 물론 그렇다고 해서 빛이 직진한다는 원리가 무너지는 것은 아니다. 빛은 휘어진 공간을 따라 직진할 뿐이다. 모순 같지만 사실이다. 예컨대 구면을 따라 직선을 그을 수 있다는 점을 생각하면 알기 쉽다. 축구공에 그린 직선은 입체의 차원에서 보면 곡선이지만 평면의 차원에서 보면 어디까지나 직선이다. 평면기하학에서는 생각할 수 없어도 비유클리드기하학의 영역에서는 얼마든지 가능하다(지구상에 가상으로 그어진 위도와 경도가 바로 그런 경우다. 위도와 경도는 직선이지만 휘어져 있다).

중력장 때문에 공간이 변형되는 현상은 일상적인 공간에서는 예를 찾아보기 어렵다. 그러나 아주 강력한 중력장이 있는 곳이라면 그 사실을 실제로 확인할 수 있다. 마침내 1919년 개기일식이 일어났을 때 영국의 천문대는 아인슈타인이 주장한 그 사실을 눈으로 목격하는 데 성공한다. 위치상으로는 태양에 가려져 보이지 않아야 할 어느 별의 빛이 태양의 중력장을 거치면서 휘어 망원경에 포착된 것이다. 아인슈타인은 이 발견으로 인해 비로소 세계적인 명성을 얻게 된다.

중력장이 시공간을 휘게 만든다는 사실은 엄청난 발견이었다. 그전까지 우주는 그냥 넓게 퍼져 있는 무정형의 공간이라고만 여겼지만, 이제는 다르다. 만약 아주 강력한 에너지로 한 줄기의 빛을 우주 공간으로 쏘아 보낼 수 있다면, 그 빛은 지구에서 영원히 멀어져 가는 게 아니라 휘어진 중력장을 따라 지구로 다시 돌아올 수도 있는 것이다(물론 엄청난 시간이 걸리겠지만). 그렇다면 우리의 우주는 무한정 퍼져 있는 게 아니라 일종의 닫혀 있는 우주, 하나의 계系와 같은 구조가 된다. 아인슈타인은 이를 가리켜 '한계는 있으나 끝없는 우주'라고 표현했다.

경계선에 선 과학자

아인슈타인이 상대성이론을 구상하고 전개할 수 있었던 것은 광속의 한계를 인정하는 데서 출발했기 때문이다(최근에는 광속보다 아주 약간 빠른 물질도 발견되었으나 어쨌든 자연계의 속도는 얼추 광속이 한계다). 인류 역사가 시작된 이래 과학은 내내 서서히 발전하다가 17세기 과학혁명의 시대부터는 급속도로 발전했다. 그 결과 인간은 처음으로 자연법칙이 정한 한계에 부딪히게 되었다.

광속도 한계가 있고, 우주의 크기도 한계가 있다. 예전에는 무한으로 여겨졌던 것들이 이제는 유한이 되었다. 속된 말로 이제 갈 데까지 간 셈이다. 따라서 아인슈타인에 이르러 전통적인 과학이 해체되기 시작하는 것은 필연이다. 사상의 동시대성은 철학이나 예술을 넘어 과학에서도 드러난다.

우선 상대성이론은 전통적으로 과학 발전의 핵심적인 사고방식이었던 주관과 객관의 확실성을 해체하고 있다. 앞서 말한 사고실험 속의 열차에서는 똑같은 사건이 진행되는 데 소요되는 시간이 관측자에 따라 달라진다는 '터무니없는' 결과가 나왔다. 비록 광속에 가까울 정도로 대단히 빠른 경우의 사례이지만, 빛의 속도가 워낙 빠른 탓에 감지하기 어려울 뿐이지 그것은 일상 세계에서도 분명히 일어나고 있는 현상이다. 또한 그런 현상은 전 우주를 대상으로 본다면 극히 일반적인 것이기도 하다.

북극성의 예에서 보듯이 우리는 아득히 먼 우주 공간에서 일어나는 일들을 동시적으로 인식할 수 없다. 예를 들어 북극성이 폭발한다면 우리에게는 그 사건을 폭발과 동시에 인지할 방법이 없다. 그런데 우리뿐만이 아니라 어떤 관측자도 마찬가지다. 북극성과 지구의 중간쯤에 지적인 생물체가 산다 해도 동시적 사건으로 인식할 수는 없다. 하기야, 북극성 자체에 있는 존재라 해도 엄밀히 말해 그 사건을 동시적으로 경험하는 것은 아니다(가까운 거리라도 빛이 이동해야만 사건의 경험이 가능하니까). 요컨대 우주 전체에서 기준이 되는 것은 존재하지 않는다는 이야기다.

전통 과학의 동시성은 처참하게 무너진다. 하나의 사건이 복수의 시간 지평을 지닌다는 사실은 전통적인 의미에서의 확실한 앎이나 절대적인 진리라는 것을 송두리째 뒤흔든다. 진리를 인식하는 주체 자체가 불확실한 마당에 절대적인 진리관이란 존재할 수 없다. 과학에서 동시성이 무너지면 철학에서 동일성도 유지될 수 없다. 하나의 사건이나 사물은 '하나이기 때문에' 필연적으로 동일성을 가지지만 인식 주체의 위치와 관점에 따라 다른 사건이나 사물로 변한다면 동일성의 근거는 없다.

시간과 공간의 통일, 에너지와 질량의 통일, 중력과 가속도의 통일 등 상대성이론은 그전까지 서로 별개의 것이라고 생각하던 물리학의 요소들을 하나로 묶음으로써 과학에서의 근대적 이원론을 극복하고 있다. 그러나 아인슈타인은 경계에 선 과학자였다. 한편으로는 뉴턴 시대 이후 굳건하게 발전해온 고전 물리학과 역학의 기반을 해체했지만, 다른 한편으로는 근대 철학의 유산인 결정론과 실체론에 대한 신념에서 벗어나지는 못했다. 그 한 예로, 그는 보어의 상보성원리나 하이젠베르크의 불확정성원리 등 당시 새로이 부상하던 양자역학에 대해 단 한 번도 지지를 보내지 않았다.

아인슈타인은 이론적으로 근대의 과학적 이성을 해체하는 단초를 열었으면서도 정작 그 자신은 이성 중심의 사고에 선 경계 선상의 인물이었다. 이 점은 그가 지닌 과학적 태도의 양면성에서도 드러난다. 그는 한편으로 "사람들이 실험을 하는 이유는 확신을 하지 못하기 때문"이라면서 자유로운 직관을 중시한 반면, 다른 한편으로는 고답적인 절대적 진리관을 포기하지 않는 이중성을 지니고 있었던 것이다.

지금 상대성이론은 양자역학에 자리를 내주고 패배한 이론이 되어 있다. 상대성이론이 뉴턴역학을 대체했듯이 양자역학은 상대성이론을 대체했다. 철학과 달리 과학의 영역에서는 이렇게 연속적인 계승보다 불연속적인 단절을 통해 이론이 발전하는 경우가 자주 있다. 그러나 아인슈타인이 보여준 상식을 깨는 발상의 전환은 앞으로 어떤 과학이 등장하더라도 불변의 과학적 상상력으로 남게 될 것이다.

알베르트 아인슈타인 Albert Einstein, 1879~1955
독일의 물리학자. 코페르니쿠스의 혁명에 비견될 만한 현대 물리학의 최대 성과인 상대성이론을 정립한 그는 19세기 말에서 20세기 초반에 '물리학을 뒤흔든 30년'을 선두에서 이끌었다. 그의 상대성이론은 물리학 이론이지만, 주관-객관의 구분이 허물어지는 19세기 지성사의 흐름과 궤를 같이하는 사상이었다.

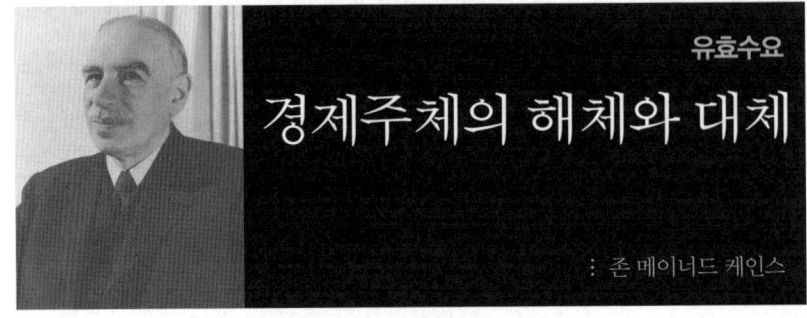

유효수요
경제주체의 해체와 대체
: 존 메이너드 케인스

John Maynard Keynes

"천 원을 가지고 무엇을 먹을까?" 이 말을 콘셉트로 삼은 텔레비전 광고가 있었다. 설렁탕 국물, 피자 반 조각 등 여러 가지를 생각할 수 있지만 온전한 한 끼 식사로는 부족하다. 그래서 그 광고의 답은 햄버거였다. 싸게 파는 햄버거 광고였으니까.

최대의 만족을 위해 주어진 돈을 가장 효율적으로 소비하는 방법은 무엇일까? 이것이 고전 경제학에서 말하는 현명한 소비의 개념이다. 나아가 고전 경제학에서는 그러한 소비 행위를 생산의 영역에까지 적용한다. 생산에서의 소비란 곧 투자를 뜻하니 그 물음은 이렇게 바뀐다. 최대의 생산을 위해 자본을 가장 효율적으로 투자하는 방식은 무엇일까? 고전 경제학은 가장 합리적으로 소비하고 생산하는 행위자를 경제주체로 설정하는 것으로부터 출발한다.

언뜻 보면 매우 올바른 출발점인 듯하다. 그러나 알고 보면 극히 비현실적이다. 그 이유는 간단하다. 늘 그렇게 합리적으로 소비 행위를 하는 소비자는 이념상에만 존재할 뿐 실제로는 존재하지 않기 때문이다. 게다가 더 큰 문제가 있다. 소비자가 그렇게 합리적인 소비 행위를 하기 위해서는 완전한 자유경쟁이 전제되어야만 하는데, 현실은 그것에 어울리는 완벽한 환경이 되지 못한다. 예를 들어 식당에서 갑자기 천 원에 한 그릇씩 설렁탕을 판다든가(덤핑), 피자 가게가 동네에 한 군데밖에 없어 부르는 게 값이라든가(독점) 하는 경우라면 애당초 합리적인 소비 행위란 불가능한 환경이다.

고전 경제학의 경제주체인 '합리적인 소비자'란 존재하지 않는다. 소비 주체는 완벽한 자기 의사에 따라 경제행위를 하지 못하며 항상 조건에 제약되어 있다. 이 점에서는 생산의 주체도 마찬가지다. 최대의 생산을 위해 자본을 가장 효율적으로 투자한다는 생산 주체의 개념은 벽에 부딪힌다. 완벽한 자유경쟁은 애초부터 없었으며, 독점이 등장하고 무역장벽이 높이 세워진 현대에 들어서는 더욱 그렇다. 현실에서 자본의 흐름은 순탄하게 흐르는 시냇물이 아니라 여기저기 계곡과 폭포를 지나는 거친 강물이다. 경제주체의 자기 동일성은 무너졌고 고전 경제학은 주체를 잃어버렸다.

가뜩이나 코너에 몰린 고전 경제학의 주체를 완전히 해체한 사람은 케인스다. 일찍부터 고전 경제학의 비현실성과 관념성을 파악한 그는 1929년의 세계 경제 대공황을 계기로 새로운 개념의 경제주체를 확립한다.

생산에서 소비로

빅토리아 시대로 불리는 19세기에 영국은 세계 최강국의 지위를 누렸다. 해가 지지 않는 나라라는 별명이 상징하듯이 세계 각지에 식민지들을 거느렸으며, 고대 로마 이래 가장 넓은 영토와 가장 힘센 국력을 자랑하는 유럽 국가였다. 그런데 묘한 것은 영국의 경제였다. 19세기 영국의 경상수지는 물론 엄청난 흑자였지만 무역수지는 오히려 적자였던 것이다. 무역에서는 손해를 봤는데도 경상수지가 흑자인 이유는 바로 해운업 덕분이었다. 수많은 선박과 전 세계에 항구를 가지고 있었던 영국은 그것을 이용해 막대한 수익을 올렸다.

하지만 무역수지가 적자라는 사실은 두고두고 문제가 될 수 있다. 요즘 식으로 말하면 경제의 펀더멘털^{Fundamental}이 약한 것이다. 제조업에서 손해를 보고 유통업에서 만회하는 식이니, 장기적인 관점에서는 전망이 불투명할 수밖에 없다. 영국의 해운업이 힘을 쓸 수 있었던 이유는 막강한 해군력을 보유하고 있었기 때문이다. 당시는 제국주의 시대였다. 정치든 경제든 뭐든 간에 무역에 장애물이 생길 경우에는 군함과 대포만 있으면 해결되었다. 19세기에 중국의 항구를 개항한 것은 외교 사절단의 노력이 아니라 군함과 대포였다. 하지만 무력으로 모든 문제를 해결하는 시대가 머잖아 끝나리라는 것은 누구의 눈에도 명백했다.

생산업보다는 서비스업, 경제보다는 군사력을 통해 경제 강대국으로 군림했던 19세기 영국의 경제 현실은 이미 케인스의 사상을 충분히 예고하고 있다. 이런 조건에서 케인스가 끌어낸 결론은 간단하다. 첫째, 생산을 중심으로 하는 고전 경제학의 전제를 거부하고 오히려 거꾸로 바라보아야 한다. 그것은 소비, 즉 수요를 중심으로 경제를 재구성하는 방법이다. 둘째, 더 이상 자유방임 경제를 방치하지 말고 국가가 적극적으로 경제에 개입해야 한다. 이 두 가지 결론이 합쳐진 결과가 바로 유효수요 effective demand의 개념이다.

자본주의적 생산은 원래 수요를 전제로 하고 있다. 수공업 단계와 달리 자본주의란 생산자가 소비자에게 직접 상품을 판매하는 게 아니라 상품을 생산해 시장에 내놓는 방식이다(여기에 근본적인 예측 불가능성이 있다. 시장에 내놓는다고 해서 무조건 다 팔리는 것은 아니니까). 그러므로 생산자들은 처음부터 시장을 염두에 두고 상품을 생산해야 한다. 또한 이윤이 실현되려면 상품이 실제로 판매되어야만 한다. 그렇다면 수요는 생산의 초기 단계부터 고려해야 하는 중요 사항이 된다. 다만 현실적으로 그렇게 되지 못하는 이유는 생산자가 시장을 제어할 능력이 없기 때문이다. 그렇다면 생산자를 대신해서 상품의 수요를 고민해야 하는 것은 누굴까? 케인스는 그게 바로 국가라고 본다. 그는 전통적으로 정치 부문에 속하는 국가를 경제 부문에도 세운다.

사실 19세기에도 이미 국가는 경제에 적극적으로 개입하고 있었다. 영국의 해운업을 뒷받침했던 군사력이 좋은 예다. 제국주의 시대인 19세기에는 국가가 경제에 개입하는 방식이 군사력을 매개로 해서 나타났다. 심지어 영국 제국주의는 중국에서 아편의 수요를 창출하기 위해 대규모 전쟁까지 불사하지 않았던가?

그러나 제1차 세계대전이 끝나면서 제국주의적 영토 재편이 완료되고 세계열강의 세력 판도도 안정되자 사정은 달라졌다. 과거와 같이 군사력을 앞세우는 방식은 더 이상 통하지 않는다. 그렇다면 국가는 어떤 수단으로 전환해야 할까? 재정과 금융 정책을 통해 경제에 개입하는 것이다. 이로써 초기 자본주의의 자유방임은 포기되고 경제정책이 우선시되는 단계에 이르렀다. 알다시피 재정과 금융정책은 기본적으로 생산이 아니라 수요와 관련된다. 따라서 이 단계에 어울리는 경제 제도는 생산을 개별 기업들에게 맡기고 총 수요를 국가가 관리하는 체제가 된다.

결국 케인스의 결론은 특별한 게 아니었다. 자유방임의 원리가 지배한 것처럼 보이는 고전 경제학의 시대에도 자본주의는 이미 국가의 개입을 필요로 했으며, 또 실제로 국가가 개입하고 있었다. 다만 시대가 달라진 만큼 이제부터는 국가 개입의 방식이 노골적인 군사력보다는 한결 세련된 경제정책으로 바뀌었을 뿐이다.

그렇다면 고용의 문제는 어떨까? 개별 기업과 연관된 사안인 고용에도 국가가 개입할 여지가 있을까? 물론이다. 불황기에는 불가피하게 대량 실업이 발생하게 된다. 생산을 중심으로 보는 고전 경제학의 처방에 따르면, 실업을 줄이기 위해서는 임금을 인하해야 한다. 임금을 인하하면 생산비를 줄일 수 있고, 그 결과로 고용량 전체를 늘릴 수 있다고 보기 때문이다. 하지만 현실적으로는 임금을 인하하면 오히려 실업을 더욱 악화시키고 생산은 더욱 위축될 뿐이다. 그래서 케인스는 여기서도 수요를 중심으로 생각하자고 제안한다. 실업을 줄이기 위해서는 노동 수요를 늘리면 된다. 따라서 국가가 각종 공공 정책을 통해 노동에 대한 유효수요를 늘려야 한다는 것이다. 이렇듯 발상을 전환하면 처방도 크게 달라진다.

거시경제학의 문을 열다

앞서 아인슈타인의 경우에서도 보았지만 콜럼버스의 달걀은 발상의 전환을 뜻하는 대명사다. 콜럼버스는 동쪽으로 가야만 인도에 닿을 수 있다고 주장하던 당시 사람들의 상식을 무시하고 서쪽으로 항해해 인도까지 갔다. 물론 그 결과는 신대륙을 인도로 착각한 것이었지만, 그래도 그는 인도를 발견했다고 믿었고 이사벨 여왕과 에스파냐 국민들의 열렬한 환대를 받았다. 사실 콜럼버스는 남들이 전혀 하지 못하는 새로운 생각을 한 게 아니라 누구나 알고 있던 이론을 현실에 적용한 것 뿐이다. 당시에 이미 지구는 둥글다는 이론이 널리 알려져 있었지만, 아무도 그것을 현실에 적용하려 하지 않았다. 이렇게 보면 콜럼버스가 칭찬 받아야 할 덕목은 발상의 전환뿐 아니라 실천에 대한 관심이기도 하다.

케인스의 경제사상도 콜럼버스의 달걀처럼 발상의 전환인 동시에 실천에 대한 관심의 소산이었다. 그는 오류가 없는 모델을 수립하는 데 급급한 탁상공론적 경제 이론보다는 특정한 현안에 대한 해결책을 제시하는 게 경제적 사고의 본질이라고 보았다(실제로 그는 젊은 시절에 경제학자의 삶을 살지 않고 인도에서 관리 생활을 했다). 검은 고양이든 흰 고양이든 쥐만 잡으면 된다는 것은 덩샤오핑의 견해만이 아니다.

이런 실천적인 관심에서 나온 케인스의 발상의 전환이 바로 유효수요라는 개념이다. 유효수요라는 발상도 역시 케인스의 시대 이전부터 이미 있었다. 다만 콜럼버스의 달걀처럼 아무도 그것에 착안하지 못했으며, 그것을 실천에 옮기지 못했을 뿐이다. 왜 그랬을까? 그 이유는 제국주의적 군사력이 유효수요를 대신했기 때문이다. 군사력이 말하는 시대에는 군이 유효수요의 개념을 현실에 적용할 필요가 없었던 것이다.

케인스의 탁월한 점은 경제 이론에 있었던 것이 아니라 바로 발상의 전환에 있었다. 굳이 고전 경제학자가 아니더라도 생산의 규모로 경제활동 수준을 측정한다는 생각은 상식이다. 그런데 케인스는 그 상식을 파괴하고, 산출량과 생산 능력이 아니라 수요가 경제활동 수준을 결정한다는 파격적인 전환을 꾀했다. 생산에 대한 미련을 버리지 못한 고전 경제학이 생산 주체인 노동의 수요와 공급에 의해서 총 생산량이 결정된다고 본 데 비해, 케인스는 기업가가 예상하는 유효수요의 규모가 생산량을 결정한다고 보았다.

그렇다면 케인스가 설정하는 경제주체가 무엇인지 알 수 있다. 합리적으로 생산하고 소비하는 고전 경제학의 주체가 사라졌다면 새로운 주체는 뭘까? 그것은 총 수요의 주체인 국가다. 이제 합리적인 개인 따위는 잊어라. 그 대신 국가 경제 전체를 하나의 주체로 보아야만 경제 현상을 제대로 파악할 수 있다. 이렇게 해서 케인스는 거시경제학이라는 새로운 지평을 열었다.

물론 거시경제학이라고 해서 기존 경제학의 모든 개념과 방식이 송두리째 바뀐 것은 아니다. 고전 경제학의 무대인 시장은 여전히 제 역할을 하며, 고전 경제학의 주 무기인 미시경제학도 여전히 제 기능을 한다. 하지만 고전 경제학에서처럼 미시경제학을 그대로 연장·확대해서 거시 경제를 설명하려 하면 혼란에 빠질 뿐이다.

개인을 경제주체로 삼은 자유방임주의는 순진무구한 사고일 뿐 아니라 오류다. 개인은 생산과 소비를 합리적으로 조직하는 합리적 주체도 아니며, 국가 경제 전체를 파악하고 공익을 우선하는 도덕적 주체도 아니다. 전체의 자유 총량을 늘리기 위해서는 오히려 개인의 자유를 제한해야 한다. 18세기에 사회계약론을 낳았던 철학적 계몽주의가 20세기에 와서야 경제학에 적용된 셈이다.

미시 경제와 거시 경제 사이에는 단절이 존재한다. 전체는 단순한 부분들의 합이 아니다. 따라서 전체를 인식하는 방식은 부분들을 인식하는 방식과는 달라야 한다. 하지만 그 점을 잘 알고 있다 해도 전체를 어떻게 인식할 것인가의 문제는 남는다. 부분에 대한 경험적 인식을 종합하는 방식으로는 전체에 대한 총체적 인식을 얻을 수 없다는 데 근본적인 어려움이 있다. 나무를 보는 눈으로 숲까지 볼 수는 없다고 할까?

케인스는 미시 경제적 시각을 종합해 거시 경제적 시각을 구성하려는 시도의 문제점을 '합성의 오류'라고 불렀다. 그렇다면 합성의 오류를 피하면서 올바르게 거시 경제를 고찰할 수 있는 방법은 뭘까? 케인스는 당대의 경제 현안에 대한 해결책을 제시했을 뿐 총체적인 방법론까지 구성하지는 못했다. 하지만 경제를 거시적으로 보는 새로운 관점을 제안한 것은 그가 적어도 답을 얻기 위한 틀은 만들었음을 말해준다.

특수 이론이 아닌 일반 이론

고전 경제학으로 설명할 수 없었던 신비의 사건, 1929년의 대공황은 유효수요의 개념으로 충분히 설명된다. 당시 지배적인 견해에 따르면 대공황이 발생한 원인은 생산과잉이었다. 그 진단은 옳을지 모르지만 그렇다고 생산 축소가 해법일 수는 없었다. 그렇다면 결국 다 죽자는 이야기니까 말이다.

그 문제가 근본적으로 해결되지 않는 한 자본주의경제는 주기적인 공황의 파국으로부터 결코 벗어날 수 없었다. 일반적인 견해와 달리 케인스는 똑같은 현상을 두고 다른 설명 방식을 찾았다. 대공황의 원인을 수요의 부족으로 본 것이다. 유효수요는 이렇게 이론적 설명을 가능케 해주었을 뿐 아니라 현실적 성과도 거두었다. 대공황으로 인해 대량으로 생겨난 실업자들을 동원해서 댐을 지은 미국의 대규모 국책 사업 뉴딜은 유효수요를 적극적으로 반영한 정책이었다. 실업도 줄이고 사회간접자본도 늘리는, 꿩 먹고 알 먹는 효과였다.

케인스는 완전고용 아래의 균형 상태만을 가정하는 고전 경제학의 이론을 특수 이론이라 부르고 자신의 이론을 불완전고용까지 포용하는 일반 이론이라고 말했다. 다분히 아인슈타인의 특수상대성이론과 일반상대성이론을 연상하게 하는데, 그래서 그의 책 제목은 《고용·이자·화폐에 관한 일반 이론》이다.

뉴딜 정책만이 아니라 1950, 1960년대에 크게 발달한 우주과학 산업이나 각국마다 대규모로 유지하는 군대와 무기 산업 역시 수요를 중심으로 본 경제정책의 일환이다. 달이나 화성에 로켓을 보내는 것을 순수하게 보면 과학적인 프로젝트라고 여길 수도 있지만, 실은 여기에도 수요라는 경제적 측면이 숨어 있다(당시는 냉전이 한창인 시대였으므로 미국과 소련 간에 누가 먼저 인공위성을 띄우고 누가 먼저 달에 발자국을 남기는가의 경쟁이 정치적 의미도 있었다). 로켓이나 미사일을 만드는 것을 생산 행위라고 볼 수는 없을 터이다. 또 군대는 경제적인 측면에서만 보면 순수한 소비 집단에 속한다. 이렇게 유효수요가 적용되는 폭이 예상외로 넓은 것은 역시 그것이 실천적 관심에서 나온 개념이기 때문이다.

케인스는 화폐에 대한 견해에서도 발상의 전환을 보여주었다. 고전 경제학에서 화폐는 단지 경제행위의 매개 역할을 할 뿐이다. 예를 들어 고전 경제학에서는 통화량이 증가하면 물가가 오른다고 말한다. 하지만 통화량이 변동할 경우 가장 먼저 영향을 받는 것은 물가가 아니라 이자율이다. 이자율은 투자에 영향을 미치며, 이것은 총 수요를 좌우하는 중요한 변수가 된다. 이렇듯 화폐가 생산에 대해 중립적인 데 머물지 않고 능동적인 역할을 한다고 본 것은, 지금에 와서는 지극히 당연하게 받아들여지지만 당시로서는 획기적인 발상이었다.

화폐에 대한 독특한 후각 때문이었을까? 케인스는 경제학자로서는 드물게 투기로 재산을 증식하는 데 성공한 사람이다. 생전에도 특유의 엘리트주의와 더불어 화려한 사교 생활을 즐겼던 그는 죽을 때 무려 45만 파운드의 재산을 남겼다고 한다. 그런 의미에서도 그는 자본주의를 가장 잘 읽은 경제학자인 셈이다.

존 메이너드 케인스 John Maynard Keynes, 1883~1946
영국의 경제학자. 그는 흔히 주류 경제학이라고 비판되는 철저하게 자본주의적인 경제학, 그중에서도 거시경제학을 입론한 인물이다. 하지만 그의 자유로운 사고방식과 상상력이 번뜩이는 발상의 전환은 오늘날의 '주류 경제학자들'을 반성하게 만든다.

인식론적 단절
단절과 불연속의 과학

: 가스통 바슐라르

G a s t o n B a c h e l a r d

정교함이 부족하면서 변동의 폭이 심한 사회에서는 모든 부문이 불안정하기 때문에 여러 곳에 균열과 틈이 생긴다. 그래서 출세나 일확천금을 노릴 수 있는 여지가 크다. 그 꿈을 달성한 사례들이 널리 알려지면 사회는 더욱 건강함을 잃게 된다. 도박으로 떼돈을 벌 수 있는 사회에서 근로 의욕을 고취하기란 어려운 법이니까. 실제로 도박이나 다름없는 불법적이고 불건전한 방식으로 천문학적인 정치 자금을 마련한 부패한 정권도 많다. 부동산과 주식 시장을 한 번 들었다 놓으면 빈 구멍이 숭숭 뚫려 그 틈으로 손쉽게 막대한 자금을 조성할 수 있다.

사회가 안정되고 정교해지면 그런 빈 구멍의 여지가 작아진다. 그 점을 잘 보여주는 예가 선진국형 주식 투자와 후진국형 주식 투자다. 주식 시장이 안정된 선진국에서는 낮은 금리를 보전하는 의미로 주식 투자가 이루어진다. 그래서 노후 자금을 안정된 주식에 투자하고 거기서 나오는 배당금과 수익으로 생활비를 충당하는 노인층이 두텁다.

원래 주식 투자란 향후 전망에 비해 현재 낮게 평가된 기업의 주식을 매입해 기업에게도 도움을 주고 투자자에게도 이익을 가져다주는 방식으로 진행되어야 한다. 이게 교과서적인 선진국형 주식 투자다. 그에 비해 후진국형 주식 투자는 기업의 수익률이나 대차대조표 같은 건 보지도 않고 오로지 주식 시세표에만 주목한다. 쉽게 말해 기업의 전망 같은 건 고려할 필요도 없고 단지 오늘 이 주식을 사면 내일 오를 것이냐에만 촉각을 곤두세우는 것이다. 이런 주식 투자는 경마나 도박과 전혀 다를 바 없다. 현재 우리 사회의 주식 투자자들은 기관이든 개인이든 거의 다 노름꾼의 자세다.

문제는 사회가 불안정하고 불건전할수록 그런 도박의 원리가 통한다는 점이다. 실패하는 사람도 있지만 몇몇 성공한 사람의 사례가 알려지면 그런 식의 투자가 더욱 활성화된다. 주식시장은 물론 사회 전체가 예측 불가능해진다.

안정된 사회는 예측 가능하고, 불안정한 사회는 예측 불가능하다. 어떤 사회가 삶의 질을 잘 보장해줄 수 있을까? 출세와 일확천금을 꿈꾸는 사람은 후자의 사회를 더 바랄 것이다. 하지만 그 경우 사회는 천박해지고 위험해질 뿐 아니라 아무런 안전장치도 없는 야만 상태와 다를 바 없어진다. 그래서야 문명사회라고 할 수 없다.

그런데 사회 전체는 그렇다 치더라도 사회의 각 부문에서는 예측 가능하다는 게 반드시 좋은 것만은 아니다. 예측 가능하고 안정적이면 변화의 여지가 없고 역동성이 부족하다. 실은 인류 문명 자체가 늘 예측 가능한 방향으로만 진화해온 것은 아니다. 가장 예측 가능한 분야라고 생각하는 과학의 영역에서도 불연속적으로 발전하는 현상을 얼마든지 찾아볼 수 있다. 바슐라르에 따르면, 과학이란 사람들이 생각하는 것처럼 그 이전까지의 과학적 성과물을 토대로 해서 연속적으로 발전하는 게 아니다.

철학과 과학

교과과정의 면에서 고등학교가 중학교와 가장 크게 다른 점은 인문계와 자연계가 분리된다는 것이다(직업교육 기관에 해당하는 실업계 고등학교는 제외하기로 하자). 그동안 거의 수동적으로 편안하게 교육을 받기만 했던 학생들은 바로 이때 난생처음으로 자기 의사에 따라 중요한 결정을 내려야 한다. 자, 인문계를 택할 것인가, 자연계를 택할 것인가? 그런데 이것을 법관이냐, 의사냐 하는 아주 속된 선택으로 바꾸어 생각하는 사람이 아니라면 자연히 또 다른 의문을 품지 않을 수 없다. 학문을 인문계와 자연계의 두 분야로 나누는 방식은 과연 타당한가? 두 계열은 한데 합칠 수 없는 것일까?

  인문계와 자연계에는 여러 가지 학문 분과가 있지만, 양 부문의 대표 주자는 역시 철학과 과학이라고 할 수 있다(현실적으로 인기가 가장 높은 법학과 의학은 학문적 깊이가 얕은 응용 학문에 불과하다). 그러므로 두 계열을 합친다는 것은 곧 철학과 과학을 합친다는 것과 통한다. 철학과 과학을 합치다니? 사춘기에 어울리지 않게 삶의 문제를 진지하게 고민하는 한결

이는 수학에는 영 젬병이고, 과학 경시대회에서 1등상을 도맡는 보람이는 계산으로 풀 수 없는 모든 문제에 치를 떨지 않던가? 그러나 그런 과민 반응을 보일 필요는 없다. 철학과 과학을 합친다는 말은 문자 그대로의 뜻이 아니니까.

과학은 존재를 다루고 철학은 사고를 다룬다. 따라서 서로 대상의 차이는 확연하지만, 어떤 의미에서 철학은 과학을 포함한다고 할 수 있다. 왜냐하면 과학은 철학적 담론을 대상으로 하지 않지만 철학은 과학적 담론을 대상으로 삼을 수 있기 때문이다. 그것이 바로 바슐라르가 천착한 과학철학이다.

과학철학의 전통적인 과제는 과학적 방법과 개념에 방향을 정하는 것이었다. 철학은 과학 위에 당당히 군림하면서 과학자가 잘못을 저지르지 않도록 계도하는 감시자의 역할과 더불어 과학이 나아갈 길을 밝혀주는 안내자의 역할을 한다고 생각했다. 생각해보라. 과학은 물리학, 화학, 생물학, 의학 등등 수십 가지지만 철학은 단 하나 아닌가? 하나의 등대가 수많은 배를 인도하며, 작업 현장에서 일꾼은 여럿이지만 감독관은 하나다. 철학은 수십 명의 원생들이 제각기 열심히 수련하는 도장에서 이따금씩 한 수 지도하는 태권도 사범 같은 역할만 하면 된다. 이게 전통적인 과학철학의 관점이다.

하지만 바슐라르는 그렇듯 과학 위에 군림하는 철학을 거부한다. 그는 오히려 철학이 과학을 이끄는 사범이기는커녕 언제나 과학에 비해 뒤처져왔다고 생각한다.

과학적 사고의 근본적인 특징은 운동성에 있다. 반면 철학적 사유는 오히려 부동성의 경향을 지니고 있다. 과학은 언제나 개방적이고 역동적인 데, 철학은 체계를 고집하고 닫힌 공간에 안주하려 하며 운동하지 않는 이성에만 의존한다. 거듭되는 과학혁명의 눈부신 전개에도 불구하고 철학은 언제나 창백하게 굳어버린 채로 낡은 것들만 고집하고 있다. 예컨대 바슐라르의 시대만 해도 과학은 아인슈타인의 상대성이론을 선봉으로 삼아 일제히 새 옷으로 갈아입었지만, 철학은 여전히 뉴턴 시대의 어휘와 개념들을 뉴턴 시대와 같은 의미로 사용하고 있었다.

사실 과학과 철학의 이런 이미지는 오늘날까지도 변함이 없다. 지금도 과학 앞에는 왠지 모르게 '첨단'이라는 수식어를 붙이고 싶어지고, 철학이라고 하면 그리스·로마 시대를 대뜸 떠올리는 조건반사적인 사고 역시 그와 무관하지 않을 터이다. 과학자 하면 아르키메데스나 피타고라스가 아니라 스티븐 호킹이나 적어도 아인슈타인이지만, 철학자 하면 하이데거나 비트겐슈타인이 아니라 플라톤이나 아리스토텔레스가 떠오르는 것도 역시 마찬가지다.

그렇다면 과학보다 언제나 뒤처지는 철학은 과학의 어떤 측면을 대상으로 해야 할까? 바슐라르는 철학의 임무가 과학적 인식의 기준을 찾아내는 데 있다는 전통 과학철학의 생각을 거부하지는 않는다. 그러나 그가 생각한 방법은 정반대다. 전통 과학철학에서는 과학의 외부에서 기준을 찾고자 했지만, 바슐라르는 그것을 각각의 과학 내부에서 찾고자 한다. 또한 그는 철학이 과학을 지도하는 것이 아니라 거꾸로 각각의 과학을 검토하는 데서 철학적 개념들이 올바르게 정정될 수 있다고 생각한다.

따라서 무엇보다 먼저 해야 할 것은 각 개별 과학 속으로 깊숙이 들어가는 일이다. 바슐라르는 수학, 물리학, 화학 등 첨단의 과학들이 발전해 온 과정을 직접 추적하면서 그 작업을 수행한다. 그 때문에 바슐라르의 저작들은 언뜻 전문 과학 서적을 연상시킬 정도로 과학의 내밀한 내용과 긴밀하게 연관되어 있다(이렇게 전문적인 과학적 수준을 강조하는 것은 프랑스 철학의 독특한 전통이기도 하다). 그의 저작에서 철학은 결코 그 자체로 나타나지 않으며, 그 자체를 위해서 설명되지 않는다. 그의 철학은 과학적 인식에 대한 평가 속에서 나타나며, 언제나 과학의 옷을 입고 있다.

바슐라르는 "과학자들은 자신들의 과학에 담겨 있는 철학을 항상 공표하지는 않는다."라고 말한다. 그렇다면 각각의 과학에 내포된 철학을 공표하는 일은 철학자들의 몫이 될 것이다. 어떤 의미에서 그것은 과학자들의 능력 바깥에 있는 문제인 탓도 있지만.

연속과 단절

미국의 공산주의자이자 기자였던 존 리드는 러시아의 사회주의혁명을 현장에서 직접 보고 《세계를 뒤흔든 10일》이라는 책을 썼다(이 책은 〈레즈〉라는 제목으로 워런 비티가 감독과 주연을 맡아 영화로 만들어지기도 했다). 정치적으로도 격변이 많았던 20세기 초는 과학적으로도 비약적인 발전이 많았던 탓으로 흔히 '물리학을 뒤흔든 30년'이라고 불리기도 한다.

바슐라르가 박사 학위논문을 제출했던 1927년에 보른은 전자에 관한 통계 이론을 발표했고, 하이젠베르크는 불확정성원리를 정식화했으며, 르메트르는 팽창하는 우주라는 가설을 정립했다. 1930년에 디랙은 양전자 가설을 내놓았으며, 1931년에는 앤더슨이 양성자를 발견했고, 1934년에는 채드윅이 중성자를 발견했다.

이렇게 매우 중요한 과학적 성과들이 같은 시기에 봇물처럼 터져 나오는 이유는 뭘까? 물론 어느 하나의 과학적 성과가 다른 것들을 촉발하는 계기로 작용한 탓도 있을 것이다. 그러나 그것만으로 그런 과학적 도약을 충분히 설명할 수는 없다. 어느 시대에나 그랬던 것은 아니기 때문이다. 인류 역사를 살펴보면 중요한 과학적 발전은 언제나 고르게 일어나지 않고 특정한 시기에 비약적으로, 즉 한동안 없다가 한꺼번에 터져 나오는 식으로 일어나는 것을 볼 수 있다. 그 이유는 뭘까?

바슐라르는 그 이유를 설명하기 위해 인식론적 단절이라는 개념을 만든다. 그에 따르면, 과학적 발전은 그 생리상 연속적으로 이루어지는 게 아니라 비약적으로, 혁명적으로 일어날 수밖에 없다. 더구나 과학은 기존의 과학적 성과를 바탕으로 발전하는 게 아니라 오히려 기존의 성과를 부정하면서 과거와의 단절과 절연을 통해 발전한다. 대표적인 예로서 바슐라르는 뉴턴의 역학 체계와 아인슈타인의 상대성이론 체계 사이의 단절을 들고 있다.

"뉴턴 체계와 아인슈타인 체계 사이에는 이행기 같은 것이 없다. 이를테면 여러 가지 지식을 모으거나, 각별한 주의를 기울여 측정하거나, 원리들을 약간 수정하거나 하는 따위를 통해 뉴턴 체계에서 아인슈타인 체계로 이행할 수는 없다. 오히려 그 이행을 위해서는 전적으로 새로운 노력이 필요하다."

상대론적 사유의 문에 들어서게 되면 뉴턴의 과학을 이루던 개념들은 파괴되어버린다. 그리고 뉴턴 체계로 산출된 모든 계산 결과는 상대성의 계산으로 대체된다. 즉 뉴턴에게서 아인슈타인을 연역하려는 것은 불가능한 시도다. 이런 의미에서 과학은 선행자를 갖지 않으며, 항상 새로운 모습을 취하게 된다. 앞서 말한 것처럼 과학이 운동성을 기반으로 하는데 반해 철학은 부동성을 기반으로 하며 항상 과학에 뒤처진다는 이야기는 바로 이것과 통한다.

과학의 발전이 단순히 기존의 과학을 수정하고 정정하는 과정으로 이루어지는 게 아니라면 그것은 '대체'의 과정이라고 할 수 있을 것이다. 그렇다면 무엇이 무엇으로 대체된다는 것일까? 바슐라르는 그것을 문제틀problématique이라고 말한다. 과학의 역사는 문제틀이 부단히 변천하고 변전하는 과정이다.

마치 행정 수반이 바뀌면 기존의 장관들이 일제히 물러나듯이, 하나의 과학혁명이 일어나면 기존의 과학적 개념들은 모조리 교체된다. 늘 떼거지로 움직이는 깡패 집단이 연상되지만 엄연한 학문적 현실이기도 하다. 예를 들어보자. 다리가 무너진 사건을 놓고 건설부 장관과 교통부 장관은 각기 자신이 처한 입장에 따라 대책을 고민한다. 그러나 그것은 교량 건설 문제, 교통 소통 문제라는 '문제들'일 뿐이다. 이러한 '문제들'이 아니라 '문제틀' 자체가 쇄신되면 그 사건을 전 사회적인 총체적 부실의 문제로 보게 되므로 기존의 각료들이 더 이상 있어야 할 필요성이 사라지는 것이다.

우리는 흔히 인식은 연속적으로 발전하며 오늘은 항상 어제에 뿌리를 두고 있다는 것을 상식으로 알고 있다. 거창하게 말해 "인간은 역사를 바탕으로 역사를 창조한다."라는 온고지신의 정신, 역사주의적 발상이 그것이다. 그러나 사실 그것은 그야말로 상식에서나 적용될 따름이다. 과학은 상식이 아니라 지식이며 담론이다. 그래서 바슐라르는 인식론적 단절의 또 다른 측면으로서 과학적 인식과 상식, 즉 일상적 인식 사이의 단절을 주장한다.

    상식은 새로운 과학적 사고가 나타나지 못하도록 방해하며, 과학적 사고가 이미 나타났을 경우에는 그것을 일상적 사고, 즉 상식의 수준으로 떨어뜨리는 경향을 가지고 있다. 그러므로 상식은 일상생활에서는 유용하지만 학문적으로 볼 때는 커다란 장애물이라고 볼 수 있다. 바슐라르는 그러한 상식을 인식론적 장애라고 부른다. 그렇다면 과학혁명은 이 장애물을 넘어서는 것이다. 예컨대 상대성이론은 시간과 공간이 별개의 것이고 우리의 이성에 이미 주어진 것이라는 상식을 뒤집음으로써 출현할 수 있었다.

철학은 미완성

무조건 재미있을수록 좋은 영화요 좋은 책이라는 그릇된 관념이 널리 퍼지는 세태에 발맞추기라도 하듯이, 이론도 구체적이고 알기 쉬울수록 뛰어난 것이라는 터무니없는 풍조가 널리 퍼지고 있다. 물론 쉽다는 것 자체가 나쁠 리는 없다. 하지만 쉽다는 것을 단순하다는 것으로 오해해서는 안 된다. 이론이 다루고 있는 이론적 대상이 추상적이고 복잡한 것이라면 이론도 역시 추상적이고 복잡해야만 오히려 구체적이며 알기 쉽다. 그렇지 않다면 선문답처럼 될 테니까(종교 창시자들이 남긴 짧은 선문답들을 해석하고 주석을 만들어 붙이느라 그보다 훨씬 더 방대한 분량의 문헌들이 필요하지 않았던가?).

    바슐라르가 취한 기본적인 입장도 그와 마찬가지다. 근대 철학의 시조라 일컫는 데카르트는 방법적 회의를 통해 '의심하는 주체'라는 명백하고 단순한 것으로부터 모든 사고를 출발해야 한다고 생각했다. 하지만 '물리학을 뒤흔든 30년'에 살았고 각종 첨단 과학을 깊이 연구한 바슐라르가 여기에 동의할 리는 없다. 바슐라르는 실재란 결코 단순하지 않으며 과학사에서 단순성을 성취하려 했던 모든 시도는 예외 없이 과도한 단순화의 함정에 빠지고 말았다고 말한다. 따라서 바슐라르의 인식론적 단절은 과학뿐만 아니라 철학에서도, 또 그 자신의 철학에서도 (데카르트 류와의 단절이라는 의미에서) 단절을 품고 있는 셈이다.

바슐라르의 인식론적 단절은 비록 아무 때나 적용할 수 있는 전가의 보도는 아니지만(또 그럴 경우 위험할 수도 있지만), 그가 애초부터 의도한 바와 같이 과학만이 아니라 철학에서도 통용된다. 알튀세르가 이 개념을 받아들여 청년 마르크스와 후기 마르크스의 사상을 단절로 바라본 것은 유명한 사례다. 하지만 단절을 수용한다면 언제나 철학적 문제는 매번 새로이 제기될 수밖에 없다. 마치 뉴턴 물리학이나 아인슈타인 물리학이나 설명해야 할 대상은 서로 동일한데 설명 방식이 전혀 달라지는 경우처럼, 철학에서도 문제를 해결하는 방식은 각기 다르고 거기서 단절은 있을지라도 문제 자체는 언제나 동일하다. 그렇다면 철학은 문제에 대한 답 자체를 목표로 하는 게 아니라 답을 찾는 과정을 중시한다고 해야 할까?

어느 것이든 형성기에 있는 것은 자신의 모습을 전부 드러내지 않는다. 자본주의 속에서 자본주의의 참모습을 볼 수 없다고 한 마르크스의 이야기도 이것과 통한다. 그래서 바슐라르는 모든 철학에 일단 부정의 철학, 비철학 philosophie du non 이라는 이름을 붙일 수밖에 없다고 말한다. 물론 비철학 역시 철학의 한 형태가 아니냐는 형식논리적인 항변도 가능하겠다. 그러나 아직까지 우리의 상식으로 보면 비철학은 역시 미완성이다. 따라서 바슐라르의 철학적 기획도 역시 아직은 미완성이다.

가스통 바슐라르 Gaston Bachelard, 1884~1962
프랑스의 과학철학자. 쿤의 패러다임 이론보다 앞서 인식론적 단절이라는 개념으로 과학의 발전이 단절과 비약으로 이루어진다는 점을 선구적으로 주장했다. 그의 영향으로 이후 프랑스 현대 철학은 과학철학의 관점을 대폭 수용하게 되었다.

계급의식
꿈을 실현하는 계급

: 죄르지 루카치

György Lukács

좋은 격언은 대개 뒤집어도 좋은 격언이 된다. "가는 말이 고와야 오는 말이 곱다."라는 말이 있지만 오는 말이 고와야 가는 말이 곱다는 말도 다른 의미에서 훌륭한 격언이다. "사공이 많으면 배가 산으로 간다."라는 말은 생산적인 토론을 하면 배를 타고 산도 넘을 수 있다는 적극적인 의미로 해석할 수도 있다. "아는 만큼 본다."라고 말하지만 보는 만큼 아는 것도 역시 사실이다. 그럼 "열 길 물속은 알아도 한 길 사람 속은 모른다."라는 격언을 뒤집으면 어떨까? 한 사람 속은 몰라도 열 사람 속은 알 수 있다는 훌륭한 격언이 된다. 한 사람 속도 모르는데 어찌 열 사람 속을 알까 싶겠지만, 그 말은 엄연히 사실이다.

인간이란 예측 불허의 존재다. 끈기도 없고 변덕도 심하고 말도 많고 탈도 많은 게 인간이다. 겉으로는 고개를 끄덕이면서도 실제 행동은 얼마음대로 다르게 할 수 있는 존재가 바로 인간이다. 그러나 그것은 한 사람의 인간, 즉 개인일 뿐이다. 집단으로서의 인간은 또 다르다. 열 사람의 인간 집단이 일제히 고개를 끄덕였다면 그 후에 행동을 달리하기란 쉽지 않다. 설사 겉과 속이 다른 사람이 일부 있다 해도, 심지어 열 사람 모두가 그렇다 해도 개인이 아니라 집단이라면 아무래도 약속한 대로 행동하게 마련이다. 어떤 경우에는 집단에 속하지 않은 다른 개인들도 집단이 행동할 경우 자기 의사와는 관계없이 그 행동을 따라 하기도 한다. 그것을 군중심리라고 하던가?

단순한 인간 집단이라면 군중심리라는 말이 적당할 수도 있겠다. 그러나 집단이 아니라 계급이라면 어떨까? 계급도 물론 인간 집단에 속한다. 하지만 계급은 군중심리로 움직이지 않는다. 아니, 계급은 애초에 심리 따위로 설명할 수 있는 집단이 아니다. 계급은 단지 취미가 같다거나 성격이 비슷한 사람들의 집단이 아니라 경제적인 이해관계로 결집된 인간 집단을 뜻하기 때문이다. 러시아 사회주의혁명을 이끈 레닌은 계급이 생산수단의 소유 여부, 생산과정에서 차지하는 위치로 구분된다고 말한 바 있다. 굳이 이런 고전적 정의에 동의하지 않는다 하더라도, 적어도 계급을 구분할 때 심리보다 더욱 객관적인 요소가 있다는 점은 쉽게 인정할 수 있을 것이다. 그 객관적인 요소란 곧 경제적인 이해관계다.

계급은 경제적인 이해관계로 묶인 인간 집단이다. 계급도 사람들로 구성되어 있으므로 각 개인의 편차는 있으나 서로 똑같은 처지에 있기에 행동의 양식이나 목표는 같다. 서로의 봉급 수준에 차이가 있다 하더라도 사장이 올해 임금 인상은 없다고 선언하면, 직원들은 너나 할 것 없이 똑같이 불만을 품는다. 직원들은 모두 임금을 받고 노동력을 파는 노동자라는 같은 계급에 속하기 때문이다.

그러나 루카치는 경제적인 이해관계가 같다고 해서 한 계급이 반드시 행동을 함께하지는 않는다고 말한다. 그에 따르면, 레닌이 말한 경제적 이해관계는 행동 통일의 필요조건일 뿐이다. 그럼 충분조건은 뭘까? 그것은 바로 계급의식이다.

인류 역사의 가장 특수한 단계, 자본주의

원시공동체 사회 이래 인류 역사에서 계급이 없었던 적은 없다. 고대 로마의 노예나 인도의 카스트, 중세 영주와 농노 등은 모두 계급이었다. 하지만 그것들은 자본주의의 계급과는 다르다. 자본주의 이전의 계급들은 경제적 이해관계에 따라 구분되는 집단이 아니었기 때문이다. 로마의 노예는 주로 대외 전쟁을 통해 얻은 전쟁 포로들이었으며, 인도의 카스트나 중세의 영주와 농노는 신분제의 산물이므로 경제적 구분보다는 정치적 구분이었다. 따라서 계급의 구성원들은 자신의 선택으로 그 계급에 속하게 된 것이 아니라 전쟁에서 사로잡히거나 출생 신분으로 인해 어쩔 수 없이 그 계급의 일원이 되었을 뿐이다.

하지만 자본주의는 다르다. 자본주의는 영주와 농노로 구성된 중세 봉건제를 붕괴시키면서 탄생한 사회제도다. 자본주의가 발전하려면 영주의 장원에 묶여 있는 농노들의 노동력이 필요했으며, 그러기 위해서는 무엇보다 봉건적 신분제가 철폐되어야 했다. 역사적으로 신분제를 무너뜨린 과정은 농민들을 토지에서 쫓아낸 인클로저 운동으로 시작해 자유와 평등, 민주주의를 이념으로 하는 프랑스혁명으로 완수되었다.

농민들은 자본주의에 의해 신분의 굴레에서 해방시켰다. 농민들은 자본주의로 인해 전통의 끈을 끊고 자유를 얻을 수 있었다. 게다가 중세를 벗어나면서 인간은 신에게서도 해방되어 인격적 주체를 얻었고, 세계의 주인이 될 수 있었다. 이렇게 인간에게 자본주의는 해방자이며 구세주였다.

겉으로만 보면 분명히 그렇다. 그런데 정작 따져보면 해방된 농민들의 처지는 나아진 게 없었다. 오히려 그들의 앞에는 큰 위험이 도사리고 있었다. 영주의 장원에서 풀려난(쫓겨난) 농노들이 갈 곳은 도시밖에 없었다. 도시에서 그들은 신분상으로는 자유로웠으나 당장 생계의 문제에 시달려야 했다. 영주의 그늘 아래 순종하면서 마음 편히 살았던 그들은 이제 모든 것을 자기 힘으로 해결해야 했다.

예나 지금이나 농촌에서는 그럭저럭 먹고사는 데는 별 지장이 없으나 돈을 만들기가 어렵다. 그러나 도시에서 살려면 돈이 있어야 한다. 돈을 만들려면 뭔가를 팔아야 한다. 그들이 팔 수 있는 것은 오로지 자신의 몸뚱이, 노동력뿐이다. 그래서 그들은 자본가에게 노동력을 팔고 임금을 받는 임금노동자가 되었으며, 노동계급을 이루었다.

그렇다면 노동자들은 자유로운가, 자유롭지 못한가? 그들은 스스로 원해서 노동계급이 된 것인가, 아니면 어쩔 수 없이 그렇게 된 것인가? 한 가지로 답할 수 없는 문제다. 이렇게 알쏭달쏭해진 이유는 그들이 얻은 자유가 이중적 자유였기 때문이다. 자본주의가 농민들에게 가져다준 자유는 신분으로부터의 자유(즉 정치적·법적 자유)와 더불어 토지로부터의 자유이기도 했다. 앞의 자유는 축복이지만, 뒤의 자유는 사실 경작할 토지를 잃었다는 것을 뜻한다. 따라서 농민들이 노동계급이 된 것은 스스로 원한 것(신분 해방)이기도 하고 원치 않은 것(생산수단으로부터의 분리)이기도 하다.

그렇기 때문에 루카치는 자본주의를 이전까지의 인류 역사에서는 유례를 찾아볼 수 없을 만큼 특수한 사회제도라고 말한다. 자본주의는 역사상 최초로 사회 전체를 경제적으로 통합한 제도다. 신분, 종교, 예술, 문화, 인간관계 등등 인간 사회의 모든 측면을, 화폐라는 단일한 매개체를 이용하는 단순한 관계로 만들었다. 이렇게 모든 것을 단순화시키는 자본주의는 계급마저 단순화시켜 단 두 가지의 계급으로 재편했다. 그것이 곧 부르주아지와 프롤레타리아트이다(둘만으로 단순화되었다는 점이 이미 계급 대립의 격화를 예고하고 있다).

자본주의를 탄생시키고 발전시킨 부르주아지는 자본주의적 사회제도들을 당연시한다. 그들은 갓 태어난 자본주의가 마치 그 이전부터 존재해왔고 앞으로도 영원히 존재할 것처럼 생각한다. 말하자면 그들은 자본주의를 일종의 자연법칙으로 인식하는 것이다. 자본주의는 입고 있는 옷처럼 아주 자연스러운 제도다. 계급 구분을 보는 관점에서도 부르주아지는 계급이란 없다고 말한다. 자본주의적 생산과정에 참여하는 사람들은 똑같은 사람들이지 계급으로 구분되는 집단이 아니라고 한다. 누구는 생산하기만 하고 누구는 소유하기만 하며, 누구는 생산수단이 없고 누구는 있는 게 아니라는 이야기다. 그러나 루카치는 바로 그것이 부르주아지의 계급의식이라고 말한다. 물론 부르주아지는 그것을 자신들의 계급의식이라고 인정하지 않지만.

역사적 총체성의 담지자

자본주의가 낳은 또 다른 계급, 프롤레타리아트의 생각은 정반대다. 그들은 부르주아지가 당연시하는 자본주의 제도 자체를 의문시한다. 루카치에 따르면, 이렇게 두 계급이 인식론적 편차를 보이는 이유는 따로 있다. 몰역사적인 부르주아지와는 달리 프롤레타리아트는 역사적 총체성을 인식할 수 있기 때문이다.

프롤레타리아트는 어떻게 부르주아지가 보지 못하는 것을 볼 수 있을까? 부르주아지보다 사고 능력이 뛰어나서일까? 물론 그건 아니다. 그럼 그들이 부르주아지의 지배를 받는 피지배계급이기 때문일까? 그것도 아니다. 프롤레타리아트는 자신의 경제적 토대를 분명하게 인식하고 있는 최초의 계급이기 때문이다. 역사적으로 피지배계급은 많았다. 그러나 그들은 모두 '어쩔 수 없이' 자신의 계급에 속하게 된 것이지만, 프롤레타리아트는 자본주의가 부여한 신분적·정치적·사상적 자유를 누리고 있는 계급이다. 비록 완전한 의미의 자유는 아니지만 그 자유는 프롤레타리아트를 인류 최초로 자신의 위치를 자각하는 계급으로 만들기에 충분한 힘이 있다.

부르주아지는 인류 역사를 고정불변의 역사로 간주한다. 이를테면 19세기 부르주아 역사가인 랑케는 역사적 상대주의의 입장을 노골적으로 표방한다. "모든 시대는 동등한 정도로 신에게 접근해 있다." 루카치에 따르면, 그런 관점에서는 사회제도의 기원을 찾을 수 없으며 찾는 것조차 무의미해진다. 역사는 그저 맹목적이고 무의식적인 힘의 비합리적 전개 과정이 될 뿐이다.

자본주의 이전의 역사는 확실히 그런 측면이 있었다. 그러나 인류 역사의 가장 특수한 단계, 자본주의에서는 문제가 다르다. 자본주의의 특징은 역사가 그런 무의식적인 과정에 머물지 않고 처음으로 역사에 의식이 개입할 수 있게 되었다는 점이다. 그가 말하는 의식이란 신이나 영웅과 같은 개별적인 의식이 아니라 계급의식이다. 루카치는 자본주의에서 처음으로 경제적·계급적 이해관계가 역사의 원동력이 되었다고 말한다. 그 계급적 이해관계와 계급의식을 일치시킨 존재가 바로 프롤레타리아트다.

부르주아지의 계급의식에서는 허구적인 개인의 자유와 개별성이 강조되지만, 프롤레타리아트는 역사적 총체성을 지니고 있다. 총체적 인식이란 전체를 단순한 부분들의 합으로 보지 않고 전체 자체로 볼 줄 아는 안목이다. 말하자면 숲을 숲으로 인식할 수 있는 능력을 가리킨다. 따라서 프롤레타리아트는 자본주의의 전체, 처음과 끝, 기원과 종말을 알고 있으며, 자신의 운명까지도 의식하고 있다. 자본주의는 결국 생산과정에서의 모순으로 붕괴할 것이며, 인류 사회의 그다음 단계는 무계급사회가 될 것이다. 무계급사회라면 당연히 프롤레타리아트도 존재하지 않는 사회다. 이렇게 프롤레타리아트는 장차 자신이 소멸하리라는 것까지 포함해서 모든 것을 역사적·총체적으로 사고할 수 있는 계급이다.

언뜻 보기에 루카치가 말하는 계급의식은 마르크스주의와 약간 거리를 둔 것처럼 보인다. 알다시피 마르크스주의의 뿌리는 유물론이 아니던가? 유물론에서는 의식을 물질의 반영으로 간주한다. 그렇다면 계급의식도 역시 경제적인 계급 이해관계의 반영이라고 봐야 하지 않을까? 그런 이유에서 레닌의 계급 정의에는 계급의식이 포함되지 않았다. 하지만 루카치에 따르면, 계급의식을 계급 이해관계로만 보는 태도는 자본주의 이전 시대의 계급 개념에만 해당할 뿐이다. 실제로 고대의 노예나 중세의 농노 같은 피지배계급들은 그들의 경제적 처지, 계급 이해관계를 그대로 반영하는 계급의식을 지니고 있었다. 그래서 그들에게는 계급의식을 말하는 게 무의미했다(스파르타쿠스나 임꺽정 같은 인물들은 신분 해방을 부르짖었으나 실은 그 이념을 실천하기보다 자신들의 처지를 개선하려 했을 뿐이다).

그러나 자본주의는 자신의 계급 이해관계를 총체적으로 인식하며 스스로 자본주의를 부정하려는 계급의식을 지니게 된 계급을 탄생시켰다. 그것이 곧 프롤레타리아트다. 프롤레타리아트에게는 계급의식이 계급 이해관계를 그대로 반영하는 게 아니라 오히려 그것을 넘어선다.

여기서 루카치는 무력을 예로 든다. 자본주의를 무너뜨리고 사회주의를 건설하는 혁명을 위해서는 불가피하게 무력이 필요하다. 하지만 무력은 손과 발의 역할에 불과하다. 무력을 적절하게 구사하고, 언제 어디에 무력을 사용할지를 판단하는 것은 두뇌다. 프롤레타리아 계급에게서 이 두뇌의 역할을 하는 것은 바로 계급의식이다.

버릴 수 없는 꿈

인간 사회와 역사는 자연과 달리 객관적인 것만이 아니다. 자연은 인간이 만들어낸 게 아니지만 인간 사회와 역사는 인간 실천의 산물이기 때문이다. 예를 들어 자본주의는 자연법칙에 따라 저절로 생겨난 게 아니라 인간이 의식적으로 만들어낸 제도이며, 사회주의 역시 마찬가지다. 자연의 변화는 맹목적이지만 역사의 변화는 목적의식적이다. 물론 특정한 개인이 의식적으로 자본주의나 사회주의 같은 제도를 만들어냈다는 뜻은 아니다. 하지만 인간 집단, 그것도 경제적 이해관계와 계급의식을 같이하는 계급이 없다면 그런 사회제도들은 탄생할 수도, 존재할 수도 없다.

따라서 사회와 역사를 이해하기 위해서는 자연을 이해하는 것과는 다른 태도가 필요하다. 자연을 이해할 때는 인간이라는 주체가 자연이라는 대상을 (객관적으로든 주관적으로든) 분리시킨 다음에 관찰하고 분석할 수 있지만, 사회와 역사를 이해할 때는 그러한 주관과 객관의 분리가 필요 없을 뿐 아니라 옳지도 않다. 사회적, 역사적 현실에서 주관과 객관은 근원적으로 통일되어 있다. 이것이 루카치가 말하는 총체성의 철학적 측면이다.

계급적 이해관계라는 객관적 조건과 계급의식이라는 주관적 요인을 한 몸에 구현하고 있는 프롤레타리아트는, 역사적으로 보면 자본주의를 붕괴시키고 사회주의를 실현할 수 있는 계급인 동시에, 철학적으로 보면 주관과 객관의 전통적인 이분법을 극복할 수 있는 계급이 된다. 말하자면 프롤레타리아트만이 지닐 수 있는 역사적 '특권'이라고 할 수 있다. 프롤레타리아트의 해방이 단순히 피지배계급만의 해방에만 그치지 않고 인류 전체의 해방을 가져오리라고 했던 마르크스의 견해는 바로 그것과 통한다. 그런 점에서 루카치는 일부의 오해와는 달리 '정통' 마르크스주의자다.

루카치의 사상에는 모종의 목적론적인 측면이 깊이 내재해 있다. 비록 루카치 자신은 명시적으로 밝히지 않았지만, 인간 해방이라는 이념을 궁극적인 목적으로 전제하지 않는다면 사실 그의 주장은 무의미해진다. 인간 해방을 지향하지 않는다면 계급의식이 무슨 소용이란 말인가? 물론 해방의 이념 자체가 나쁠 리는 없다. 문제는 거기서 유토피아의 냄새를 완전히 지울 수 없다는 점이다.

  인간은 역사를 의식적으로 개척해 나갈 수 있으며, 항상 현재보다 나은 사회제도를 창출할 수 있다. 듣기에는 얼마든지 반갑고 고마운 이야기지만 그런 논리의 최종 목적지는 대개 유토피아다. 토머스 모어가 만든 유토피아라는 말의 원래 어원은 ou(not)+topos(place), 곧 '존재하지 않는 곳 nowhere'이다. 그렇다면 루카치가 설정한 인류 역사의 종착역은 결국 존재하지 않는 걸까? 하지만 루카치만이 아니라 모든 거시적 이론, 거대 담론은 유토피아의 그늘에서 완전히 벗어나지 못한다. 그래도 유토피아의 꿈이 주는 그 근본적 낙관주의는 언제나 매력적이다.

죄르지 루카치 György Lukács, 1885~1971
헝가리의 철학자. 누구보다도 마르크스의 사상에 충실하고자 했으면서도 경직된 소비에트 관제 이데올로기로부터 비정통이라는 비난을 받았던 그는 철학과 정치, 사상과 실천을 통일하고자 한 근대적 사상가의 마지막 전형이었다.

다자인

형이상학의 막다른 골목

: 마르틴 하이데거

M a r t i n   H e i d e g g e r

투명 인간을 소재로 한 텔레비전 드라마가 있었다. 원작은 타임머신이나 우주 전쟁 등 지금 우리에게도 익숙한 SF 주제들을 처음으로 상상한 웰스의 과학소설이다. 다만 원작에서는 몸이 보이지 않는다는 게 주인공에게 불행한 일이었는데, 드라마에서는 행복한 경험으로 바뀌었다. 그도 그럴 것이, 드라마에서는 평생토록 투명 인간으로만 살아가는 게 아니라 일시적으로만 투명 인간이 될 수 있기 때문이다. 원하는 때에 남의 눈에 보이지 않도록 완벽하게 몸을 숨길 수 있었으니 그게 불행일 리가 없다. 사실 숨는다는 것은 매우 커다란 매력이다. 어릴 적 한여름 밤에 구멍가게가 불을 밝혀놓은 골목길에서 술래잡기를 하던 재미는 정말 짜릿했다. 밤이겠다, 지천에 어두컴컴한 구석들이 널린 골목 언저리겠다, 꼭꼭 숨는 쾌감을 마음껏 누릴 수 있었다. 하긴, 투명 인간을 부러워하는 게 어디

어린이들뿐이랴?

그런데 구체적으로 생각해보면 투명 인간은 허점이 많은 개념이다. 물론 과학적으로도 문제가 제기된 바 있다. 이를테면 온몸이 투명할 경우에는 수정체도 투명하므로 빛의 반사가 불가능해 투명 인간 자신도 남들을 볼 수 없게 된다는 지적이다. 하지만 굳이 과학적인 측면을 고려하지 않아도 투명 인간이란 애초에 불가능한 존재다. 무엇보다 투명한 범위가 불투명하다는 모순이 있기 때문이다.

대체 투명하다는 게 어디까지일까? 내가 투명 인간이라면 대체 내 몸의 어디까지 투명한 걸까? 손, 발, 머리는 물론 투명할 것이다. 그러나 머리카락이라면? 내 머리에 붙어 있는 동안에는 투명하겠지만 그렇지 않을 경우에는 문제가 된다. 가위로 잘라낸 내 머리카락도 투명할까? 이건 좀 이상하다. 또 있다. 내 몸속에는 피가 흐르고 있다. 소화액, 이자액, 림프액 등 각종 체액도 있다. 이것도 투명할까? 길바닥에 침을 뱉으면 그게 영원히 남의 눈에 보이지 않을까? 텔레비전에서는 투명 인간이 몸에 상처가 나서 피가 나오는 바람에 남의 눈에 발각되는데, 그런 일이 과연 가능할까? 내 몸속에 들어 있을 때는 투명하다가 밖으로 나오면 남의 눈에 보이는 피도 있을까?

이런 투명 인간의 모순은 바로 배경 때문에 생겨난다. 투명 인간 자체로만 본다면야 문제가 없을지 몰라도, 투명 인간 역시 세계 속에서 살아가고 있기에 문제가 된다. 투명 인간은 하나의 개체이면서 동시에 세계 속에 속해 있는 존재일 수밖에 없기 때문이다. 그 자신만 투명해질 수 있는 투명 인간은 성립할 수 없다. 그래서 하이데거는 투명 인간, 아니 인간을 '세계 속에 이미 있는 존재'라는 뜻으로 세계-내-존재라고 부른다.

실존하는 다자인

하이데거는 세계-내-존재를 가리켜 다자인Dasein이라는 용어로 표현한다. 현존재現存在로 번역되기도 하는데, 하이데거가 인간존재를 가리키는 말로 만들어낸 개념이다(독일어의 Sein은 '존재' 혹은 '존재함'이라는 뜻이고, da는 '거기' 혹은 '지금'이라는 뜻이다. 따라서 다자인의 영역어는 There-being이 된다). 인간이라는 멀쩡한 말을 두고 왜 굳이 그런 개념을 만들어 썼을까?

하이데거는 원래 독일어 특유의 '이어서 말 만들기'에 능한 사람이다. 예를 들어 그는 '목적'이나 '계획'이라고 말해도 좋을 곳에서 '무엇을 위함', '어디로 향함' 등과 같이 새로운 말을 만들어 사용한다. 물론 그가 자신의 조어造語 능력을 과시하기 위해서라거나 그냥 말버릇으로 그러는 것은 아니다. 수천 년에 걸친 철학의 역사에서 항상 단골 주인공으로 등장했던 인간을 가리켜 다자인이라는 새로운 말을 만들어 쓴 데에는 마땅한 이유가 있다.

바로 그전까지의 이름이 못마땅하기 때문이다. 하이데거는 그전까지 인간을 가리키는 데 쓰였던 인간이라는 이름이 너무 실체적이고 생물학적이라는 데 불만을 품는다. "나는 생각한다, 그러므로 나는 존재한다."라고 말한 데카르트 이래로 인간이란 어떤 실체처럼 단단하고 굳은 존재로만 여겨왔다(실제로 데카르트는 회의에 회의를 거듭한 끝에 최종 결론으로, 모든 것이 불확실하다 해도 회의하는 주체만은 확실하지 않느냐는 생각에서 주체를 확립한 것이므로 그 주체는 가장 단단한 것일 수밖에 없다).

하지만 하이데거가 볼 때 인간 주체는 그렇듯 확고히 고정된 실체가 아니다. 오히려 의식 주체는 무르고 무정형적인 것이다. 사실 뭔가 외부 대상을 인식해야 하는 주체가 단단한 실체라면 오히려 이상하다. 인간 주체는 고정된 모양이나 껍데기를 가지고 있지 않다. 마치 생쥐 제리를 쫓다가 프라이팬을 집어삼키면 얼굴이 프라이팬 모양으로 변하는 고양이 톰과 같다고나 할까? 이렇게 인간존재가 닫혀 있지 않고 열린 존재라는 뜻에서 하이데거는 다자인이라는 말을 쓰는 것이다(Dasein의 da는 '열려 있다'는 뜻도 된다).

인간은 답답하게 응고된 실체가 아니라 세계를 향해 열려 있는 창문과도 같은 존재다. 창문이라니까 그것 역시 하나의 실체가 아니냐고 생각할지 모르겠으나 그렇지는 않다. 창문은 세계를 의식할 수 있게 해주는 매개물의 역할일 따름이다. 게다가 인간존재는 언제나 바깥으로 열려 있는 창문 그 자체일 뿐 그 창문 뒤에서 세계를 관조하는 어떤 주체가 아니다. 다시 말해 인간은 창문 안의 방에 숨어 창문을 하나의 도구로 해서 바깥 세계를 보는 존재가 아니라 바로 그 창문 자체로 존재한다.

하이데거가 인간존재, 곧 다자인을 세계-내-존재라고 부른 것은 그 때문이다. 인간은 세계 속에 있으면서 세계와 끊임없이 관계를 맺는 방식으로 존재한다. 하지만 이렇게만 말하면 자칫 인간과 세계가 독립적으로 존재하면서 양자가 관계를 맺는다는 것으로 오해할 소지가 있다. 그렇다면 데카르트의 인간관과 새삼 다를 게 없다. 그래서 하이데거는 인간을 그냥 '세계 내 존재'라고 하지 않고 반드시 하이픈을 붙여 '세계-내-존재'라는 표현을 쓰는 것이다. 인간은 세계와 별도로 존재하면서 세계를 바라보거나 마주 보고 있는 존재가 아니라 세계 속에 언제나/이미 처해 있는 존재다.

세계와 뗄 수 없이 연관되어 존재할 수밖에 없는 다자인이 인간존재라면, 주관(인간)과 객관(세계)이라는 근대적 이원론은 해체되는 셈이다. 이미 후설에게서 주관과 객관의 단단한 분리는 상당히 흐물흐물해졌지만, 하이데거는 후설의 현상학에 남아 있는 선험적 자아, 반성적 주관, 이성적 주체의 개념조차 완전히 해체해버린다. 세계-내-존재로서 인간이 세계와 연관을 맺는 방식은 전통적인 주관과 객관이 만나는 방식도 아니며, 이성적이고 합리적인 방식도 아니다.

여기서 하이데거는 목수의 예를 들고 있다. 숙련된 목수가 망치질을 할 때 그는 망치나 못 등에 관해 주관과 객관의 관계로 접근하지도 않으며 이성적으로 사고하지도 않는다. 목수는 자연스럽게 망치질을 할 뿐 망치나 못에는 전혀 주의를 기울이지 않는다. 오히려 망치질을 하면서 '이번 수능시험에 우리 아들이 좋은 성적을 낼 수 있을까? 아무쪼록 좋은 대학에 가서 아비처럼 막노동이나 하는 신세가 되지 말아야 할 텐데.' 하고 생각할 뿐이다. 망치나 못에 새삼스럽게 시선을 집중하는 경우는 그것들이 고장이 나서 제 기능을 하지 못하는 사태가 발생할 때다. 그러나 그것은 비정상적이고 특별한 경우일 뿐 일반적인 것이라고 할 수 없다.

이렇듯 세계-내-존재는 세계에 대처하는 방식을 '이미' 이해하고 있으며, 그 이해는 이성과 반성을 통하지 않고 거의 무의식적으로 이루어진다. 하이데거는 이것을 존재 이해라고 부르는데, 여기서는 주관과 객관의 이원론에서 말하는 주관 같은 것을 찾아볼 수 없다. 주관을 찾기 이전에 이미 다자인은 세계 속에 들어가 있다(주관과 객관을 분리하기 전에 이미 의식 행위는 이루어지고 있다고 본 후설과 통한다. 그래서 하이데거의 방법론을 현상학적 존재론이라고도 말한다). 하이데거는 이렇게 다자인이 세계-내-존재로서 존재하는 방식을 '실존'이라고 부른다.

다자인의 이중성

초상화가는 인물을 그릴 때도 배경을 생략하지 않는다. 물론 초상화를 보면서 배경을 눈여겨보는 감상자는 많지 않겠지만 그래도 배경이 생략되면 인물의 사실감도 떨어진다는 점을 화가는 알고 있다. 앞서 말한 투명 인간은 세계 속에 존재하면서 세계를 무시했기 때문에 모순을 빚었다. 투명 인간의 개념이 성립하려면 그 딱딱한 개체성의 껍데기를 버리고 세계-내-존재로서 세계와 연관을 맺어야만 한다. 그런데 그러기 위해서는 온 세계를 투명하게 만들 수 있어야 하기 때문에 투명 인간은 성립할 수 없는 존재가 되는 것이다.

이렇게 인간은 세계 속에 존재하면서 세계에 대처하고 있는 특이한 존재다. 동물은 세계 속에 파묻혀 그 일원으로서만 존재할 뿐 세계를 마주 대하지는 않는다. 그러나 다자인이 존재하는 방식은 이중적이다. 다자인은 존재하면서도 그 자신의 존재를 문제 삼는 유일한 존재다.

그런 맥락에서 하이데거는 우선 존재와 존재자를 구분한다. 세계 속에 존재하는 것들, 이를테면 바위, 꽃, 새, 책상 등은 모두 존재자들이다. 물론 인간도 심리와 신체를 가진 존재인 한에서 존재자다. 그러나 인간은 다른 존재자들과는 달리 존재자이면서 존재이기도 하다. 인간은 다른 존재자들과 더불어 세계 내에 존재하면서 그것들을 해석하고 이름 붙이고 의미를 부여하는 독특한 존재다(바위와 구름 같은 무생물은 물론이고 나무와 풀 같은 식물, 나아가 사슴과 쥐 같은 동물도 인간처럼 이중적인 존재 방식을 취하지는 않는다).

하이데거는 존재를 초월이라고 말한다. 그러나 이때 초월이란 신과 같은 초월자처럼 존재한다든가 시간과 공간의 범주를 벗어나 존재한다는 뜻이 아니라, 존재자이면서 존재자의 신분을 벗어나 존재 자체를 묻는다는 뜻에서의 초월이다. 따라서 초월은 주관과 객관, 인간과 자연이 서로 분리되기 이전에 존재 자체의 가장 근원적인 존재 방식이다.

그렇다면 그다음 단계의 의문은 당연히 그 존재 자체의 존재 방식이란 무엇인가가 될 것이다. 하지만 인간은 그 물음에 쉽게 답할 수 없다.

하이데거는 존재 자체가 스스로 모습을 드러낸다고 말한다. 존재는 스스로 길을 트고, 스스로의 빛 속에 드러나고, 스스로 열어 보이고, '스스로 이미 나타나 있음'이다. 쉽지 않은 이야기다. 혹시 신비주의로 빠지는 건 아닐까? 하지만 그렇지는 않다. 다만 서양철학의 전통, 즉 형이상학에서는 존재를 기술할 방식도 언어도 없다는 뜻일 뿐이다. 그래서 하이데거는 횔덜린이나 릴케와 같은 시인들이 쓰는 시에서 대안을 찾는다.

"언어는 존재의 집이다. 인간은 언어라는 거처에서 거주한다. 사유하는 철학자와 시를 짓는 시인은 이 거처를 지키는 사람들이다. 그들이 언어를 통해 존재의 모습을 나타내고 언어 속에 보존하는 한에서, 존재는 자기 모습을 완전히 열어 보여준다."

존재는 "존재란 무엇인가?"라고 묻기 이전에 이미 스스로의 모습을 드러내 보이고 있다(마치 의식이 뭐냐고 묻기 전에 이미 의식 행위가 이루어지고 있는 것처럼). 사실 "존재란 무엇인가?"라는 물음은 두 가지 측면에서 잘못이다. 우선 앞서 니체의 경우에서 보았듯이 '~란 무엇인가?'라는 물음의 형식 속에는 이미 주관과 객관이 분리된다는 것을 전제로 하고 있다. 게다가 '~란 무엇인가?'라는 물음은 인식론적인 물음이기 때문에 존재에 관한 물음에는 적용되지 못한다. '~란 무엇인가?'의 물음이 가능하려면 '~'에 해당하는 것이 이미 존재하고 있어야만 한다. 따라서 "존재란 무엇인가?"라고 묻는다면 그것은 "존재란 존재하는가?"라는 물음처럼 존재의 존재를 전제하면서 존재를 묻는 엉뚱한 물음이 될 뿐이다.

사유, 탐구, 관찰, 분석 등 이성의 무기들은 모두 존재가 있어야만 제 기능을 할 수 있다. 거꾸로 말하면 그것들은 인식론의 영역에서만 화려하게 구사될 수 있을 뿐 존재의 존재 방식을 묻는 존재론의 입장에서는 영 효과가 없다. 존재하면서 존재를 묻는 특이한 물음에 대한 답은 서양 철학의 전통, 즉 기존의 형이상학에서는 찾을 수 없다. 그래서 하이데거는 형이상학의 극복을 시도한다.

형이상학과 무

'있다'는 말과 '없다'는 말은 언뜻 생각하면 그냥 서로 반대말 같지만 사실은 크게 다른 뜻이다. 우선 논리적 위상에서 차이가 있다. 뭔가가 없다는 말은 그 뭔가를 하나만 발견해도 모순을 빚는다. 하지만 뭔가가 있다는 말을 반증하기란 쉽지 않다. 그 뭔가가 없다는 것을 끝없이 증명해야 하기 때문이다. 귀신이나 UFO가 있다는 말이 쉽게 논박되지 않는 이유다(그러니 뭔가가 없다는 말은 함부로 하지 말도록 하자!).

하지만 '있다'는 말과 '없다'는 말은 하이데거의 철학과 관련해 더 중요한 차이를 가진다. '없다'는 말은 단지 '있다'를 부정하는 의미일 뿐이다. 그에 비해 '있다'는 말은 단지 존재한다는 뜻 외에 서술의 의미를 가진다. 예를 들어 "있는 것이 없다."라는 말은 성립하지 않지만, "없는 것이 있다."라는 말은 성립한다. 없는 것이 있다! 여기서 하이데거는 형이상학을 극복할 길을 찾는다.

존재자는 인식의 대상이나 학문적 탐구의 대상이 될 수 있지만, 존재는 그 자체로 대상화될 수 없다. 하이데거가 존재는 스스로 모습을 드러내는 것이라고 말한 이유는 그 때문이다. 비대상적인 존재, 그래서 하이데거는 존재를 무無라고 표현한다. 없는 것이 있다! 하지만 존재란 있는 것인데 어째서 무, 즉 없다는 것일까? 하지만 과연 무가 존재하지 않는 것일까? 그렇지는 않다. 앞서 '~란 무엇인가?'라는 물음이 성립하려면 '~'에 해당하는 것이 존재해야만 한다고 말했다. 그런데 우리는 "무란 무엇인가?"라는 물음을 할 수 있다. 이것은 이미 무의 존재를 전제하기 때문에 가능하다.

단순히 말장난을 하려는 게 아니다. 무란 분명히 존재한다. 논리에서만이 아니라 이따금 우리는 무를 현실적으로도 직면할 때가 있다. 하이데거는 불안의 경우에 순간적으로 우리가 무를 경험한다고 말한다. 일반적으로 불안이란 '~에 대한 불안' 혹은 '~ 때문의 불안'이라고 여긴다. 하지만 왠지 모를 불안도 있다. 사실 불안은 구체적인 대상이 없이도 느낄 수 있는 감정이다. 불안의 순간에 일체의 사물과 우리 자신은 일종의 무관심 속에 잠겨버린다. 존재자 일반이 우리에게서 물러나면서 우리가 의지할 것이 아무것도 없는 순간이 바로 불안이다. 하이데거는 "존재자 일반이 미끄러져 달아나면서 우리는 불안 속에 떠 있다."라고 말한다. 이 불안이 무를 드러낸다.

무를 직면하기 위해서는 상당한 용기가 필요하다. 마치 불안 속에서 평생을 살아갈 수는 없듯이, 무를 경험하면서 내내 살아갈 수는 없다. 그렇게 살아야 한다면 정신이 돌아버릴 것이다. 마치 해를 똑바로 쳐다볼 수 없듯이 무를 정면으로 쳐다볼 수는 없다. 그래서 우리는 일상생활에서 무를 잊고 사는 순간이 훨씬 많다. 그러나 그것은 사실 우리가 무를 잊는 게 아니라 무가 자신의 근원성을 위장해서 보이지 않도록 하는 것일 뿐이다(목수의 망치질에서 망치와 못이 숨어 있는 것과 같다). 그래서 우리는 일상생활에서 존재, 즉 무가 아니라 존재자들과 주로 관계하면서 살아가는 것이다. 하지만 설사 일상생활에서는 대부분 잊고 지낸다 해도 무는 존재한다. 존재하면서 존재자들의 존재를 가능하게 한다.

"오직 무가 다자인의 근거 속에서 드러나 있기 때문에 존재자의 대단히 괴이한 성격이 우리를 엄습해온다. 오직 존재자의 괴이한 성격이 우리를 압박해올 때에만 존재자는 경이를 불러일으키며, 또 경이의 대상이 된다. 오직 경이, 즉 무의 열려 있음의 근거 위에서만 '왜?'라는 물음이 일어난다. 오직 '왜?'라는 물음 자체만 가능하기 때문에 우리는 근거에 관해 물을 수 있으며, 또 근거를 줄 수 있다. 오직 우리가 물을 수 있고 근거를 줄 수 있기 때문에 우리의 실존은 탐구자의 운명을 간직하고 있다."

그 자체로 난해한 시처럼 알쏭달쏭하지만, 이 이야기는 무에서부터 실존에 이르는 물음의 연쇄 고리를 말해주고 있다. 결론은 이렇다. 인간존재, 다자인으로서 우리는 숙명적으로 존재와 존재자를 물을 수밖에 없지만 불행히도 그 근원에는 오직 물음의 형식만 가능하게 하고 답은 없는 무가 놓여 있다. 이것은 명백히 인식의 한계이며 인간의 숙명이다.

서양의 형이상학적 전통에서는 무를 설명하거나 서술할 방식이 없다. 하지만 서양의 형이상학적 전통에서도 '왜?'라는 물음, '~란 무엇인가?'

라는 물음은 가능하다. 말할 수 없는 것에 대한 물음이 가능하다는 것, 바로 그것이 가장 근원적인 모순이다. 우리는 여기서 다시, 말할 수 없는 것을 말해야 하는 총체적 난국에 처하게 된다. 말할 수 없는 것을 장차 (새로운 언어를 창조한다든가 해서) 말할 수 있게 될 것인가, 아니면 앞으로도 영원히 말할 수 없을 것인가에 따라 하이데거가 시도한 형이상학의 극복이 진짜 극복인지, 아니면 형이상학의 종말인지가 결정될 것이다.

마르틴 하이데거 Martin Heidegger, 1889~1976
독일의 철학자. 후설의 현상학을 이어받아 현상학적 존재론이라는 독특한 철학적 관점을 발전시켰다. 인식론의 극복으로 존재론을, 형이상학의 극복으로 언어를 내세운 그는 현상학과 실존주의 계열뿐 아니라 탈현대 사상의 조류에도 결정적인 영향을 끼쳤으며, 아직도 그의 사상은 완전히 연구되지 못하고 있다.

언어 게임

말할 수 없는 것은 말하지 마라

: 루트비히 비트겐슈타인

LudwigWittgenstein

삶이란 무엇일까? 인간은 어디서 와서 어디로 갈까? 나 아닌 다른 사람들은 내게 어떤 의미와 관련을 가질까? 누구에게나 통하는 객관적인 도덕이 정말 존재할까? 진정한 행복이란 있는 걸까? 궁극의 아름다움은 무엇일까?

흔히 말하는 '철학적 질문'의 대표적인 예들이다. 인생, 인간, 도덕, 행복, 아름다움 등 중요하고 본질적인 주제를 말하는 듯싶으면서도 누구나 얼마든지 제기할 수 있는 물음들이기에 다소 진부해 보이기도 한다. 실제로 전통 철학은 이런 물음들에 답하기 위해 노력해왔다. 누구에게나 통하는 '객관적인' 정답은 아무도 내지 못했고 앞으로도 그럴 가능성이 상당히 있지만, 철학자들은 각각 나름대로의 해답을 발견했고 또 계속 발견해가고 있다. 그래서 우리의 '철학적 상식'에 따르면 그런 질문들에 답하는 게 철학의 과제라고 되어 있다.

하지만 그런 질문들에 답을 구하려 하지 않는 철학자들도 있다. 이들은 심지어 그런 것들은 철학적인 질문이 될 수 없다고까지 말한다. 주로 논리실증주의 또는 분석철학 계열의 철학자들이다. 인간과 삶의 문제를 해명하려는 것은 전통적인 철학의 주제가 아닌가? 이런 진지한 노력이 철학적 가치가 없다고 일축할 정도라면 뭔가 믿는 구석이 있을 터이다.

과연 그 철학자들이 추구하는 철학에서는 그런 주제들을 전혀 다루지 않고 있다. 왜 그들은 철학적 전통에서 최대, 최고의 주제가 되는 그 질문들을 버렸을까? 그리고 그런 그들의 입장은 철학적으로 어떻게 정당화될 수 있을까? 그들은 뭔가를 포기한 걸까, 아니면 뭔가를 새로이 개척한 걸까? 그들이 선구자로 여기고 추종하며 그런 철학의 정점에 있는 비트겐슈타인은 바로 이런 함축적인 말을 남겼다.

"말할 수 있는 것은 명료하게 말하라. 그러나 말할 수 없는 것에 관해서는 침묵을 지켜야 한다."

어찌 보면 지극히 당연한 것 같은 이 말은 대체 무슨 뜻일까?

언어는 세계의 그림

비트겐슈타인의 그 말에 동의하든 않든 간에, 그에 따르면 먼저 해결해야 할 게 있다. 그것은 말할 수 있는 것과 말할 수 없는 것을 어떻게 구분하느냐 하는 문제다. 비트겐슈타인은 그 구분이 언어에 내재해 있다고 믿었다. 그래서 그의 철학적 작업에서 최대의 주제는 바로 언어가 된다.

비트겐슈타인은 30년 간격을 두고 출판된 두 권의 철학 저서(《논리철학논고》와 《철학적 탐구》인데, 뒤의 책은 그의 사후에 제자들이 강의 노트를 정리해 출간했다)에서 서로 상당히 다른 두 가지 언어관을 제시하고 있다. 심지어 전기의 입장과 후기의 입장은 상충하는 면이 많다.

한 철학자의 사상을 시기별로 구분하는 것은, 비록 그를 더 잘 이해하기 위한 의도에서 그랬다고 해도 그 사상가의 일관성을 의문시할 수 있다는 점에서 자칫 결례가 될 수도 있다. 하지만 비트겐슈타인은 자신이 직접 전기의 입장을 부인하고 후기에 다른 입장을 밝혔으므로 전기와 후기라는 말을 서슴없이 써도 좋겠다.

전기에 그는 언어를 실재 세계에 대한 그림으로 보았다. 여기서 그림이라는 말은 두 가지 의미를 지니고 있다. 하나는 마치 화가의 붓과 같이 언어는 세계를 그림처럼 그려낼 수 있다는 의미다. 다른 하나는 우리가 사용하는 언어 자체가 실재 세계와 그림처럼 닮은 구조로 되어 있다는 의미다.

언어로 세계의 그림을 그릴 수 있다니? 그럴듯하기도 하고 알쏭달쏭하기도 한 이야기다. 한자와 같이 애초부터 그림과 관련된 상형문자를 연상한다면 그럴듯한 이야기가 된다. 예컨대 '조鳥'는 새의 모습에서 나온 글자이고 '천川'은 시냇물의 흐름에서 나온 글자다. 그런데 상형문자가 아니라면 복잡해진다. 우리말의 '새'와 영어의 'bird', 우리말의 시냇물과 영어의 'creek'는 실제 새나 시냇물의 모습과 아무런 관계도 없지 않은가? 그래서 앞서 소쉬르는 기표와 기의가 자의적이라고 말한 바 있었다.

그러나 언어로 세계의 그림을 그린다는 말은 사실 상형문자 여부와는 관계가 없는 이야기다. 왜냐하면 비트겐슈타인은 세계를 사물들로 보고 있지 않기 때문이다. "세계는 사물들의 총체가 아니라 사실들의 총체다." 이것이 그의 견해다. 따라서 세계의 그림을 생각할 때 새나 시냇물 같은 사물을 연상할 필요는 없다. 그렇다면 비트겐슈타인이 그림이라고 말하는 언어는 낱말이 아니라 문장을 가리킨다는 것을 알 수 있다. 그는 새나 시냇물이라는 사물이 아니라 "새가 난다.", "시냇물이 흐른다." 등의 '사실'을 세계로 보고 이것을 언어가 그림으로 그려낼 수 있다고 말한 것이다.

논리실증주의의 얼굴마담 격인 러셀의 제자이자 동료였던 비트겐슈타인은 그의 논리 원자론을 받아들여 모든 명제를 요소명제로 분할할 수 있다고 말한다. 마치 원자가 물질을 이루듯이, 요소명제는 명제를 구성하는 궁극적인 요소다. 원자의 성질이 물질의 성질을 정하듯이, 요소명제가 참이냐, 거짓이냐에 따라 그 명제가 세계에 대한 올바른 그림이냐, 그릇된 그림이냐가 정해진다. 이를 판단하기 위해 그는 오늘날 고등학교 수학 교과서에 나오는 것과 같은 T(true)와 F(false)로 이루어진 진리표를 고안한다(그런 점에서 그는 수학 시간을 좀 더 지루하게 만든 사람이다).

비트겐슈타인은 우리가 매일 사용하는 일상 언어가 세계에 대한 충실한 그림이 되지 못할뿐더러 참된 논리적 구조를 은폐하고 있기 때문에 혼돈이 빚어지는 것이라고 생각한다. 오직 진리 함수적 논리 구조를 갖춘 이상理想 언어만이 세계를 참되게 기술할 수 있다. 여기에 가장 가까운 언어는 자연과학의 언어다. 이런 그의 입장에서 본다면, 우리가 맨 앞에 제기했던 전통 철학의 질문들은 당연히 무의미한 것이 될 수밖에 없다. 삶과 죽음, 삶의 목적과 방향 따위의 말들은 세계의 사실들을 그리지 못하기 때문이다.

그렇다면 그가 말하는 철학이란 무엇인가? 철학은 일상 언어의 한계를 극복하고 이상적인 언어를 만들어내야 한다. 그렇게 된다면 그런 무의미한 문제들은 저절로 사라질 것이다.

비트겐슈타인이 이렇게 과감한 주장을 펼칠 수 있었던 전제는 언어가 실재 세계의 모습을 제대로 담고 있다고 보는 데 있다. 그는 언어를 인간 정신의 구체적이고도 객관적인 표현이라고 여기며, 언어와 세계는 동형 구조라고 본다. 즉 언어와 세계 사이에는 자명한 대응 관계가 성립한다는 것이다.

그의 말을 빌리면 이렇다. "언어의 유일한 기능은 어떤 대상을 지시 혹은 서술하는 데 있으며, 따라서 한 언어의 의미는 그것이 지시하는 대상과 일치한다." 소쉬르가 들었더라면 마땅히 열 받았을 이야기겠지만, 이런 입장은 상당한 장점이 있다. 실재의 세계를 보지 않고 언어 구조만 살펴보더라도 세계를 이해할 수 있기 때문이다. 언어는 세계를 있는 그대로 보여주는 그림이니까.

어쨌든 아주 쉽고 명쾌하다. 이렇게 철학의 본질과 임무를 확실하게 밝혔으므로 그는 더 이상 철학 연구를 계속할 필요가 없었다. 그래서 그는 무협지에 등장하는 고독한 자객처럼 철학계에 한 권의 무공비급을 던져놓고 홀연히 자취를 감춘다.

의미를 묻지 말고 사용을 물어라

비트겐슈타인의 은둔은 한 세대나 지속되었으나 그는 결국 다시 철학계로 컴백할 수밖에 없었다. 그동안 오스트리아에서 초등학교 교사로 일하면서 좋아하는 클라리넷을 연주할 때가 그에게는 아마 가장 행복한 시절이었을지도 모른다.

그가 컴백한 것은 자신의 철학에 문제가 있음을 스스로 느꼈기 때문이다. 아닌 게 아니라 그의 언어관에는 단절이라고 말할 수 있을 정도의 커다란 변화가 있었다. 소쉬르의 언어학을 공부한 사람이라면, 그가 자신의 입장을 수정하게 된 계기가 혹시 언어와 세계의 자명한 대응 관계에 의문을 품었기 때문이 아닌가 하고 생각할지도 모르겠다. 앞서 보았듯이 구조언어학에서는 언어와 세계 간에 대응 관계가 없고 오로지 차이에 의한 자의적이고 우연적인 관계만 있을 뿐이라고 말하기 때문이다. 하지만 비트겐슈타인의 언어는 낱말이 아니라 '문장'이며 그의 세계는 사물이 아니라 '사실'임을 상기한다면, 그런 문제 때문이 아니었음을 쉽게 알 수 있을 것이다.

완벽하다고 믿었던 전기의 언어관에서 비트겐슈타인이 문제를 느끼게 된 계기는 공교롭게도 그가 크게 잘못되어 있다고 믿었던 일상 언어에서 나왔다. 예컨대 "개가 달린다.", "책상 다리는 넷이다." 등의 언어는 분명히 어떤 사실을 지칭하고 있다. 이런 경우에 언어는 확실히 세계의 그림이 될 수 있다. 하지만 "하늘은 푸르다."처럼 색깔을 형용하는 언어는 어떨까? 이것은 어떤 사실을 가리키는 게 아니다. 그뿐 아니라 생활 속에서 흔히 하는 말들인 "밥 먹어라.", "엄마, 나 죽네." 같은 것들은 특별히 나타내는 사실이 없는데도 버젓이 사용되고 있다. 언어가 나타내는 사실(세계)이 없다면 언어가 세계의 그림이 될 수는 없는 노릇이다. 그래서 비트겐슈타인은 자신의 입장을 근본적으로 수정할 필요를 느낀다.

이제 비트겐슈타인은 생각을 바꿔야 했다. 언어는 세계의 그림이 아니며, 언어의 구조와 세계의 구조는 닮은꼴이 아니다. 우선 그는 전기의 입장에서처럼 엄격한 논리적 사유의 틀만을 통해 언어를 보았던 것은 잘못이라고 자기비판한다. 형이상학적 선입견으로 물든 색안경을 벗어던지고 언어를 있는 그대로 보자. 그렇다면 '있는 그대로의 언어'란 뭘까? 그것은 바로 일상생활 속에서 구체적으로 사용되고 있는 언어다. 이렇게 비트겐슈타인은 자신의 철학적 관심을 전기의 이상적 언어에서 일상 언어로 '추락'시키면서 발전시킨다.

일상 언어에서는 똑같은 언어가 한 가지 이상의 의미를 지니는 경우가 많으므로 일관된 논리적 규칙을 적용하기가 대단히 어렵다. 예를 들어 사막에서 오아시스를 발견하고 "물이다!" 하고 외치는 것과 홍수를 피해 달아나는 사람이 "물이다!" 하고 외치는 것이 서로 같은 뜻일 수는 없다. "그래, 너 똑똑해서 좋겠다!"라는 말을 "내가 정말 똑똑한가 보구나." 하고 고맙게 받아들일 사람은 거의 없을 것이다.

그렇다면 언어의 의미는 그 언어 자체에만 있는 게 아니다. 그보다는 언어가 어떤 맥락에서 사용되는가, 즉 언어의 쓰임새가 더 중요하다. 말하자면 텍스트보다 콘텍스트가 더 중요하다는 이야기다. 언어의 의미를 안다는 것은 곧 언어의 용법을 안다는 것이다. 비트겐슈타인은 그 점을 '놀이'에 비유해 언어 게임이라는 개념을 만든다.

게임이라는 말을 썼다고 해서 비트겐슈타인이 언어를 말장난과 같은 유희에 비유한 게 아니냐고 오해할 필요는 없다. 그는 단지 규칙을 말하고 있을 뿐이다. 게임에는 규칙이 있다. 바둑 게임, 카드 게임, 축구 게임, 기마전 게임 등은 각각 다른 규칙이 있으며, 그 속에서 쓰는 언어의 용법도 다르다. 그러므로 언어를 안다는 것은 곧 그런 규칙과 용법을 안다는 것이다. 그래서 그는 "언어에 관해서 알려거든 의미를 묻지 말고 사용을 물어라."라고 말한다.

언어에는 본질이나 정의 같은 게 있을 수 없다. 아무리 좋은 국어사전이 있다 해도, 또 아무리 뛰어난 슈퍼컴퓨터가 있다 해도 언어가 실제로 사용되는 무수한 맥락과 용법, 모든 경우의 수를 포괄할 수는 없다. 게다가 언어는 무한히 확장될 수 있으므로 모든 언어의 사용을 한꺼번에 묶을 수 있는 단일한 본질 따위는 존재하지 않는다.

언어의 용법을 아무리 많이 긁어모은다 해도 하나의 정의를 만들 수는 없다. 귀납과 연역 사이에는 넘을 수 없는 선이 있다. "무수히 많은 종류의 게임을 모두 고려해본다 해도 모든 게임이 공통적으로 가지고 있는 것, 즉 '게임 일반'과 같은 단일한 본질은 존재하지 않는다. 다만 서로 엇갈리면서 겹치기도 하는 일련의 유사성은 찾을 수 있다. 그것은 가족 유사성이다."

언어에는 본질이란 없고 다만 가족 유사성만 있을 뿐이다. 확실하고 고정된 정의란 없고 얼추 비슷한 종류만 있다. 이것이야말로 언어에 관해 뭔가 연역적인 정의를 내리고자 하는 전통적인 철학과 언어학의 노력을 거들기는커녕 거기에 찬물을 끼얹은 발언이 아닐 수 없다. 이제 사전 같은 것은 필요 없어졌다.

'침묵'의 의미

비트겐슈타인은 그림에서 게임으로의 극적 전환을 보여주면서 전기에 자신이 취했던 입장을 대부분 폐기 처분하고 있다. 한 사람의 사상이 그렇듯 극적으로 반전하는 것은 결코 흔하지 않은 일이다. 대부분의 사람들이 때로는 억지까지 동원해가면서 자신의 일관성을 강조하려 애쓰는 데 비하면, 그의 자기부정은 대단히 용기 있는 처신이기도 하다. 그러나 비트겐슈타인이 용기라는 미덕을 위해 그렇게 행동한 것은 아닐뿐더러, 그에게 혹시 일관성이 없다고 비난한다면 그것은 가당치도 않은 이야기다.

적어도 우리가 맨 앞에 제시했던 전통 철학의 문제들에 관해서 비트겐슈타인은 일관적인 입장을 견지하고 있다. "말할 수 있는 것은 명료하게 말하라. 그러나 말할 수 없는 것에 관해서는 침묵을 지켜야 한다." 이것이 변하지 않은 그의 생각이다. 물론 전통 철학의 문제들은 '말할 수 없는 것'에 속한다. 다만 그 의미는 달라졌다. 전기에서는 그런 문제들이 세계의 한계를 넘어서 있는 형식을 취한다는 점에서 무의미하다고 말했지만, 후기에서는 그런 문제들을 제기하는 것 자체가 현 시대의 언어 용법 때문이라고 말한다. 즉 우리 시대의 문화와 생활양식이 그런 잘못된 물음을 제기할 만큼 병들어 있다는 점을 보여준다는 것이다.

하지만 여전히 의문은 남는다. 혹시 그는 정답을 찾을 수 없다는 이유 때문에 전통 철학의 문제들을 포기한 것은 아닐까? 그리고 그런 그의 태도 역시 실체적이고 명료한 답을 요구하는 '언어 용법'에 자신도 모르게 매몰되어 있었기 때문은 아닐까?

어쩌면 철학에서 정작으로 중요한 것은 반드시 올바른 정답보다 해답,

즉 필요한 설명인지도 모른다(진리는 없어도 괜찮지만 진리라고 믿을 수 있는 것은 필요하니까). 혹은 답 자체보다 답을 찾는 과정이 더 중요한 것인지도 모른다. 비트겐슈타인은 처음부터 지적 혼란을 거부하는 성향을 강하게 지니고 있었던 탓에 명쾌하지 않은 문제를 회피했을지 모르지만, 단순명쾌한 게 반드시 옳고 좋기만 한 것은 아니다(단순화를 추구하다가 양자역학에 한 방 먹은 아인슈타인의 실패가 그 점을 잘 보여준다).

비트겐슈타인은 커다란 난제를 해결했으나 그에 못지않게 커다란 난제를 우리에게 남겼다. 그러나 그에게 우리 몫의 의문들에까지 답을 요구하는 것은 온당치 못한 태도다.

전형적인 천재형 철학자였던 비트겐슈타인은 생활에서도 과연 천재답게 괴팍한 모습을 보였다. 스승인 러셀마저도 자신의 철학을 오해하고 있다고 비난할 정도로 독불장군이었던 반면, 첫 번째 저서로 철학계의 스타가 되었음에도 불구하고 모든 것을 다 버리고 초등학교 교사로 은거할 정도로 올곧은 사람이었다. 원래 이런 사람은 주변의 영향을 잘 받지 않는 법이다. 그러나 그렇다고 해서 '시대적 조류'라는 무의식적인 영향마저 그가 받지 않았다고 볼 수는 없다.

앞서 비트겐슈타인은 구조언어학과 관계가 없다고 했지만, 그의 궤도 수정은 구조언어학이 제기하는 문제의식과 유사한 점이 있다. 전기의 입장에서 그는 언어가 세계의 그림이며 반영이라는 것을 전제로 삼았다. 이는 곧 실재 세계의 구조가 언어의 구조를 결정한다는 뜻이다. 하지만 후기의 입장에서는 정반대가 된다. 언어 구조가 실재 세계에 관한 인간의 사고방식을 결정한다는 것이다.

언어가 모든 인식의 대상과 방법을 규정하고 있으므로 인간은 언어를 떠나서 세계를 사유할 수 없다. 언어가 사유에 선행한다는 것, 언어와 그 지칭 대상이 서로 무관하다는 것이야말로 구조언어학의 전매특허가 아니던가? 은둔자처럼 살아간 비트겐슈타인의 경우에도 사상의 '동시대성'을 엿볼 수 있다는 점이 흥미롭다.

루트비히 비트겐슈타인 Ludwig Wittgenstein, 1889~1951
오스트리아의 철학자. 단 두 권의 철학서로 서양철학계에 커다란 파문을 던진 그는 일찍이 칸트처럼 칩거와 은거 생활 속에서 철학을 한 '차가운' 철학자다. 그러나 일상생활의 언어실천을 테마로 하는 그의 후기 언어관은 그의 계승자를 자처하는 메마른 논리실증주의와 달리 '뜨거운' 것이었다.

헤게모니
혁명은 영원한 진행 중

: 안토니오 그람시

Antonio Gramsci

시험지옥이라는 말이 있듯이 우리 사회에서 인생은 시험의 연속이다. 우선 생각만 해도 지긋지긋한 대학 입시가 있다. 어찌 보면 초등학교 때부터 고등학교를 마칠 때까지 12년간은 오로지 대학 입시 하나만을 향해 달려온 길일지도 모른다. 더구나 시험은 학교에만 있는 게 아니다. 아버지가 준비하는 승진 시험, 형이 준비하는 취직 시험, 누나가 준비하는 유학 시험, 심지어 어머니가 준비하는 운전면허 시험까지 인생에서 시험은 도무지 끝이 없다.

시험이란 문제를 내고 답을 구하는 형식을 취한다. 그런데 알고 보면 답은 이미 문제 속에 주어져 있는 경우가 많다. 그렇게 보면 시험은 골치 아픈 것이기는 해도 생각만큼 어려운 것은 아니다.

객관식 문제야 보기들 가운데 틀림없이 답이 있으므로 따질 필요도 없지만, 주관식도 마찬가지다. 예를 들어 "국가 주도형 산업화 전략이란 무엇인가?"라는 문제가 나왔다면 '국가 주도형 산업화 전략'이라는 개념 속에 답이 이미 들어 있다. 사실 개념이나 이름은 그것이 지시하는 특정한 내용의 요약에 불과하다. 예컨대 자본주의는 자본주의적 내용을 요약하는 개념이며, 장동건은 장동건이라는 사람을 요약하는 이름이다. 그렇다면 주관식 문제도 별로 고급하다고 볼 수는 없다. 가장 짧은 요약(개념)을 말해주고 그 내용을 길게 풀어쓰라는 문제나 다름없으니까.

수학 방정식은 그 점을 잘 보여준다. 알다시피 $5+7=12$라는 간단한 방정식은 좌우 항이 같음을 나타낸다. 즉 $5+7$이라는 문제의 답은 12이다. 그런데 이 12라는 답은 $5+7$이라는 문제 속에 이미 지시되어 있다. 결국 그게 그거라는 이야기다. 답이 있는 모든 문제는 아무리 어렵다 해도 그게 그거다. 그게 그거가 아니려면 뭔가 새것이 도출되어야 하는데, 시험은 연구나 탐구가 아니므로 새것을 낳을 수 없다.

그래서 시험을 준비하는 방식으로 이루어지는 교육은 아무것도 생산하지 못한다. 주어진 답을 발견하는 능력은 배양해줄지 몰라도 새로운 것을 찾아내는 창의성의 측면에서는 완전히 무용하다. 우리 사회의 교육이 가진 근본적인 결함이다. 어떤 미국 대통령은 우리 사회의 교육열을 현상만 보고 부러워하기도 했지만 그건 내막을 잘 모르는 무지의 소치다.

시험은 법칙적인 앎과 연관된다. 많은 응시자들을 변별하려면 항상 '정답'이 필요하기 때문이다. 사회를 변혁하려는 이론과 사상도 법칙적으로 이해하면 정수를 파악하지 못한다. 예를 들어, 짧은 분량에 역사적 유물론의 기본 명제를 충실히 요약하고 있는 마르크스의 《정치경제학 비판 요강》의 서문에는 언뜻 기계적이고 법칙적으로 느껴지는 구절이 나온다.

"어느 사회질서가 붕괴하려면, 그 내부에서 발전할 여지가 있는 모든 생산력이 다 발전해야만 한다. 또한 새롭고 더 고도한 생산관계가 생겨나려면, 그 물질적 존재 조건이 낡은 사회 자체의 태내에서 충분히 성숙해야만 한다. 그러므로 인류는 항상 자신이 해결할 수 있는 과제만을 설정하고 있는 것이다. 문제를 자세히 들여다보면, 과제 자체는 항상 그것의 해결을 위한 물질적 조건이 이미 존재하거나 적어도 형성 과정에 있을 때만 나타난다는 것을 알 수 있기 때문이다."

이 구절은 경제적 사회구성체가 늘 자연사적 발전 과정을 거친다고 말한 마르크스의 지론으로서 역사 발전의 법칙성을 강조하고 있다. 그런데 이 법칙성을 도식적으로 이해하면 어떤 사회 다음에는 어떤 사회가 올 수밖에 없다는 식의 역사적 결정론에 빠지고 만다. 냉전 시대에 천박한 반공주의에서 사회주의와 공산주의 이론을 조잡하게 비판하려 할 때 흔히 마르크스의 이론에서 결정론과 기계론의 측면을 강조하곤 했다. 마르크스를 '시험 준비 방식'으로 공부하면 그렇게 보일 수밖에 없다. 이런 함정을 피하기 위해 그람시는 헤게모니의 개념을 도입했다.

시민사회의 역사적 두께

1917년 러시아에서 사회주의혁명이 성공했다는 소식은 전 세계 사회주의자들에게 더 없는 낭보였다. 제국주의의 가장 약한 고리인 러시아에서도 혁명이 성공했다면 이제 곧 선진 자본주의국가, 즉 제국주의의 심장부에서도 혁명의 불길이 일어나리라. 그리고 그 혁명은 자본주의를 종식시키고 인간에 의한 인간의 착취가 근절되는 사회주의사회를 가져다주리라. 그들은 이렇게 믿었다. 인류 최초의 사회주의국가가 탄생한 이상, 이제 마르크스가 말한 '과제의 해결을 위한 물질적 조건'이 존재하게 된 것이다. 역사적 유물론의 법칙이 드디어 현실에서 관철되었다.

그런데 그게 아니었다. 혁명에 성공한 신생국 소련은 경제난에 허덕일 뿐 좀처럼 사회주의국가의 위용을 보여주지 못했다. 더욱이 레닌이 죽고 스탈린이 집권한 소련은 정치적으로 오히려 과거의 끔찍했던 차르 제정이 부활한 것 같은 암울하고 무자비한 독재 체제로 들어섰다. 유럽을 배회하고 있는 것은 공산주의라는 유령이 아니라 스탈린 독재라는 망령이었다.

더 큰 문제는 선진 자본주의국가들이었다. 고리가 끊어진 이상, 제국주의라는 튼튼한 사슬도 끊어지거나 적어도 눈에 띄게 녹슬어야만 했다. 그런데 제국주의는 오히려 힘이 세어지고 있었다. 제1차 세계대전을 제국주의 전쟁으로 규정한 유럽 각국의 사회주의자들은 이 전쟁으로 말미암아 제국주의는 치유되지 못할 커다란 상처를 입으리라고 예상했다. 어차피 제국주의 열강 간의 패싸움이므로 누가 이겨도 결과는 마찬가지일 것이라고 생각했다. 엎친 데 덮친 격으로 전쟁의 와중에 러시아에서 사회주의혁명까지 성공했으니 이제 제국주의에게는 사망 선고를 내릴 일만 남았다.

그런데 그 엄청난 전쟁을 치르고서도, 제국주의는 자본주의의 최후 단계라고 규정한 레닌을 비웃기라도 하듯이 오히려 전보다 더 풍요를 누렸다. 1929년 미국에서 경제 대공황이 시작되기 이전까지 자본주의는 언제 전쟁이 있었느냐는 듯 번영 일로를 걸었다(알고 보면 경제 대공황도 자본주의가 몰락한 결과가 아니라 번영의 결과로 일어난 사건이다).

도대체 어떻게 된 일일까? 그제야 사회주의자들은 처음부터 다시 고민하기 시작했다. 마르크스는 물질적 조건이 낡은 사회에서 충분히 성숙되어야만 새로운 사회질서가 생겨날 수 있다고 말했다. 그렇다면 적어도 두 가지 문제점이 발생한다. 첫째, 제국주의의 변방인 러시아에서 사회주의혁명이 일어났는데도 제국주의 심장부에서 혁명이 일어나지 않는 이유는 뭘까? 둘째, 그렇다면 러시아에서 사회주의혁명이 성공한 이유는 뭘까?

그람시는 이 두 가지 문제를 하나의 요인으로 해결한다. 즉 러시아와 선진 자본주의국가는 전혀 다른 조건을 가지고 있었다는 것이다. 그리고 그 조건이란 경제적인 것이 아니다. 러시아에는 없지만 서구에는 있는 조건이 있다. 그것은 바로 시민사회의 전통이다.

'시민'이라는 계급이 역사적으로 존재하지 않았던 우리의 입장에서는 시민사회의 개념을 제대로 이해하기가 어렵다(정치 연설에서 흔히 듣는 '국민 여러분'이라는 말을 서양에서는 '시민 여러분'이라고 한다. 우리의 경우 시민이라면 도시의 거주자를 연상하지만 서양에서는 일반 국민이라는 뜻이다). 역시 시민이 발달하지 않았던 러시아의 경우도 마찬가지다. 하지만 서유럽의 역사에서는 절대주의의 시대를 거치면서 시민계급이 발달했으며, 이들은 유럽 각국의 정치 체제를 공화정으로 변모시키는 데 결정적인 주역을 담당했고, 오늘날까지 계속 증가하고 발달해 두터운 인구 층을 이루었다.

시민사회와 대비되는 것은 국가라는 개념이다. 국가가 엔진이라면 시민사회는 브레이크다. 국가는 지배하고 시민사회는 견제한다. 이렇게 서유럽의 근세사는 시민사회와 국가가 서로 타협 속에서 긴장과 조화를 이루면서 전개되어온 역사다. 시민사회의 층이 두텁고 전통이 강하기 때문에 서유럽에서는 혁명 전의 러시아와 같은 혹독한 전제 체제를 수백 년 전에 일찌감치 끝낼 수 있었으며, 노동계급의 혁명적 폭발성을 체제 내로 받아들이고 순화시킬 수 있었던 것이다. 그 반대로 시민사회의 전통이 부재한 러시아에서는 국가의 전제적 지배가 여과 없이 국민들에게 전해졌다. 사회주의혁명이 진정한 사회혁명이 아니라 위로부터의 정치혁명이라는 형태를 취하게 된 것도 그 때문이다.

헤게모니와 혁명

마르크스주의에 따르면, 국가는 폭력적인 지배 기구다. 국가란 자본계급이 자신들의 이해관계를 관철시키는 도구이며, 심하게 말하면 자본계급의 결정을 정책으로 실행하는 집행위원회에 불과하다. 그러나 서유럽의 역사에서 시민사회가 맡아온 역할을 중시한 그람시는 국가를 그렇게만 보지 않았다. 그에 따르면, 국가는 외곽 참호일 뿐이고 그 배후에는 시민사회라는 강력한 요새와 진지가 버티고 있다는 것이다. 평소에는 잘 드러나지 않지만 국가가 위기에 처할 경우에는 시민사회의 견고한 구조가 밖으로 나와 그 위기를 극복한다. 이처럼 국가와 시민사회는 대립하기만 하는 게 아니라 서로 보완적인 역할을 하기도 한다.

국가와 시민사회의 관계가 그렇다면, 국가의 지배 방식도 일방적이고 폭력적인 형태만을 취할 수는 없다. 적어도 시민사회의 동의를 얻어내지 못한다면 국가는 시민사회의 지지를 받을 수 없게 되기 때문이다. 따라서 국가는 최소한도의 사회적 합의를 이끌어낼 수 있어야만 한다.

여기서 그람시는 헤게모니라는 개념을 도입한다. 국가는 물론 자본계급의 이해를 관철시키는 도구이지만 일방적이고 폭력적으로 지배하는 게 아니라 헤게모니를 이용한 한층 세련된 방식으로 지배한다. 헤게모니 역시 기본적으로는 '지배'라는 뜻이지만 물리적 폭력이나 강제력을 통한 지배와는 다르다.

헤게모니는 피지배자의 동의 또는 합의에 기반을 두는 지배이며, 그람시에 따르면 지적·도덕적 지배라는 측면을 포함하고 있다. 물론 그렇다고 해서 헤게모니가 국가의 물리력을 아예 이용하지 않는다는 뜻은 아니다. 헤게모니란 폭력을 통한 단순무식한 지배와 더불어 지적·도덕적 지배가 함께 얽힌 지배 방식을 가리킨다.

언뜻 보기에 헤게모니적 지배는 나름대로 도덕적인 측면을 포함하므로 마치 지배계급이 피지배계급에게 시혜를 베푸는 것처럼 여겨지기도 한다. 하지만 결코 그렇지 않다. 지배계급이 자신의 이해관계만을 피지배계급에게 일방적으로 강요한다면 오히려 피지배계급을 완벽하게 지배할 수 없다. 그래서 지배계급은 자신의 이익을 어느 정도 희생하고 양보하면서 피지배계급과 적당한 선에서 타협과 협상을 이루면서 지배한다. 그럼으로써 피지배계급의 혁명을 예방하는 것이다.

서유럽에서 자본주의와 더불어 민주주의가 발전할 수 있었던 이유는 바로 서유럽 국가들이 그러한 헤게모니적 지배 체제를 구축한 데 있다. 원래 자본주의의 원리는 생산수단을 장악한 소수가 부를 축적하는 데 있으므로 민주주의와는 양립하기 어렵다. 그러나 헤게모니를 통해 지배함으로써 생산의 사회적 성격과 소유의 사적 성격이라는 자본주의의 근본 모순은 한층 완화된다. 그람시는 이러한 자본주의의 자기 방어력도 일종의 혁명이라고 간주하고, 그것을 자본주의의 '소극적 혁명'이라고 부른다.

지배계급이 그렇듯 세련된 지배의 양식을 취한다면 그 지배에서 벗어나려는 노력도 마찬가지로 달라져야 할 것이다. 그래서 그람시는 헤게모니의 개념을 국가나 지배계급만이 아니라 혁명 세력에도 적용해야 한다고 말한다. 지배계급의 지배 전략이 거칠고 단순하기만 한 것이 아니라 세련되고 복합적인 것이라면 그에 대응하는 혁명 전략 역시 그렇게 구사해야 한다.

볼셰비키식의 과격하고 급진적인 정치혁명이나 폭력혁명은 이제 가능하지 않다. 혁명은 화끈한 게 결코 아니다. 혁명은 일순간에 전 사회를 파국으로 몰아넣고 새 사회를 우지끈뚝딱 건설하는 과정이 아니라 매우 느리고 완만하고 끈끈하게 이루어지는 과정이다. 그람시가 혁명을 기동전이 아닌 진지전이라고 말한 이유는 그 때문이다.

그렇다면 혁명의 전개 과정에서도 헤게모니는 중요할 것이다. 혁명이 진행되고 있을 때는 지배계급의 헤게모니에 대응하는 대항 헤게모니가 필요하다. 진지전은 단기전이 아니라 장기전이다. 초반에 승부를 보는 단기전은 물리력이 우세한 것만으로도 승리할 수 있지만, 오래 버텨야 하는 장기전이라면 물리력보다는 아군의 정신 무장이 더 중요할 터이다. 그래서 그람시는 혁명 세력에 대한 이념 교육과 정치 교육을 주장한다. 그리고 그 교육을 담당할 교사가 바로 지식인(인텔리겐치아)이다.

과정으로서의 혁명

일찍이 마르크스는 미래의 공산주의사회에 대해 이렇게 묘사한 적이 있다. "공산주의사회에서는 아무도 독점적인 활동 영역을 갖지 않는다. 모든 사람은 자신이 원하는 어느 분야에서라도 자신을 훈련시킬 수 있고, 사회가 생산을 전반적으로 규제함으로써 오늘은 이 일을, 내일은 다른 일을 할 수 있게 되고, 아침에 사냥하고, 오후에 고기 잡으러 가며, 저녁에는 가축을 돌보고, 저녁식사 후에는 비판에 몰두할 수 있게 된다. 나는 사냥꾼이나 어부, 목자나 평론가와 같은 전문인이 되지 않고도 원하는 일을 할 수 있게 된다."

감동적이면서도 다분히 감상적인 이야기다. 그러나 공산주의든 뭐든 간에 인류에게 그런 미래가 과연 올까? 마르크스는 그냥 유토피아를 그려본 데 불과한 게 아닐까? 적어도 마르크스가 한 그 이야기는 혁명 자체를 묘사한 게 아님은 분명하다. 그는 공산주의사회의 제도와 특징을 상세히 서술하기보다 공산주의사회에서의 생활을 대단히 추상적인 차원에서 그려내고 있기 때문이다. 그렇다면 마르크스는 혁명을 고정된 목표로 여기기보다는 뭔가 그 이후의 유토피아로 향하는 중간 과정으로 이해했다고 할 수 있다.

그런 점에서는 그람시의 혁명도 마찬가지다. 마르크스의 혁명이 감상적이라면 그람시의 혁명은 어찌 보면 공허하다. 혁명은 장기전이므로 가장 중요한 것은 대중의 의식을 전환시키는 이데올로기 투쟁이 된다. 단기적인 혁명 전략의 시대는 러시아혁명이 처음이자 마지막이었다. 혁명은 폭발적인 게 아니라 서서히 진행되는 과정이다.

조급하면 그르친다. 20세기 초 최초의 사회주의혁명으로 기세 좋게 탄생한 현실 사회주의 체제가 불과 한 세기도 버티지 못하고 20세기 말에 붕괴한 데는 혁명의 첫 단추부터 단기전의 양상으로 시작했던 탓도 있을 것이다. 그런데 문제는 장기전이라면 어디까지냐는 점이다. 도대체 혁명은 언제 완성되는 걸까? 만약 완성이 있다면 그때까지는 오로지 이념 무장만 충실히 해야 하는 걸까?

그람시는 그 물음에 대한 답을 준비하지 않았으나 어떤 대답을 했을지는 충분히 추측할 수 있다. 그는 마르크스처럼 혁명 이후의 사회를 추상적으로 꿈꾸지 않았으며, 레닌 같으면 혁명의 준비 과정이라고 할 만한 것을 혁명 자체라고 보았다. 그래서 그의 혁명은 목적을 가정하지 않는 '과정으로서의 혁명'이라고 할 수 있다. 특정한 미래 사회의 모습을 염두에 두지 않고 오늘의 문제를 꾸준히 해결해 나가는 과정 자체가 바로 그람시가 말하는 혁명이다. 그러니 얼마나 장구한 과정이겠는가?

여기서 다시 맨 앞에 인용한 마르크스의 이야기를 되풀이해보자. "어느 사회질서가 붕괴하려면, 그 내부에서 발전할 여지가 있는 모든 생산력이 다 발전해야만 한다. 또한 새롭고 더 고도한 생산관계가 생겨나려면, 그 물질적 존재 조건이 낡은 사회 자체의 태내에서 충분히 성숙해야만 한다."

마르크스가 역사의 법칙성을 강조한 이 구절을 레닌식으로 해석하면 급진적인 정치혁명의 정당성을 도출할 수도 있겠지만, 그람시의 방식으로 해석하면 훨씬 더 기나긴 기다림이 필요해진다. 그래서 그람시는 법칙으로부터 벗어난 혁명, 목적을 배제한 과정으로서의 혁명, 내일을 생각하기 이전에 오늘을 살아가는 혁명을 구상한 것이다.

그렇다면 레닌과 그람시, 둘 중 누가 더 마르크스를 충실히 계승한 혁명론을 말했을까?

안토니오 그람시 Antonio Gramsci, 1891~1937
이탈리아의 철학자이자 사회학자. 이탈리아의 사회주의 운동을 주도하고 이탈리아 공산당을 창건한 그는 짧은 생애의 대부분을 감옥에서 보내며 집필 활동을 했다. 루카치와 비슷하게 그 역시 가장 정통적인 마르크스주의자였으면서도 이단 취급을 받았다.

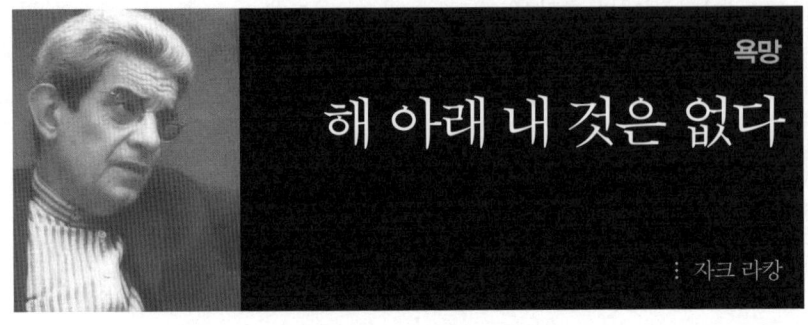

욕망
해 아래 내 것은 없다
: 자크 라캉

Jacques Lacan

고집이 센 사람들이 주위의 충고를 거부할 때 흔히 하는 말이 있다.
"나는 내가 가장 잘 알아."

내 일은 내가 알아서 할 테니 다른 사람은 상관하지 말라는 의사를 에둘러 밝힌 것이지만, 실상은 매우 오만한 태도라서 듣는 사람이 기분 나쁠 수도 있다. 그러나 딱히 꼬집을 만한 이야기는 아닌 듯싶다. 자기만큼 자기를 잘 아는 사람은 또 없을 테니까.

그런데 엄밀히 파고들면 그 말이 과연 사실인지 의문이다. 내가 나를 가장 잘 안다는 말의 배후에는 인식 주체(주어 '나')와 인식 대상(목적어 '나')이 확연히 분리될 수 있다는 확고한 믿음이 깔려 있다. 이럴 때 쓰기 편리한 영어를 도입해 그 말을 분석하면, 나를 주어인 'I'와 목적어인 'me'로 나눈 상태에서, 'I가 me를 가장 잘 알고 있다'는 뜻이 된다.

하지만 그렇게 나를 둘로 편리하게 나누었다가 합쳤다가 하는 것은 의식의 영역에서나 가능한 일이다. 무의식을 포함시키면 사정은 크게 달라진다. 내가 아는 나는 '의식된 나'일 뿐이다. 앞의 이야기에서 'I'와 'me'는 모두 의식에 속하는 나다. 그러나 그 밖의 나, 의식되지 않는 나, 즉 무의식의 나는 나 자신도 알기 어렵다.

만약 나라는 인간에게서 의식이 차지하는 부분이 실은 빙산의 일각에 불과하다면 어떨까? 앞서 프로이트의 경우에 보았듯이 의식의 수면 아래에 의식보다 훨씬 커다란 무의식의 빙산이 도사리고 있다면? 만약 의식보다 무의식이 훨씬 더 중요할 뿐 아니라 본래의 나에 더 가깝다면, 내가 나를 가장 잘 안다는 말은 틀린 이야기가 될 것이다. 예를 들어 라캉 같은 사람은 나의 주인은 내가 아니라 다른 사람들이라고 보는데, 이런 관점에서라면 감히 내가 나를 가장 잘 안다는 말 따위는 할 수 없을 터이다.

"프로이트로 돌아가자"

무의식을 발견한 사람은 정신분석학의 아버지로 불리는 프로이트였다(사실 애초에 없었던 것을 새삼스레 찾아낸 것은 아니므로 발견이라기보다는 명명이라고 해야겠지만). 무의식의 발견은 의식의 자명성에 기초한 데카르트의 근대적 인간관을 근본적으로 회의할 수 있는 기초를 만들었다는 점에서 사상의 일대 혁명이었다. 그런데 앞에서 보았듯이, 의식이 아닌 다른 곳에 인간 행위의 진정한 기초가 있음을 밝히려 했던 프로이트가 처음에 기댄 학문은 의학과 물리학이었다.

　프로이트를 이어받은 라캉의 정신분석학은 일단 프로이트에게로 돌아가는 것을 모토로 삼고 있다. 그러나 프로이트와 달리 라캉은 소쉬르에게서 배운 언어학이라는 새로운 무기를 가지고 정신분석을 시도한다. 이렇게 언어학과 정신분석학을 결합시킴으로써 그는 욕망 이론을 단지 개인의 성격과 인성을 분석하는 것에서 더 나아가 사회적·문화적 의미를 가지는 것으로 폭을 넓힌다.

　"무의식은 언어처럼 구조화되어 있다." 이것이 라캉의 기본 모토다. 앞서 프로이트는 무의식이 결코 우연적이나 비체계적이지 않고 나름대로의 체계성을 갖추고 있다고 말한 바 있다. 라캉은 거기서 한 걸음 더 나아가 언어와 무의식의 구조가 같다고 말한다. 그의 말은 언어활동이 무의식의 조건을 이루며, 거꾸로 인간의 언어활동이 없다면 무의식도 존재할 수 없다는 뜻이다(라캉이 말하는 언어란 한국어, 영어, 중국어 등과 같은 구체적인 언어를 가리키는 게 아니라 그것들을 포함하는 총체적인 언어, 즉 인간이 세계를 인식하는 수단 전체를 뜻한다. 단지 외국어의 경우라면 굳이 무의식을 끄집어낼 필요가 없겠지만, 인간과 세계 사이에 매개체로 존재하는 언어를 말하는 것이므로 무의식을 언급하지 않을 수 없는 것이다).

　인간과 세계를 이어주는 것은 언어 이외에 욕망도 있다. 그런데 라캉은 욕망 역시 언어처럼 무의식의 하나라고 본다. 물론 이것도 프로이트의 견해에서 차용한 것이다. 그러나 프로이트가 말하는 욕망은 주로 성욕과 연결되어 있다. 프로이트의 정신분석학은 주로 환자 개인에게만 초점이 맞춰져 있을 뿐 다른 연관 고리들은 고려하지 않는 경향이 있다. 라캉은 여기에 언어학을 도입함으로써 욕망의 의미를 사회적 상징체계나 문화, 제도 등과 연관 짓는다. 다시 말해 라캉은 프로이트의 의학적 혹은 개인 심리학적 욕망 이론을 언어학과 결합해 사회철학적인 의미로 확장하려는 것이다. 따라서 "프로이트로 돌아가자."라는 라캉의 선언은 단순히 프로이트로 회귀하자는 뜻이 아니다.

제왕에서 노예로

서양에서는 거울이 깨지면 재수 없다는 미신이 널리 퍼져 있다. 동양에 비해 유난히 시각적 효과에 대한 집착이 강한 서양 문화에서는 거울이 그만큼 중요하며 때로는 신화적인 역할도 한다. 백설 공주가 불행을 겪게 되는 일도 거울에서 시작하며, 중세 설화에 등장하는 마녀의 주 무기도 빗자루라는 교통수단과 수정 구슬이라는 일종의 거울이다. 그런데 라캉은 거울을 깨는 재수 없는 일을 성장의 첫 단계라고 본다.

갓난아기는 거울의 단계에 속한다. 라캉은 거울을 통해 갓난아기가 어떻게 자신의 자아를 형성하고 주체를 구성하는지를 보여준다.

생후 6~18개월까지의 유아는 거울 앞에서 자기 모습을 보고 대단히 즐거워한다. 그런데 아기는 아직 말을 배우지 못했기에 언어활동의 세계 속에 들어오지는 않은 상태다. 언어활동은 타인과의 관계에서만 성립하므로 이 거울 단계의 아기는 언어를 매개로 타인과 자신의 관계를 맺지 못한다. 그래서 아기는 거울에 비친 자기 모습이 바로 자기라고 확신하지 못한다.

라캉은 이 거울 단계를 세 가지 과정으로 나눈다. 이것은 아기의 인식이 발달해가는 세 가지 단계이기도 하다.

(1) 처음에 아기는 거울에 비친 자신의 영상을 실재적 존재라고 여긴다. 뿐만 아니라 아기는 거울 속의 존재가 자신과는 다른 존재라고 생각한다.

(2) 다음에 아기는 거울에 비친 존재가 실재하는 게 아니라 하나의 영상(허상)임을 깨닫게 된다. 그래서 아기는 거울을 밀치거나 그 뒤쪽으로 가서 진짜 실물을 찾으려 한다. 그러나 물론 거울 뒤에는 아무것도 없음을 알게 된다.

(3) 결국 아기는 거울에 비친 영상이 바로 자기 자신의 반영이라는 것을 깨닫는다.

마치 동물 실험에 나오는 침팬지로 취급하는 것 같아서 아기에게는 미안한 일이지만, 아기는 사실 이와 같은 과정을 거치면서 주체의 동일성을 확립하는 것이다. 거울 앞에서 나타나는 이러한 아기의 행동 양식은 아기가 다른 아기를 앞에 두었을 때도 일어난다. 사실 아기에게 다른 아기란 거울에 비친 자신의 영상이나 다름없는 존재이기 때문이다.

아기는 비슷한 또래의 다른 아기 앞에서 그 아기를 물끄러미 바라보다가 거울 앞에서와 같은 제스처를 취한다. 그래서 거울을 밀치듯이 그 아기를 밀어 넘어뜨린다. 물론 넘어진 아기는 울음을 터뜨리겠지만 흥미로운 것은 밀친 아기도 운다는 사실이다. 아기는 다른 아기가 넘어진 것을 보고 마치 자기가 넘어진 것처럼 생각하는 것이다. 아기와 타인 간에 일종의 전이적 혼동이 일어난 결과다. 그런 단계를 라캉은 '이자二者 관계'라 부르는데, 이것이 바로 상상계다.

이 시기에 아기가 가지게 되는 자아의식은 거울 속에 박힌, 즉 주체의 바깥에 있는 객관화된 자기 신체의 통일적 영상에 지나지 않는다. 인간은 원래 언어활동을 통해 타인과의 관계 속에서 자기 주체의 올바른 기능을 정립하는 존재다. 그러므로 그 아기와 같이 말을 하지 못하는 존재가 '자기 동일성'을 갖는다는 것은 타인과의 관계 속에서 스스로를 객관화시키기 이전의 상태다. 그래서 거울 단계는, 비록 자기 신체의 통일성을 지각하며 자기 동일성을 이해하는 단계이기는 하지만, 타인이 배제된 상태의 자기 동일성이므로 기본적으로 나르시시즘의 성격을 지닐 수밖에 없다.

이때의 아기는 자기 자신 이외에 다른 것을 보지 못하며, 자신이나 자신의 영상 또는 자기 어머니와의 동일성의 관계가 세상의 전부라고 여기는 '환상'을 가지고 있다. 그러므로 이것은 '이자 관계'이자 '상상적 단계'가 된다. 이때의 아기는 다른 아기를 볼 때도, 거울 속의 자기 모습을 볼 때도, 심지어 자기 어머니를 볼 때도 자기만을 인식한다. 유아독존唯我獨尊이 아니라 유아독존乳兒獨存이라 할까?

인간이 이자 관계에서만 살고 있다면 사회란 성립할 수 없을 것이다. 이자 관계란 바꿔 말하면 자신 이외의 모든 것을 동일하게 보는 것을 가리킨다. 이 세상에 존재하는 것은 오로지 아我와 피아彼我, 즉 자기 자신과 '기타 등등'밖에 없는데, 그 기타 등등이라는 게 한 가지 색깔뿐이니 유아독존일 수밖에 없다. 유아 특유의 고집스러운 행동 방식도 여기서 비롯된다(실상 그렇게 평생을 살아가는 '어른'도 주변에서 흔히 볼 수 있다. 바깥세상에 대해서는 눈을 감고 철저하게 이기적인 이자 관계로만 사는 사람들이다).

아기처럼 살면 마음 편하겠다 싶겠지만 실은 그렇게 살기가 더 어렵다. 인간은 누구나 일정한 나이가 되면, 원하든 원치 않든 바깥 세계로 뛰어들 수밖에 없게 된다. 바야흐로 사회생활의 시작이다. 사회생활을 수행해 나가기 위해서는 우선 이자 관계를 극복해야 한다. 그전까지 어린 시절의 삶을 지배했던 이자 관계와 상상은 이제 삼자 관계와 상징에 자리를 양보해야만 한다.

사회적인 인간 개체의 성장은 상상의 질서가 아닌 상징의 질서 속에 스스로 참여함으로써 가능하다. 거울만 보고 살 수 있었던 때는 지났다. 여기서는 타인과의 삼자 관계에서만 자신의 정당한 정체성을 확보할 수 있다. 아기 시절에는 이자 관계만으로도 자신의 주체 형성이 가능했지만, 거기서 벗어나 사회에 참여하고 있는데도 계속 이자 관계를 고집한다면 정신병자 취급을 받거나 자칫하면 범죄자로 전락하게 될 수도 있다. 자기 자신에만 집착하는 자폐증이 바로 그런 정신 질환이며, 상대방의 의사와 무관하게 내가 사랑한다는 이유만으로 상대방을 줄기차게 따라다니는 스토커가 바로 그런 범죄자다.

이자 관계를 졸업한 아이는 상징 질서로 진학하게 된다. 그것은 언어로 이루어지는 질서다. 거울 단계를 벗어난 아기가 자라서 언어를 배우게 되면, 이제부터는 그 이전에 거울과 싸우면서 만들었던 자신의 주체를 언어 세계 속에서 다시 새롭게 만들어야만 한다. 그런데 상황이 과거와는 달라졌다는 게 문제다.

거울 단계에서는 뭐든지 자기 마음대로 해도 좋았다. 거울을 깨면서 자신의 존재를 깨달은 아기는 자기 이외의 모든 것을 동일한 색깔로 칠하고, 자기가 만든 나르시시즘 속에서 제왕처럼 살았다. 그러나 언어의 세계에 뛰어들면 그럴 수 없게 된다. 우선 언어라는 것 자체가 자신이 만든 게 아니라 이미 주어져 있는 것이다.

따라서 이 단계의 주체 형성은 과거에 마음껏 누렸던 자유로운 선택과는 거리가 멀다. 우선 출발부터 순조롭지 않다. 아기에서 벗어난 인간은 자신의 의지와 무관하게 '누구의 아들(딸)'이라는 관계에 복속될 수밖에 없으며, 역시 자신의 의지와 무관하게 주어진 신분과 이름을 내세우면서 상징 세계에 첫발을 내딛는다. 그는 일차적으로 가정과 사회가 포괄하고 있는 문화적 기표가 만든 존재다. 따라서 그는 그 기표를 거부할 수 없다. 게다가 이후 수십 년간 그는 가정과 학교에서 교육을 통해 언어와 각종 지식을 거의 강제로 배워야만 한다. 거울을 깬 이래로 아기는 자신의 의지와 무관한 타인들이 만들어놓은 '기존'의 세계 속에서 평생을 살아가야 하는 것이다. 이제 두 번 다시 아기 시절과 같은 제왕의 지위는 누릴 수 없다. 설사 부와 권력을 향유하는 실제의 제왕 같은 입장에 있더라도 그 점은 마찬가지다.

그런 점에서 인간은 언어의 원인이라기보다 언어의 결과다. 즉 인간은 언어의 질서를 능동적으로 만들어내지 못하며, 오히려 언어의 질서가 인간을 인간으로 형성시키는 것이다. 바로 여기서 라캉은 생각하는 주체의 자명성에서 출발하는 근대적 인간관과 확실하게 결별한다.

언어가 인간을 만드는 과정을 구체적으로 보자. 우선 부모는 아기의 이름을 부르기 시작한다. 그와 동시에 아기는 자기 자신을 삼인칭 고유명사와 대명사로 객관화하고 주위의 타인들이 자기를 '아무개의 아들(딸), 동생, 친구' 등의 신분으로 호칭하는 데 적응하게 된다. 그런데 이때 '언표하는 주체(스스로 생각하는 자신의 주체)'와 '언표된 주체(다른 사람들이 불러주는 주체)' 사이에는 심각한 불일치가 생겨난다. 앞의 것은 스스로의 상상적 관계에서 비롯된 주체이고 뒤의 것은 타인이 붙인 상징적 관계에서 비롯된 주체이므로 괴리가 생겨나는 것은 당연하다(이것이 곧 앞에서 말한 I와 me의 분열이다).

라캉은 모든 도덕의 기본이 바로 이 '틈'에서 생겨난다고 본다. 도덕적 주체(즉 사회의 규범을 인식하고 그에 따르는 주체)란 애초에 내 의지와 무관하게 '언표된 주체'로부터 비롯된 것이다. 따라서 그것은 타인들이 내게 부여한 사회적 역할과 기능에 불과하다. 만약 스스로를 자유롭다고 믿는다면 그것은 자신을 결정하는 원인에 대해 그 자신이 명확히 의식하지 못하기 때문이다. 다시 말해 자유란 환상에 불과하다는 이야기다.

역설적으로 표현해서 도덕은 주체가 타인과의 상징적 관계 때문에 자아를 억압한 대가로 주어지는 것이다. 이 억압은 '원억압原抑壓'이며 근원적인 '자기소외'다. 따라서 욕구불만이 없을 수 없다. 도덕과 상징이 있는 곳에 욕구불만은 숙명적이고 필연적이다. 이렇게 해서 도덕—원억압—자기소외—욕구불만—부정으로 이루어지는 하나의 진술적 연쇄가 생겨나는 것이다.

내 욕망은 내 것이 아니다

이자 관계에서 삼자 관계로 들어서는 입구에서 맨 처음 만나게 되는 인물은 바로 아버지다. 아버지는 삼자 관계를 가능케 하는 최초의, 그리고 가장 중요한 존재다. 이때의 아버지는 실제의 아버지일 뿐 아니라 법과 제도, 규범의 총체를 가리킨다.

아기는 '아버지의 이름'(아버지, 제도, 규범, 언표된 자신의 정체성 등등)을 통해 자신의 성욕과 리비도를 모종의 규범에 복속시켜야 한다는 의무를 알게 된다. 이것이 바로 프로이트가 말한 오이디푸스콤플렉스의 참 의미다. 그러므로 이 의무는 인간화의 첫걸음이면서도 동시에 필연적으로 억압과 욕구불만을 동반할 수밖에 없다.

오이디푸스콤플렉스를 지니기 전의 아기는 어머니와의 이자 관계에서 무의식적으로 자신이 어머니의 모든 것이 되기를 원한다. 아기는 무의식적으로 '어머니의 결핍'을 보충하는 존재이고자 한다. 어머니에게 결핍되어 있는 것은 뭘까? 그것은 바로 남근^{phallus}이다. 이때의 남근이란 생물학적인 남성의 성기라기보다 남성의 기표나 상징을 뜻한다. 어머니의 결핍은 이 남근이며 따라서 남근은 동시에 어머니의 욕망이기도 하다. 정신분석학에서 욕망이란 언제나 '결핍된 것에 대한 욕망'이기 때문이다.

아기는 어머니의 욕망을 만족시켜주기 위해 스스로 이 욕망의 대상인 남근에 자신을 동일화시킨다. 이 과정을 통해 아기는 자신을 타인(어머니)의 욕망에 종속시킴으로써 하나의 독립적 주체라기보다는 오히려 욕망의 대상이자 연장으로 존재하기를 바라게 된다. 다시 말해 "나의 욕망은 내가 동일화하고 싶은 타인이 나에게 바라는 것에 대한 욕망"이 되는 것이다. 이자 관계에서도 이럴진대 삼자 관계에서는 말할 것도 없다. 결국 내 욕망은 내 것이 아니다.

내 욕망조차 내 것이 아니라니? 믿지 못할 일이지만 라캉에 따르면 그렇다. 라캉은 "언어활동에서 우리가 전해 듣는 내용은 타자로부터 온다."라고 분명히 말한다. 모든 인간의 욕망은 타자의 욕망이라는 논리다. 의식의 차원에서는 내가 스스로의 의지에 따라 자발적으로 욕망하고 있는 듯 보이지만, 실상 알고 보면 그것은 허상일 뿐이다. 무의식의 측면에서 보면 나의 진술은 타자의 진술에 의해 구성된다. 내용과 형식이 모두 그렇다. 나는 나 이전에 이미 존재하고 있던 언어 구조(이를테면 문법)를 무의식적으로 사용해 이야기하며, 타자의 욕망에 의해 내 욕망의 내용을 구성한다. 해 아래 내 것이란 없다.

그런 점에서 '타자'란 내 욕망이 겨냥하는 대상이라기보다 오히려 주체의 무의식이 스스로 말하고 있는 장소다. 라캉은 이렇게 말한다. "자아는 자기 집의 주인이 아니다. 욕망은 욕망의 욕망이며 타자의 욕망이다." 이 욕망^{desire}은 갈증이나 배고픔과 같은 '욕구^{need}'와 구별되며, 욕망에 대한 의식 작용의 표현인 '요구^{demand}'와도 다르다. 욕구는 바깥의 억압적인 관계에서부터 온다는 점에서, 그리고 요구는 사회적으로 허용되고 적응된 표현을 통해서만 나타난다는 점에서 욕망과는 다르다. 욕망은 존재의 결핍과 관계하면서 무의식의 밑바닥에 침잠하며 주체의 '상상적인 것' 속에 깊이 뿌리를 박고 있다.

프로이트 이래로 무의식과 욕망은 흔히 직접적으로 성욕이자 맹목적인 충동으로 이해되곤 했다. 그런 점에서 프로이트는 무의식을 발견하고 무의식이 체계적인 것이라고 말했으면서도 자기 말의 참된 의미를 이해하지 못했다고 할 수 있다. 그에 비해 라캉은 무의식이 인간의 언어활동처럼 법칙과 구조를 가지고 형성된다는 점을 분명히 밝히고 있다. 하지만 그의 결론은 아주 쓸쓸하고 비극적이다.

인간 주체는 태어나면서부터 죽을 때까지 운명적으로 이자 관계와 삼자 관계라는 숙명적 분열을 겪을 수밖에 없는 존재다. 분열을 인정하지 않는다면 인간으로서 살아갈 수도 없다. 이 분열의 동력이 곧 여러 가지 상징적 관계를 만들어내며, 분열이 빚어낸 틈바구니에서 욕망이 자라나기 때문이다. 그렇다면 현대사회에서 분열은 오히려 자연스럽고 정상적이라는 말이 되는데, 나중에 보겠지만 들뢰즈처럼 실제로 그렇게 주장하는 사람도 있다.

자크 라캉 Jacques Lacan, 1901~1981
프랑스의 의사이자 심리학자. 프로이트의 사상에 구조주의를 접목해 독특한 '타자의 철학'을 전개했다. 프로이트와는 달리 그는 철학과 문학, 인류학, 언어학, 예술에까지 이르는 폭넓은 지식을 바탕으로 후기구조주의의 발전에 지대한 영향을 미쳤다.

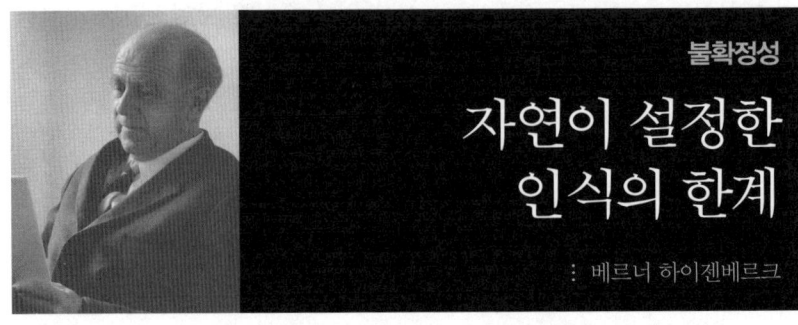

불확정성
자연이 설정한 인식의 한계

: 베르너 하이젠베르크

WernerHeisenberg

고등학교 과학 교과서를 보면 원자모형이라는 그림이 나온다. 한가운데 양성자와 중성자들이 혹처럼 우툴두툴하게 뭉쳐 있는 원자핵이 있고, 그 주위를 한두 개의 조그만 전자가 날씬한 선을 그리며 돌고 있는 그림이다. 그리고 물리 선생님은 바로 이런 모양의 원자가 물질을 이루는 근본 요소라고 가르친다. 좀 더 재미있는 선생님이라면 하늘의 해와 별, 달도, 땅 위의 나무, 돌, 바람도, 심지어 우리 몸까지도 이런 원자로 구성되어 있다는 이야기로 학생들을 놀라게 하기도 한다.

그 원자모형을 보면 언뜻 행성계가 떠오른다. 우리의 행성계인 태양계도 태양을 중심으로 행성들이 돌고 있지 않은가? 전자가 궤도를 가지듯이 행성들도 각기 궤도를 가지고 태양의 주위를 돈다. 더구나 태양계도 원자의 원자핵처럼 한가운데 있는 태양이 전체 질량의 대부분을 차지하며, 주위를 도는 행성들은 태양에 비해 형편없이 작다. 따라서 원자의 구조는 영락없이 행성계를 축소해놓은 모습이다. 그래서 좀 똑똑한 학생들은 극미의 세계와 극대의 세계는 과연 통하는구나 하고 고개를 끄덕이기도 한다.

그렇게 생각하는 것도 무리는 아니다. 양자역학의 기초를 놓은 닐스 보어 같은 물리학자도 처음에는 그렇게 여겼으니까. 교과서에 나오는 원자모형은 사실 보어의 작품에 기원을 두고 있다. 다만 보어는 나중에 그것이 옳지 않다고 생각을 바꾸었는데, 교과서에는 아직까지 그 그림이 등장하고 있다.

사실 원자구조와 행성계는 전혀 비슷하지 않다. 행성계에서는 중력이 작용하지만 원자 내에서는 핵력과 전자기력이 작용한다. 어차피 힘은 다 같은 거 아니냐고 생각한다면 오해다. 힘의 종류가 다르면 실제 모습도 크게 달라진다. 전자는 교과서 그림처럼 그렇게 말끔한 선을 그리며 원자핵 주위를 돌지 않을뿐더러 행성처럼 궤도에 붙박여 있지 않고 궤도와 궤도 사이를 왔다 갔다 할 수 있다.

그런데 전자의 모습을 아직 현미경으로 촬영하지 못했는데 어떻게 교과서의 원자모형이 틀렸다는 것을 알 수 있을까? 전자의 모습은 아직이 아니라 앞으로도 촬영할 수 없다. 하이젠베르크에 따르면, 어느 누구도 바로 지금 전자가 어느 곳에 있는지 정확히 확정할 수 없다. 전자의 실체를 확정하는 것은 (기술적으로 불가능한 게 아니라) '원리적으로' 불가능하기 때문이다. 따라서 교과서에 나오는 실체적인 원자모형은 학생들의 이해를 돕기는커녕 더 큰 오해와 선입견을 낳을 수 있다. 교과서란 기초적인 지식을 가르치는 책이니까 그 정도면 되지 않겠느냐고 변명할 수도 있겠지만, 교과서의 그런 도식적인 그림이 과학에 재능 있는 학생들의 지식을 키워주기는커녕 오히려 상상력을 가로막고 있다면 아무래도 문제가 될 것이다.

빛의 이중성

2500여 년 전에 피타고라스가 빛의 입자설을 주장한 이래 빛은 늘 입자라고 여겨왔다. 햇빛이 우리에게 열기를 전하듯이 빛은 에너지를 담을 수 있으니까 입자로 볼 수 있다. 그러나 17세기에 새로운 사실이 밝혀지면서 사정은 복잡해지기 시작했다. 알고 보니 빛은 소리나 물결처럼 간섭과 회절 현상을 일으킨다. 무릇 입자라면 특정한 시간에 반드시 특정한 장소를 점해야 하므로 간섭이나 회절 현상 같은 것은 일으킬 수 없다. 그렇다면 빛은 파동이어야 한다.

이렇게 해서 빛은 처음으로 파동이 되었는데, 그래도 문제는 여전히 남아 있었다. 파동이라면 당연히 매질이 있어야 한다. 음파는 공기나 물처럼 매질을 타고 전파된다. 그런데 우주 공간이라는 진공 상태(완전한 진공은 아니지만)를 뚫고 햇빛과 별빛이 우리에게 전달된다는 것은 뭘까? 진공 속에 무슨 매질이 있단 말인가? 그래서 19세기의 과학자들은 빛의 매질로서 에테르라는 가상 물질을 고안하기에 이른다. 물론 가상으로 설정한 매질이니 실험으로 검증될 리가 없다. 따라서 과학자들이 아무리 빛이 파동이라고 규정해도 빛의 정체는 여전히 수수께끼였다.

이 문제는 20세기 벽두에 막스 플랑크가 해결한다. 그의 해답은 네 말도 옳고 네 말도 옳다는 황희 정승식 해답이었다. 그럴 수밖에 없는 것이, 그도 역시 처음에는 빛을 파동이라고 여겼는데 직접 실험하는 과정에서 묘하게도 빛이 입자의 속성을 지니고 있음을 발견한 것이다.

물체를 가열할 때 나오는 빛의 파동을 분석하던 플랑크는 전혀 예상하지 못한 결과를 관측하게 된다. 파동이라면 물결이나 소리처럼 당연히 연속적으로 퍼져 나가야만 한다. 그런데 빛은 연속적이 아니라 불연속적인 묶음 단위로 방출되는 것이다. 그래서 플랑크는 빛을 광자^{光子}라고 불렀으며, 방출되는 불연속적인 빛의 묶음을 양자$^{量子,\ quantum}$라고 불렀다(양자라는 번역어는 입자의 냄새를 강하게 풍기지만, quantum이라는 용어는 그냥 '양'이라는 뜻밖에 없다. 플랑크도 원래 에너지의 최소 단위라는 뜻으로 붙인 이름이다).

결국 그가 내린 결론은 지극히 애매할 수밖에 없었다. 광자와 같은 소립자들은 입자이면서도 파동처럼 행동한다는 것이었으니까. 그러나 과학은 분명하면서도 확실해야 한다는 믿음을 지니고 있었던 당시 과학자들에게 이 결론은 커다란 논란을 빚었다. 심지어 빛은 월·수·금 요일에는 입자로, 화·목·토 요일에는 파동으로 행동한다는 농담까지 생겨날 정도였다.

플랑크는 왜 빛이 그런 묶음 단위로 방출되는지 이해하지 못했다. 이 문제는 얼마 뒤에 보어가 해결한다. 원자에 에너지를 가하면 에너지를 받은 전자는 '들뜬 상태'가 되어 다른 궤도, 즉 원자핵에서 더 먼 궤도로 이행한다. 계속 에너지를 가하면 전자는 결국 원자의 바깥으로 튀어나갈 수밖에 없게 된다. 그 결과가 바로 플랑크가 관찰한 빛의 묶음이다. 반대로 에너지를 잃으면 전자는 '바닥상태'가 되어 원자핵에 가까운 안쪽 궤도로 떨어져간다.

여기까지는 이해할 수 있다. 그런데 문제는 그다음이다. 전자가 이동하는 방식이 상식을 초월하는 것이다. 그냥 축구공이 날아가듯이 전자가 멋진 궤적을 그리며 궤도 사이를 이동한다면 좋겠는데, 그러지 않고 전자는 깜짝쇼를 벌인다. 에너지를 받거나 잃은 전자는 원래 있던 궤도에서 갑자기 사라져버린다. 그리고 동시에 다른 궤도에 불쑥 나타난다. 즉 전자가 궤도에서 궤도로 이행하는 것은 연속적인 운동이 아니다. 이 전자의 깜짝쇼를 보어는 양자 도약이라고 불렀다. 플랑크의 실험에서 빛이 묶음 단위로 방출된 이유는 바로 양자 도약 때문이다.

여기서 중요한 것은 양자, 즉 광자나 전자는 모두 입자이면서 파동이라는 이중성을 지닌다는 사실이다. 전자를 입자의 관점에서만 보면, 전자가 궤도에서 사라지는 동시에 다른 궤도에서 나타나는 현상을 설명할 길이 없다(입자는 특정한 시간에 특정한 장소를 점해야 하므로). 반면 전자를 파동의 관점에서만 보면, 전자가 일정한 양을 단위로 해서 불연속적으로 운동하는 현상을 설명할 길이 없다(파동은 연속적이어야 하므로). 따라서 양자 도약이라는 현상은 전자의 이중성을 받아들여야만 설명할 수 있다.

이리하여 플랑크와 보어는 공동으로 양자역학의 기본 틀을 구성하게 된다. 소립자의 세계에서 입자와 파동을 등치시킨 양자역학은 물질과 에너지를 등치시킨 상대성이론과 더불어 물리학상의 혁명을 낳았다. 앞서 아인슈타인의 경우에서 보았듯이, 양자역학과 상대성이론은 마치 뉴턴역학과 상대성이론의 관계처럼 서로 화합될 수 없고 정면으로 대립되는 이론이다. 그러나 여기에도 동시대성의 흔적을 엿볼 수 있다. 양자역학과 상대성이론은 각각 입자와 파동, 물질과 에너지를 등식화하고 있다는 점에서 발상 자체로 보면 서로 소통이 가능한 체계라고 할 수도 있다.

두 마리 토끼

플랑크와 보어의 이론만으로도 교과서의 원자모형은 다시 그려야 한다는 것을 분명히 알 수 있다. 그러나 불행하게도 원자모형을 그린다는 것은 애초부터 불가능한 작업이다. 우리는 전자의 모습을 정확히 볼 수 없기 때문이다. 아무리 초고성능 현미경이 앞으로 개발된다 하더라도 마찬가지다. 그것은 기술 수준의 문제가 아니라 원리적인 장벽의 문제이기 때문이다. 불확정성의 원리에 따르면, 원자구조를 관찰하는 것은 애초부터 불가능한 일이므로 미래의 과학 교과서에도 원자구조는 '상상도'만 실릴 수 있을 뿐이다.

전자를 볼 수 있을 만큼 해상도가 뛰어난 초고성능 현미경이 있어 그것으로 전자를 보려 한다고 가정해보자. 물체를 관찰한다는 것은 곧 그 물체에서 나오는 빛(물체 자체에서 방출되는 빛이든 다른 데서 온 빛을 반사한 것이든)을 관찰한다는 것이다. 전자는 스스로 빛을 발하지 않으므로(사실 빛 자체가 바로 전자다) 전자를 보려면 빛을 전자에 비추어야 한다. 그런데 전자에 빛을 가한다는 것은 곧 에너지를 가한다는 것, 다시 말해 전자에 광자라는 또 다른 전자를 부딪는다는 것이다. 아무리 소량의 빛이라 해도 조그만 전자로서는 감당하지 못할 만큼 엄청난 에너지다. 그렇다면 광자가 전자에 도달하는 순간 광자의 에너지를 받은 전자는 양자 도약을 일으켜 사라지고 말 것이다. 마치 물건을 집으려 하면 발이 먼저 나와 걷어차는 어릿광대의 몸짓처럼, 전자는 보려 하는 순간 어디론가 가버리는 것이다.

하이젠베르크가 정식화한 불확정성 원리는 소립자의 위치와 운동량을 동시에 확정할 수는 없다는 내용이다. 일반적으로 어떤 물체의 운동을 예측하려면 그 물체의 위치와 운동량을 정확히 알아야 한다. 쉽게 말해 현재 그 물체가 어디에 있고 어느 방향으로 움직이고 있는지를 알아야 하는 것이다. 일상 세계에서는 그 예측이 어렵지 않지만 소립자의 경우에는 그것이 불가능하다. 우리는 두 마리 토끼를 동시에 쫓을 수 없다.

더욱이 이 원리에 따르면 두 마리 토끼를 동시에 쫓으려 할수록, 즉 위치와 운동량을 동시에 확정하려 애쓸수록 오히려 더욱 불확정도만 커지게 된다. 위치를 확정하려 할수록 운동량은 더욱 불확실해지며, 운동량을 확정하려 할수록 위치는 더욱 불확실해진다. 예를 들어 전자의 위치를 정확하게 알고자 하면 할수록 더욱 큰 에너지를 가해야 하므로 전자의 운동량도 더욱 커지게 된다. 반대로 전자의 운동량을 정확하게 알고자 하면 할수록 더욱 작은 에너지를 가해야 하므로 전자의 위치는 더욱 불확실해진다.

설사 전자가 나름대로 실체적인 형태를 가지고 있고 일정한 궤적을 지니는 운동을 한다 해도 우리는 전자의 정체를 결코 정확히 알아낼 수 없다. 우리가 할 수 있는 일은 단지 전자가 존재할 시간과 장소를 '확률'로써만 표시할 수 있을 뿐이다. 그래서 현대 과학에서 전자는 실체가 아닌 확률의 구름으로 표시된다. 구름의 농도가 진한 곳은 확률이 높다는 뜻이며, 농도가 엷은 곳은 확률이 적다는 뜻이다.

불확정성 원리는 원래 소립자의 위치와 운동량에 관한 것이지만, 에너지와 시간의 관계에도 적용된다. 표현만 살짝 바꾸면 되는데, 말하자면 아주 짧은 순간에 존재하는 소립자 세계의 에너지량에는 매우 큰 불확정성이 개재한다는 원리다. 에너지가 곧 물질이라는 사실은 아인슈타인이 밝힌 바 있다. 따라서 그 원리는 아주 짧은 순간에 어떤 곳에 존재하는 물질의 양을 정확히 알 수는 없다고 바꿔 말할 수 있다. 그렇다면 아주 짧은 순간에 엄청난 양의 소립자들이 생겨났다가 사라진다 해도 우리는 그 사실을 알 수 없을 것이다. 이것은 우주와 물질의 기원을 밝히는 데 중요한 요소가 된다.

앞서 말했듯이 상대성이론과 양자역학은 상보적이라기보다는 상극이다. 특히 아인슈타인은 보어와 하이젠베르크를 비롯해 당시 신흥 물리학인 양자역학을 이야기하는 물리학자들에게 심한 불만을 느끼고 몇 차례나 공개적인 논쟁을 벌인 바 있다. "신은 주사위 놀이를 하지 않는다."라는 말로 물리학적 결정론을 신봉하며 진리는 단순한 데 있다고 믿었던 아인슈타인은 결국 죽을 때까지도 양자역학이나 불확정성 원리를 인정하려 하지 않았다.

하지만 공교롭게도 하이젠베르크가 불확정성 원리를 발견하게 된 동기는 아인슈타인의 가르침 덕분이었다. 아인슈타인은 젊은 하이젠베르크에게 "사람들이 무엇을 볼 수 있는가를 결정하는 것은 이론"이라고 말했던 것이다. 달리 말하면 그것은 곧 누구나 관찰하려 했던 것만을 관찰하게 마련이라는 말이다. 그렇다면 순수하게 객관적인 관찰이란 애초에 불가능하다. 광자와 전자를 입자로서 보려 하면 입자로 보이고, 파동으로서 보려 하면 파동으로 보이는 것은 관찰에 주관이 개입할 수밖에 없다는 점을 여실히 보여준다.

인식과 서술의 한계

과학 내에서도, 철학 내에서도 동시대성의 자취가 역력하다면 과학과 철학에도 그 자취가 있을 것이다. 특히 새로운 인식틀(바슐라르의 용어로 말하면 문제틀)을 개척한 과학 이론이라면 더더욱 그럴 것이다. 과연 불확정성원리는 과학에만 국한되지 않고 철학에도 영향을 미친다.

불확정성원리의 철학적인 의미는 인간이 자연을 인식하는 데 숙명적인 한계가 있음을 말해준다는 것이다. 우리는 결코 두 마리 토끼를 동시에 쫓을 수 없다. 마치 아인슈타인이 빛의 속도가 불변이라는 자연법칙에 더 이상 의문을 품지 않고 그대로 받아들였듯이, 불확정성원리 역시 하나의 자연법칙이므로 우리는 그대로 받아들일 수밖에 없는 것이다.

사실 불확정성원리를 따른다 해도, 엄밀하게 말해서 우리가 전자의 모습을 전혀 볼 수 없는 것은 아니다. 다만 전자의 위치를 확인하는 '동시에' 전자는 사라져버리므로 굳이 볼 수 있다면 그것은 전자의 흔적, 즉 과거의 전자일 뿐이다(물론 전자의 흔적이라는 것은 없으니까 그것도 관념적인 주장이겠지만). 상대성이론에서처럼 여기서도 역시 사건의 동시성이라는 의미가 흔들린다. 전자를 보는 동시에 전자가 달아난다면 그 전자를 본다고 해야 할까, 못 본다고 해야 할까?

동시성뿐 아니라 인과율도 흔들린다. 뉴턴 물리학에 따르면, 어떤 물체의 직전의 상태는 그 물체의 직후의 상태를 결정해야 한다. 이것이 인과율이다. 나뭇가지에 매달린 사과는 위치에너지를 가지고 있기 때문에 아래로 떨어져 뉴턴이 만유인력의 법칙을 발견하게 해주었다. 그러나 전자가 이 궤도에서 사라지고 다른 궤도에 나타난다는 괴이한 현상을 말하는 양자 도약의 이론은 그런 인과율과 무관하다. 궤도에서 사라진 전자가 다른 궤도의 어느 곳에서 나타날지는 전적으로 우연이다. 직전의 상태가 직후의 상태를 전혀 결정하지 못하는 것이다. 전자가 도약하기 직전의 위치도 정확히 알 수 없는데 도약한 직후에 어디 있을지를 알 수는 없다. 이렇게 우리가 불변의 원칙이자 확고한 상식으로 믿어왔던 동시성과 인과율은 양자역학에서 여지없이 깨어져버린다.

여기서 다시 맨 앞에 말한 교과서의 문제로 돌아가 보자. 교과서의 도식적이고 실체화된 원자 구조의 '상상도'는 전자를 입자의 모습으로는 보여주지만 전자가 지니는 에너지 준위로서의 모습, 즉 파동성을 나타내지 못하므로 적절하지 못한 것이었다. 그렇다면 새 원자구조는 어떻게 그려야 할까? 하이젠베르크라면 어떻게 그릴까? 물론 그로서도 대책은 없다. 불확정의 양태를 어떻게 확정적인 그림으로 나타낸단 말인가? 그건 이미 형용모순이다.

하지만 양자역학을 정립한 보어와 하이젠베르크는 그림보다 우선 서술에서부터 곤란을 겪는다. 기존의 언어로는 새로이 발견된 현상을 서술할 방법이 없다. 하이젠베르크는 보어에게 이렇게 물었다. "우리가 원자 구조에 관해 말할 수 있는 언어를 소유하고 있지 않다면 우리는 도대체 언제나 원자를 이해할 수 있게 된단 말입니까?" 이 물음에 대해 과학적인 대답은 불가능하다. 그래서 보어는 이렇게 대답한다. "그러나 우리는 바로 그때 비로소 '이해'라는 말이 무엇을 뜻하는지 배우게 될 걸세."

프로이트, 비트겐슈타인, 하이데거 등이 처했던 언어의 위기는 이렇게 철학만이 아니라 과학의 분야에도 등장한다. 하이젠베르크가 말하는 원자의 새로운 개념을 보면 그의 답답한 심정에 공감할 수 있다. "원자란,

아무런 유보 조건 없이 위치, 속도, 에너지, 연장延長과 같은 개념들로 기술할 수 있는 지금까지의 물리학적 의미에서의 물질이 아니라는 점만은 확실하다." 결국 뭐가 아니라고 말할 수는 있지만 그렇다고 뭐라고 꼬집어 말할 수는 없다는 이야기다. 자연과학 중에서도 가장 고도의 정밀성을 추구하며 가장 정확한 개념을 구사해야 하는 물리학에서도 이렇게 언어는 위기를 겪는다. 그것은 바로 말할 수 없는 것을 말해야 하는 데서 생기는 위기다.

베르너 하이젠베르크 Werner Heisenberg, 1901~1976
독일의 물리학자. 아인슈타인의 상대성이론과 함께 현대 물리학의 양대 산맥을 이루는 양자역학의 토대를 놓았다. '확실성의 학문'이었던 물리학을 '가장 불확실한 학문'으로 바꾸어놓은 대가로 노벨 물리학상을 받았지만, 그의 이론은 당대의 사상적 조류와 궤를 같이한다는 점에서 역시 동시대적이다.

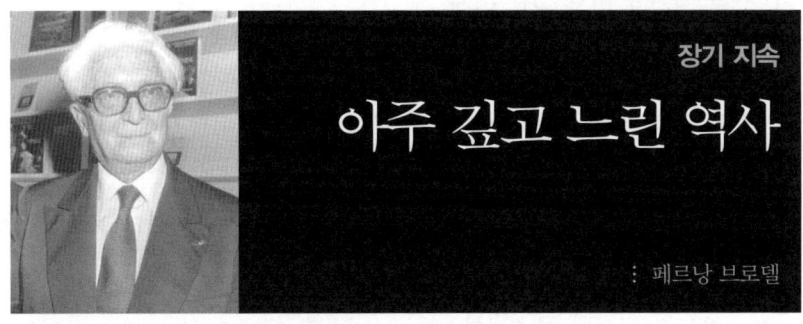

장기 지속
아주 깊고 느린 역사

: 페르낭 브로델

Fernand Braudel

대학에 갓 입학한 학생들은 인문과학과 사회과학의 각 학문 분과를 들여다보기만 해도 골치가 지끈거리게 마련이다. 우선 강의 제목부터 예사롭지 않다. 그냥 언어학일 줄 알았는데 변형생성문법, 성층문법, 프라하학파 따위의 듣도 보도 못한 용어들이 불쑥 튀어나온다. 심리학과의 교과과정에 생리학이나 정신분석학 같은 것은 왜 들어 있는 걸까? 게다가 더 황당한 것은 이전까지 알고 있다고 생각했던 학문들과 실제로 접한 학문들이 서로 상당히 다르다는 사실이다. 수학이 싫어 문과를 택했는데 경제학에서는 걸핏 하면 미분과 적분이 징그러운 벌레처럼 튀어나오고, 정치학이나 경제학에 비해 좀 부드럽지 않겠나 싶은 사회학에서는 예상하지 못했던 추상적 개념어들이 곳곳에 숨어 있으며, 평소에 여성스러운 학문이라고 여겼던 어문학 계열의 강의는 거의 철학 강의를 뺨치는 수준이다. 물론 철학은 말할 것도 없고…….

그나마 다른 학문에 비해 재미있다고 여겨지는 게 역사다. 역사는 우선 친근하고 익숙하다. 삼국, 고려, 조선? 아하, 잘 알고 있는 것이군. 로마, 십자군, 르네상스? 이것들도 많이 들어본 말들이지. 어디 친근하다 뿐이랴? 역사는 상식을 늘리는 데도 최고다. 텔레비전의 퀴즈 프로그램에 단골 메뉴로 등장하는 문제들은 거의가 역사에 관한 것이다. 로마가 카르타고를 물리치고 지중해의 패자로 떠오른 계기가 된 전쟁은 무엇입니까? 포에니 전쟁. 사마천의 《사기》는 어떤 특징을 가지고 있습니까? 기전체로 쓴 최초의 역사서. 단답형이나 주관식이나 가릴 것 없이 역사는 그야말로 풍요로운 퀴즈의 보고다.

이렇게 역사라는 학문은 재미있고 친근하며 쉽다. 그런데 과연 실제로 그럴까? 역사를 지난 '과거의 이야기'라고 규정한다면 그렇다. 그러나 역사는 과거도 아니고 이야기도 아니다. 역사는 항상 현재적 기준에 따라 늘 재구성되며, 우리에게 익숙한 이야기와는 거리가 멀다. 최초의 역사가로 알려진 그리스의 헤로도토스에서부터 19세기 독일의 역사가 랑케까지는 역사를 주로 이야기^{narrative}식으로 서술했지만, 브로델에 와서는 상황이 전혀 달라진다.

구조주의와 역사의 서먹한 관계

브로델은 역사를 행위자들의 사건사로 국한시키는 데 반대한다. 사건사의 대표적인 예는 우리가 고등학교 때까지 배웠던 연대기식 정치사다.

"세종 때에는 최윤덕, 이천, 김종서 등이 차례로 여진족을 토벌하여 4군과 6진을 설치하는 동시에, 북방 사민 정책을 활발히 실시하여 마침내 압록강과 두만강 이남의 땅을 확보하였다."

브로델에 따르면, 국사 교과서에 나오는 이런 설명은 역사 서술이 아니다. 어느 시대에 어떠어떠한 사건들이 있었다는 식의 설명은 그야말로 이야기일 뿐 역사라고 볼 수 없다.

브로델이 가장 중시하는 것은 역사적 현상들과 함께 흐르면서 그 이면에 숨어 있는 장기적 구조다. 교과서에 나오는 역사 서술은 단기 지속 혹은 사건사에 불과할 뿐 역사의 참모습을 보여주지 못한다(게다가 재미도 지지리 없는 게 역사 교과서다!). 이렇게 이전의 전통적인 역사가들과는 달리 개별적 현상(사건들)에 관심을 집중하지 않는다는 점에서 그의 역사학은 구조주의적이다.

그런데 역사와 구조주의라? 어딘지 어울리지 않는 느낌이 든다. 그렇다. 구조주의는 바로 몰역사적이라는 비판을 받고 있지 않던가? 구조주의에서 말하는 구조란 기원과 발생, 형성의 과정이 밝혀지지 않은, 한마디로 족보가 없는 수수께끼의 괴물이다. 공시적인 측면에서는 더없이 위력을 발휘하지만, 통시적인 측면으로 접어들기만 하면 맥을 못 추는 게 구조주의다. 그렇다면 구조주의를 바탕으로 역사를 서술한다는 브로델의 생각은 뭘까?

브로델은 구조주의자 이전에 역사학자이므로 당연히 그가 말하는 구조는 역사성을 갖춘 구조다. 하지만 그게 어떻게 가능할까? 시간을 놓치지 않기 때문에 가능하다. 구조주의에는 시간의 지평이 없지만 역사에는 시간이 있다. 아니, 역사에서 가장 중요한 것은 시간이다. 다른 인문·사회 과학 분야에서도 시간의 개념은 중요하지만, 역사는 어떤 의미에서 시간 자체를 다루는 학문이다. 시간의 흐름을 고려하지 않는다면 역사 자체가 성립할 수 없다.

따라서 브로델이 말하는 구조는 일반적인 구조주의에서와 달리 기원과 생성 과정을 지닌다. 게다가 구조주의의 구조처럼 불변하는 게 아니라 장기적으로 변하는 구조다. 변하는 시간과 속도가 너무나도 느리기 때문에 쉽게 경험으로 인식하기 어려울 뿐이다.

"역사학자는 결코 역사의 시간에서 벗어나지 못한다. 흙덩이가 정원사의 삽 끝에 달라붙듯이, 역사의 시간은 역사가의 사념에 달라붙는다. 물론 역사가는 시간에서 벗어나기를 꿈꿀 수 있다. 이것은 역사학자라면 누구나 유혹을 느낄 것이다. 그러나 이 계속적인 도피는 불가항력적인 세계의 시간, 역사의 시간 밖으로 역사가를 밀어낼 수는 없다."

이렇듯 확실한 시간 개념을 바탕으로 삼아 브로델은 서로 양립하기 어려워 보이는 역사와 구조주의적 인식 방법의 결합에 착수한다. 거기서 도출된 개념이 장기 지속$^{longue\ durée}$이다.

계산하기 좋아하는 호사가들의 말에 따르면, 지구의 역사를 1년이라고 가정할 때 인간이 지구상에 생겨난 때는 12월 31일 저녁 8시경이라고 한다. 더구나 현대 과학의 성과를 누릴 수 있게 된 것은 불과 해가 넘어가기 직전의 자정에서 바로 2초 전부터라고 한다. 이렇듯 지구의 역사에서 인간의 역사란 엄청나게 짧은 시간이므로 흔히 인간이 진화하는 동안 지구는 늘 고정불변의 상태였다고 보기 쉽다.

하지만 그동안 지구가 전혀 변하지 않았다는 생각은 잘못이다. 단순히 지질학적 변화를 말하려는 게 아니다. 브로델은 장기적인 구조(지리의 변화 과정은 그 가운데 중요한 부분이다)가 흔히 알려진 역사적 사건보다 역사에서 훨씬 중요하고 필연적인 역할을 수행한다고 말한다. 그것이 그가 말하는 장기 지속이다.

사건들의 수면 아래에는

사건사를 중심으로 역사를 보면 대단히 단순하고 편리하다. 그저 역사를 인간이 임의로 정해놓은 시간의 좌표 속에 맞추면 된다. 기원전 5세기의 그리스는 페리클레스 시대를 맞아 민주주의를 꽃피웠다. 6세기 중국에서는 위진 남북조의 분열 시대가 끝나고 수나라의 대륙 통일이 이루어졌다. 13세기 한반도에서는 원나라의 침입으로 고려의 무신 정권이 무너졌다. 이렇게 연대기별로 세계 곳곳에서 일어난 사건들을 열거하면 된다. 더구나 모두 지나간 사건들이니 그것들의 결과도 이미 잘 알고 있다. 그것들을 근거로 삼아 역사를 해석하고 의미를 부여하는 일도 어렵지 않다. 더구나 명확한 사건들이라 이론의 여지가 없으니 논쟁을 벌일 필요도 없다. 역사는 정말 쉬운 학문이다. 이것으로 우리는 역사를 잘 안다고 생각한다.

    역사의 시간이 동질적이라면 그렇게 사건들을 나열하는 것도 역사를 이해하는 좋은 방법일 것이다. 그러나 역사의 시간은 동질적이지도 않고 절대적이지도 않다. 개인적으로나 사회적으로나 시간은 상대적으로 흐른다. 재미있는 영화를 보는 시간은 무척 빨리 지나가고 버스를 기다리는 시간은 꽤나 더디다. 월 스트리트 펀드매니저의 하루와 폴리네시아 원주민의 하루가 같을 수는 없다.

인간과 동물의 시간도 역시 서로 다르다. 인간인 우리가 볼 때는 어두운 땅 밑에서 7~8년을 보내고 밖으로 나와 겨우 한여름을 살다 죽는 매미의 일생이 덧없이 여겨지겠지만, 매미의 입장에서는 땅속에서 모든 삶을 살고 나서 죽기 전에 번식을 하기 위해 밖으로 나올 뿐이다(이렇게 보면 애벌레나 유충이라는 명칭은 얼마나 터무니없는 인간 중심적 용어인가?).

이렇듯 시간이 단일한 요소가 아니라 복수적이고 상대적인 것이라면, 연대를 중심으로 사건들을 시간 순서대로 배열하는 식의 역사 서술은 시간을 중시하기는커녕 오히려 시간을 자의적으로 변경시키는 것이다. 게다가 때로는 본의 아니게 그 사건들조차 왜곡하는 결과를 빚게 될 수도 있다. 단적인 예로, 동질적인 시간과 단일한 관점으로 역사를 보면 어느 사건 뒤에 어느 사건이 뒤따르는 참된 이유, 즉 역사의 인과성을 설명할 수 없는 경우가 많다. 사건사를 충실히 서술하려다가 오히려 사건사조차 제대로 서술하지 못하는 셈이다.

그래서 브로델은 역사적 시간의 지속에 다층적 차원을 도입한다. 그에 따르면, 역사는 평면이 아니라 피라미드처럼 아래로 갈수록 넓어지는 삼차원의 입체다. 건물로 치면 역사는 최소한 3층짜리에 해당한다. 맨 꼭대기 비좁은 층에는 단기 지속의 시간을 지니는 사건사가 있다. 그 아래층에는 그보다 광범위하고 완만한 리듬을 좇아 전개되는 국면사가 있다. 그리고 맨 밑층에는 장기 지속의 시간을 가지는 구조사가 있다.

사건사는 앞에서 말한 퀴즈 프로그램을 연상하면 된다. 국면사는 사건들보다는 더 장기적이고 불변적인 요소, 이를테면 경제나 국가, 사회, 문명 등의 큰 주제들을 분석한다. 국면사를 관통하는 시간은 사회적인 시간, 즉 천천히 움직이며 반복되는 시간이다. 인구 변동, 국가의 크기, 산업의 발전 등 국면사에서 다루어지는 주제들은 사건사보다는 호흡이 길다.

지금까지의 역사 서술은 사건사로만 채워지거나, 좀 더 깊이 있는 역사 서술이라면 국면사까지 나아가는 게 보통이었다. 그렇다면 이것으로 다 된 게 아닐까? 이것이 곧 역사가 아닌가? 역사란 인간 행위(사건)와 그 행위의 결과로서 생기는 각종 제도(국면)를 다루는 학문이 아니던가? 그런데 구조사라는 것이 왜 또 필요할까? 그러나 브로델에게 가장 중요한 역사는 가장 깊은 곳에 있는 구조사다.

역사의 맨 아래, 가장 넓은 층에는 '거의 움직이지 않는 역사', '대단히 완만한 리듬을 가진 역사', '움직이는 것과 움직이지 않는 것의 경계에 있는 역사'인 구조사가 넉넉히 자리 잡고 있다. 사건사와 국면사가 직접적인 인간 행위의 역사라면, 구조사는 인간을 둘러싼 주위 환경과 연관된 역사다. 따라서 여기에는 인간만이 아니라 인간의 시간 바깥에 있는 사물의 역사도 포함된다. 즉 산과 바위, 강과 바다, 흙과 공기의 변천사가 바로 구조사의 주요 항목인 것이다.

물론 전통적인 학문 분류에서 보면 구조사의 주제들은 역사학이 아니라 지리학에 속한다. 그러나 브로델은 그것들을 포함시키지 않으면 진정한 역사를 서술할 수 없다고 생각한다. 역사란 시간을 다루는 학문인데, 그 무심해 보이는 사물들도 분명히 시간의 영향을 받기 때문이다. 게다가 그것들은 인간 생활에 막대한 영향력을 행사한다. 히말라야의 고산지대에서 조개와 같은 해양 생물의 화석이 발견되었다면 인류 전체의 역사를 구성하는 데서 어떻게 지리적 요인을 제외할 수 있겠는가?

물론 전통적인 역사 서술에도 지리적 요인이 완전히 무시되는 것은 아니다. 하지만 지리를 다룰 경우에도 그저 역사의 배경으로 간주하는 게 보통이다. 하지만 브로델이 보기에 지리적 환경은 단지 인간 행위의 배경에 불과한 게 아니라 그 자체로 능동적인 행위의 주체다. 지리적 환경은 날이 가고 철이 바뀌고 해가 지날 때마다 반복적으로 인간의 삶에 영향을 미치는 하나의 구조, 즉 '지리적 시간'이다. 여기서 기존의 역사학에서, 또 기존의 구조주의에서 서로 겉돌기만 했던 구조와 시간이 합쳐진다. 브로델은 구조의 본질을 시간 지속의 측면에서 규정하고 있다. 그에 따르면, 구조와 시간의 일치를 가장 잘 보여주는 공간은 바로 지리적 환경이다.

관점의 상대성과 다양성

장기 지속으로서의 구조가 중요한 이유는 역사에 대한 모종의 한계 또는 제약으로 작용한다는 데 있다. 구조는 역사를 지탱하는 받침대이자 인간이 결코 뛰어넘을 수 없는 장애물이다. 이런 의미에서 구조는 인간을 가두는 감옥과도 같다.

수백, 수천 년에 걸쳐 인간은 기후, 동·식물군, 특정한 경작물, 서서히 구축된 모종의 균형 상태에 갇혀 살고 있으며 거기서 결코 벗어날 수 없다. 지리적 제약에서 거의 벗어났다고 자부하는 현대사회에서도, 특정한 에너지원이 매장된 곳(이를테면 중동)이나 특정한 질병이 지배하는 곳(이를테면 아프리카)은 여전히 역사적으로 중요하다. 이렇게 인간 사회를 원초적으로 조건 짓는 구조에 대한 분석 없이 어떻게 역사 서술이 가능하겠는가?

그렇기 때문에 구조사를 가장 근원적인 역사로 간주하는 브로델은 맨 아래층부터 역사 서술을 새로 시작한다. 브로델에 따르면, 가장 중요한 역사에서부터 가장 피상적인 역사로, 가장 긴 호흡의 장기 지속에서부터 가장 빠른 단기 지속으로 향하는 것은 상식이다. 그러나 역사 속의 행위자들뿐 아니라 역사가들마저도 그 당연한 상식을 그냥 넘어갔으며, 따라서 역사학의 대상으로 삼지 않았다. 그가 토로하는 불만은 냉철한 구조주의자답지 않게 묘하게도 낭만적이다.

"광산, 경작지, 꽃들을 급하게 제시한 뒤, 그다음에는 마치 꽃들은 해마다 봄이 오면 다시 피어나지 않는다는 듯이, 마치 가축들은 그다음에 이동을 멈추기라도 했다는 듯이, 더 이상 문제 삼지 않는 역사 서술에 나는 만족하지 않았다."

브로델의 비유에 따르면, 역사라는 바다의 맨 밑바닥 심층에는 지리적 시간이 흐르고, 가운데 층에는 사회적 시간이 흐르며, 표층의 수면에는 파도치듯 급변하는 정치적 시간이 흐른다. 이 세 가지 흐름 중에서 가장 근본적이고 중심적인 것은 장기 지속의 역사다. 브로델은 장기 지속적인 것을 중심으로 단기 지속적인 것을 통합하며, 불변성을 중심으로 가변적인 것을 통합한다.

"역사적 설명에서 마지막 승리를 거두는 것은 언제나 장기적인 시간, 즉 구조다. 그것은 많은 사건들, 즉 자신의 흐름 속에 끌어넣을 수 없는 모든 것을 살육하고 무자비하게 제거함으로써 인간의 자유와 우연의 역할을 제약한다."

물론 그 구조에는 지리적인 환경만이 아니라 생물학적인 사실, 생산성의 한계, 나아가 여러 가지 정신적 제약이나 심성 등의 복잡한 요소들도 포함된다. 겉으로 다양해 보이는 그 요소들은 모두 장기적인 시간을 두고 아주 느리게 변한다는 공통점을 가지고 있다. 이렇게 전통적인 역사학의 바깥에 있는 요소들을 오히려 가장 중요하게 여긴다면, 역사학은 이미 단일한 관점으로 진행할 수 있는 학문의 범주를 넘어선다. 브로델이 역사와 인접 학문들의 연계를 주창하는 것은 그 때문이다. 그는 역사학, 지리학, 경제학, 사회학 등 인문·사회 과학의 여러 학문 분과가 두루 동원되어야 진정한 역사 서술이 가능하다고 말한다. 역사를 중심으로 여러 학문이 '헤쳐 모여'를 해야 한다는 것인데, 그만큼 역사를 보편적인 학문으로 보기 때문에 할 수 있는 이야기다.

현대의 학술 용어 중에 '학제적學際的'이라는 말이 있다. 아마 국제적國際的이라는 말에서 착안했을 텐데, 'interdisciplinary'를 번역한 용어다. 'discipline'이라면 학문의 분과를 뜻하므로 'interdisciplinary'란 여러 학문 분과가 뭉뚱그려지는 연구 방식을 가리킨다. 일종의 학문적 크로스오버 또는 퓨전이라 보면 되겠다. 언뜻 생각하면 그런 연구는 한 분야를 집중적으로 파고드는 전문적 연구에 비해 격이 떨어지는 듯 여겨지기도 하지만, 실은 전문성을 높이기 위해서도 학제적인 연구는 반드시 필요하다. 브로델의 강조점도 같은 맥락이라고 볼 수 있다.

한편으로 보면 브로델의 주장은 그동안 방법론의 측면에서 다른 학문 분과들에 비해 상대적으로 취약했던 역사학의 처지를 반영하는 것이기도 하다. 그러나 브로델이 확립한 역사 방법론을 통해 비로소 역사가 '이야기에서 과학으로' 발전할 수 있게 된 것은 분명한 사실이다(다루는 폭이 너무 넓어 역사학의 경계가 다소 불분명해지긴 했지만). 게다가 그의 사상을 더 연장하면, 브로델은 역사학만이 아니라 모든 학문에서 학제적 관심과 연구가 중요하다는 것을 일찍부터 주장한 선구자에 해당한다.

페르낭 브로델 Fernand Braudel, 1902~1985
프랑스의 역사학자. 현대 역사학의 커다란 흐름을 주도하고 있는 아날학파를 창립했고, 누구나 불가능하다고 여겼던 구조주의와 역사학을 결합했다. 그가 가장 중요하게 본 역사는 가장 느린 역사, 곧 장기 지속의 역사였기에 그 결합이 가능했다.

계몽

밝은 계몽의 칙칙한 그림자

: 테오도르 아도르노

Theodor Adorno

서양의 동화에 등장하는 전형적인 인물이라면 누가 있을까? 가장 먼저 떠오르는 것은 왕자와 공주다. 하지만 비록 왕자와 공주는 아니더라도 서로 사랑하는 착한 청춘 남녀는 어느 나라 동화에나 등장하는 단골 배역이다. 유독 서양의 동화에만 나오는 인물은 누굴까? 그 대표 주자는 마녀일 것이다. 우리나라 동화에서는 착한 주인공을 괴롭히는 악역으로 주로 계모가 등장하지만 서양에서는 마녀가 그 역할을 맡는다. 더구나 계모는 조연이지만 마녀는 서양 동화의 실질적인 주인공이다. 마녀는 길고 뾰족한 코에다 찢어진 눈, 기다란 주걱턱에 검은 옷을 입고 빗자루를 타고 날아다니며 사악한 마술을 부린다. 게다가 셰익스피어가 내린 처방처럼 박쥐 오줌과 사마귀 뒷다리, 개구리 알 등을 섞어 마법의 약을 만들기도 한다.

자본주의 초창기에 나온 안데르센이나 그림 형제의 동화들은 근대를 무대로 삼고 있으므로 서양다운 색채가 덜하다. 서양의 동화라고 하면 역시 마녀가 등장하는 중세의 동화가 제격이다. 마녀는 밤에만 나타나며, 날카롭게 솟은 바위산 꼭대기의 어두운 성에서 박쥐와 지네, 두꺼비 등 징그러운 동물들을 거느리고 산다. 이렇게 마녀가 살던 서양의 중세, 무려 천 년 동안이나 지속된 주술의 시대는 우리에게 칙칙하고 어두운 이미지로 다가온다.

그런 암흑의 시대를 끝장내고 인간을 밝은 대낮의 무대로 인도한 것은 바로 계몽이었다. 그리고 마녀의 손아귀에서 인간을 해방시킨 신무기는 이성이었다.

계몽의 새 무대 위에서 이성의 연출 아래 세상의 주인공으로 처음 등장한 인간은 잠시 눈부신 조명에 낯설어했지만, 이내 적응하고 주인공이 되어 무대를 휘어잡았다. 그런데 이 환한 조명, 밝고 투명한 계몽의 시대를 아도르노는 오히려 중세보다 더욱 칙칙하고 어둡게 여긴다. 인간이 마녀를 누르고 주인공 자리를 꿰찼는데, 밝음이 어둠을 물리치고 세상에 빛을 가져왔는데, 왜 아도르노는 비판적인 시선을 거두지 않는 걸까?

이성의 두 얼굴

천 년 동안이나 인간은 자신이 왕자인 줄도 모르고 개구리로 살았다. 마침내 신의 주술에서 풀려난 인간은 자신의 이성을 중심으로 모든 것을 새로이 바라보기 시작한다. 이성의 눈으로 보면 신의 그늘 아래 파묻혀 보이지 않았던 것들이 보인다. 이를테면 로마 교황이 유럽 각국을 종교적으로뿐만 아니라 정치적으로도 지배하는 현실은 당연한 것이 아니었으며, 수천 년 동안이나 유지되어오던 봉건적 신분 질서는 질서라기보다 인간을 옥죄는 굴레였다. 그래서 인간은 세속에 대한 신성의 지배를 거부하고 절대왕정을 수립했으며, 농노를 신분의 굴레에서 해방시켜 자본주의를 도입했다. 이렇듯 계몽과 이성은 인간을 해방시키는 강력한 무기였다.

그러나 인간은 점차 계몽과 이성이 단순히 신의 지배에서 벗어나게 해준 해방의 무기만이 아니라 얼마든지 파괴도 가져올 수 있는 양면의 무기라는 것을 알게 된다. 이성을 지닌 인간은 세계의 주인이며 지배자다. 주인이며 주체인 인간은 대상인 자연을 지배하고 주재하며 마음대로 좌지우지할 권리가 있다.

물론 신은 여전히 존재한다. 그러나 속세에서 벗어나 교회로 숨어버린 신은 이제 예전과 같은 세속의 권력을 가지지 못하고, 마치 입헌군주국의 왕처럼 좋게 말하면 상징이고 나쁘게 말하면 허수아비와 같은 처지가 된다. 따라서 예전에 신의 소유였던 자연은 이제 인간의 소유물이 되었다. 신이 관장하던 예전의 자연은 신비와 두려움의 대상이었지만, 깨어난 인간 이성은 자연을 낱낱이 해부하고 정체를 밝혀냈다. 아직까지 알지 못하는 자연의 일부는 장차 인간 이성이 발전하면 속속들이 정체를 드러내 보이게 될 것이다.

이렇게 이성은 인간이 자연을 지배하는 데 사용하는 주요한 무기가 되었다. 그러나 뭐든지 정도가 지나치면 문제가 된다. 아도르노는 바야흐로 이성이 "다른 모든 도구를 제작하는 데 필요한 보편적인 도구"가 되었다고 말한다.

 인간은 세계의 주인이므로 가장 존귀한 존재다. 따라서 인간은 자기 보존을 최우선의 가치로 삼고 다른 모든 것은 그 가치를 위해 얼마든지 희생시킬 수 있다. 이것이 바로 휴머니즘이라는 그럴듯한 도덕의 옷을 입고 등장한 사상이다. 인간은 주체이자 목적이며, 다른 것들은 대상이자 수단일 뿐이다. 아도르노는 이렇게 비판한다. "인간이 자연으로부터 배우고 싶은 것은, 자연과 인간을 완전히 지배하기 위해 자연을 이용하는 방법이다." 이리하여 인간의 이성은 다른 모든 것을 지배하기 위한 이성, 즉 도구화된 이성, 도구적 이성이 된다.

 도구적 이성은 자연을 인간이 지배하기 쉽도록 하기 위해 양화量化시켜 계산과 측정이 가능한 대상으로 만든다. 자연을 일방적으로 토막 내서 관찰하고 분석하는 실증주의가 그 대표 주자다. 알다시피 실증주의는 눈으로 볼 수 있는 것을 가장 중요시한다. 원래 이성의 기능이란 눈으로 볼 수 있는 것을 자료로 삼아 그것들 간의 연관을 추상하는 게 아니던가? 그것도 그르다고는 할 수 없다. 그러나 도구적 이성은 이성 특유의 반성적 기능을 상실한 이성이다. 따라서 도구적 이성은 실증주의적 인식을 더욱 장려하며, 사유가 아니라 사실만을 가치 있는 것으로 친다.

 아도르노는 자연과학의 실증주의적, 실용주의적 인식을 도구적 이성의 대표적인 예로 든다. "수학적 형식주의는 직접성의 가장 추상적인 형태인 숫자만을 수단으로 삼음으로써 사유를 단순한 직접성에 묶어둔다. 여기서는 '사실성'만이 정의로 인정되며, 인식은 사실성의 단순한 반복으로 제한되고 사유는 단순한 '동어반복'이 된다." 현대사회에서 자연과학 분야가 정책적으로 장려되고 인문과학 분야가 무시되는 이유는 거기에 있다. 도구적 이성이 지배하는 현대사회에서는 정답을 낼 수 있고 그 정답을 이용해 이성의 지배를 더욱 공고히 해주는 학문이 아니라면 무슨 '필요'가 있겠는가? 여기에 국가를 기업식으로 경영하려는 지배자가 있으면 금상첨화다.

하지만 어차피 이성은 근대 사회로 접어들면서 자연을 함부로 다룰 수 있는 대상으로 전락시켜버렸으니까 그것까지는 어쩔 수 없다고 하자. 정작으로 큰 문제는 그다음이다. 도구적 이성을 자동차에 비유하면 엔진의 힘은 넘치는데 핸들이 기능하지 않는 자동차와 같다. 조만간 제멋대로 폭주할 게 뻔하다. 과연 멈출 줄 모르고 성장을 거듭해온 도구적 이성은 점차 건드려서는 안 되는 영역에까지 침범하게 된다. 그것은 바로 자연이 아니라 인간 자신이다.

도구적 이성이 낳은 파시즘

계몽의 시대 초창기에는 이성이 해방의 무기로 기능했다. 그러나 공교롭게도 이성이 밝고 투명했던 때는 그 짧은 순간으로 끝이 났다. 자연을 정복하고 인간 사회를 장악한 도구적 이성은 원래 자체적으로 지니고 있던 특유의 장점인 반성의 기능을 잃어버렸다. 방향타를 잃었으니 이제는 맹목적인 힘만이 남았다. 그래서 도구적 이성은 브레이크가 고장 난 자동차처럼 무섭게 돌진한다. 그 결과는 파시즘이라는 사납고 파괴적인 괴물이다.

이성은 원래 파괴적인 측면을 가지고 있다. 아도르노는 "계몽이 사물에 대해 취하는 행태는 독재자가 인간들에 대해 취하는 행태와 같다."라고 말한다. 15세기에 베이컨은 "아는 것이 힘"이라고 말했다. 그의 말은 자본주의 시대에 이렇게 바뀐다. "지식은 필연적으로 권력을 취한다."

이성은 모든 것을 남김없이 파헤치고 알아내 자신의 것으로 만들려는 경향이 있다. 알지 못하는 것이 없어질 때 인간은 공포에서 벗어나며 비로소 세계의 주인이 될 것이다. 그런데 이 지식을 향한 충동은 예상외로 대단히 파괴적이다. 더구나 대상을 남김없이 분해해버리는 실증주의적인 태도로 지식을 추구할 때 이성이 지닌 파괴력은 더욱 배가된다. 사유에 대한 사실의 우위를 강조하는 실증주의에 오염되어 반성의 기능을 상실한 도구적 이성은 초창기 계몽의 이념이었던 자유와 평등, 정의 등의 도덕을 낡은 이념으로 간주하고, 지배를 위해 파괴와 공격을 정당화하는 무기로 바꾼다.

게다가 도구적 이성은 동일화의 논리를 따른다. 지식을 향한 맹목적인 힘은 대상의 질적인 측면을 버리고 양적인 측면을 취함으로써 모든 대상을 획일화한다. 심지어 자연뿐만 아니라 인간 사회도 그런 식으로 양화시킨다. 자연을 관찰하고 분석하는 방식이 그대로 인간 사회에도 적용되는 것이다.

인간 사회의 양화라면 무엇이 떠오를까? 바로 자본주의다. 마르크스가 말하는 상품의 교환가치는 바로 양의 중요성을 강조한 게 아니던가? 상품의 질적인 측면(사용가치)을 버리고 나면 모든 상품은 오로지 양으로서만 의미가 있다. 모든 상품은 양으로서만 교환된다. 사용가치를 무시하고 오로지 교환 비율만을 중시하는 자본주의는 도구적 이성이 만든 최적, 최고의 경제 제도다.

도구적 이성의 파괴적인 힘 그리고 동일화, 이 두 가지는 명백한 하나의 현실을 가리키고 있다. 그것은 바로 파시즘이다. 파시즘은 흔히 알고 있는 것처럼 정치적인 현상만이 아니다. 즉 아무런 대중적인 기반 없이 일부 정신 나간 파시스트 정치가들이 정권을 장악하고 전횡을 일삼은 게 아니다.

그렇게만 본다면 히틀러의 연설에 열광한 독일 국민들과 온몸으로 미군 전함에 부딪혀간 일본의 가미카제를 설명할 길이 없으며, 지금까지도 흔적이 남을 만큼 강인한 파시즘의 뿌리를 이해하지 못한다(언뜻 비슷하게 여기는 파시즘과 독재의 차이도 거기에 있다. 파시즘은 튼튼한 대중적 기반을 가지고 있지만 독재는 국민의 지지와 무관하게 독재자가 무력으로 정권을 유지하는 강압적 체제를 말한다. 예컨대 박정희의 유신 독재를 파시즘이라 규정할 수 있는지의 여부는 박정희 체제를 지지하는 국민들이 어느 정도였는지에 의해 결정된다).

나치 독일은 제1차 세계대전의 패배로 좌절한 독일 민족의 억압된 소망을 조작하는 데 성공했기 때문에 성립할 수 있었다. 그런 점에서 아도르노는 파시즘을 계몽의 연장이며 유산이라고 본다. 서양의 주류 역사학자들은 대개 파시즘이 생겨난 이유를 히틀러나 무솔리니 같은 일부 전쟁광들의 탓으로 돌리고 싶어 하지만 실은 그렇지 않다. 파시즘은 서양 역사의 특수한 병리적 현상이 아니라 서양 역사의 전개 과정에서(특히 계몽주의의 부정적 측면에서) 비롯된 불가피한 산물이다.

또한 파시즘은 마르크스주의자들이 말하는 것처럼 순전히 자본주의의 제국주의적 단계에만 필연적으로 나타나는 현상인 것도 아니다. 파시즘의 뿌리는 그보다 훨씬 깊다. 파시즘의 근원은 도구적 이성의 파괴적인 힘과 획일화를 추구하는 본성이 결합된 데 있기 때문이다. 그러므로 파시즘은 도구적 이성이 지배하는 한 언제라도 다시 재발할 수 있는 현상이 된다. 그렇다면 파시즘의 시대는 제2차 세계대전으로 영원히 종식된 게 아니다.

비판적 이성의 복원을 위해

이성이 결국 파시즘을 낳았다면 이성을 송두리째 부정하고 싶은 마음이 드는 게 사실이다. 실제로 20세기 초에는 이성과 합리주의를 거부하는 예술운동이 활발하게 전개되었다. 하지만 아도르노가 거부하는 것은 도구적 이성으로 전락한 이성일 뿐이지 이성 자체는 아니다.

이성은 그 내부에 도구적 이성을 치유할 능력을 가지고 있다. 아도르노에 따르면, "문명의 진보는 언제나 지배를 세련화시켰지만, 그와 동시에 지배의 제거에 관한 시각 또한 새롭게 만들어냈다." 도구적 이성도 이성에서 나온 것인 한 결국 본래의 이성으로 되돌아갈 수 있다는 이야기다. 그렇다면 그 복귀는 어떻게 가능할까?

도구적 이성은 기본적으로 자연과 사회를 힘으로 억누르고 지배하고자 하는 데 문제가 있다. 하지만 그렇다고 아예 그런 노력이 없다면 인간의 진보와 문명의 발전도 불가능하다. 두 가지 사이에서 균형을 맞추는 방법은 오직 하나뿐이다. 즉 이성은 대상만이 아니라 자기 자신까지도 비출 수 있는 거울이 되어야 하는 것이다. 이것이 바로 비판적 이성이다.

아도르노의 제안은 이렇다. "스스로 '지배'임을 고백하고 자연 속으로 퇴각하는 결단을 통해 정신은 자신을 자연의 노예로 만드는 지배에의 요구를 분쇄할 수 있다."

그러나 그 제안은 또 다른 제안을 필요로 한다. 즉 자연 속으로 퇴각하는 결단은 어떻게 가능한가의 문제다. 그래서 또 다른 제안이 등장한다. "주체 속에 있는 자연의 기억을 통해 계몽은 지배 일반과 대립한다." 도구적 이성은 자연만이 아니라 인간까지 계량화하고 조작하려 한다. 그러나 그 시도는 완벽하게 실현되지 못한다. 인류 문명의 역사는 지배의 그물을 꿰뚫는 '화해되지 않는 자연'의 존재를 보여준다. 그것이 곧 아도르노가 말하는 '주체 속에 있는 자연'이다. 아무리 타락한 사람이라 해도 마음속을 샅샅이 뒤져보면 일말의 순수함이 남아 있다. 그걸 되살리면 된다. 아도르노는 파괴되지 않고 남아 있는 내적 자연을 도구적 이성의 치료약으로 활용하라고 제안한다.

하지만 아직도 문제는 남는다. 역시 어떻게 그것이 가능한가의 문제다. 화해되지 않는 주체 속의 자연, 내적 자연을 회복하려면 과연 어떻게 해야 할까?

사실 아도르노를 줄기차게 괴롭힌 문제는 물신화 현상이 보편화되고 총체화되어 있는 현대사회에서 인간의 해방, 인간의 자유가 가능한가 하는 것이었다. 이에 대한 그의 답은 일단 회의적이다. 현대사회는 갈수록 지배와 억압이 전능화되며, 게다가 그것을 인식하는 것도 갈수록 어려워지기 때문이다. 심지어 마르크스가 꿈꾼 사회주의사회가 현실로 등장했어도 그 문제를 해결하지 못했다(지금은 그 현실 사회주의마저도 붕괴하고 말았지만). 해방의 길은 대체 있는 걸까?

앞의 두 가지 제안이 철학이었다면 아도르노의 최종적 제안은 예술이다. 마녀 이야기에서 보듯이 근대 이성이 탄생하기 이전까지 서구 사회는 주술이 지배하는 사회였다. 주술은 세속적인 인간관계망에서 벗어난 독자적이고 자기 완결적인 영역을 설정한다는 점에서 예술과 통한다. 따라서 주술과 예술은 하나의 전체이며 동일성이지만, 전체를 그대로 드러내지 않고 특수 속에서 전체를 드러내며 동일성 속에서 다양성을 드러낸다. 그렇기 때문에 예술은 도구적 이성이 지향하는 획일성과 억압적 지배, 전체주의를 극복할 수 있다. 물론 그렇다고 해서 예술과 주술이 지배하던 시대로 되돌아가자는 것은 아니다. 그럴 경우 문명은 포기해야만 할 뿐 아니라 이미 생겨난 이성을 마음대로 폐기 처분한다는 것도 비현실적인 대안이기 때문이다.

그렇다면 여기서 아도르노의 세 가지 제안을 최종적으로 종합할 수 있다. 그것은 철학과 예술의 종합이다. 즉 철학 특유의 개념적 사유에다 예술적 계기를 끌어들이는 방법이다. 하지만 말만 들어도 대단히 복잡하고 어렵게 느껴지는 제안이다.

불행히도 그것은 그다지 훌륭한 대안이 되지는 못한다. 한때 음악도였고 무조음악을 창시한 쇤베르크를 변증법적 사유의 거장이라고 칭송한 아도르노이기에 그런 대안을 제시했는지 모르지만, 히틀러가 바그너의 음악을 좋아했다는 사실을 감안한다면 그의 대안은 어떻게 받아들여야 할까? 물론 아도르노의 대안을 좋은 의미로 해석해, 단순히 특정한 예술 형태나 예술적 심성을 가리키는 게 아니라 예술적 인식을 총체적으로 뜻하는 것이라고 볼 수도 있다. 하지만 도구적 이성에 대한 그의 치밀한 분석에 비하면, 아무래도 대안의 제시는 어딘가 비현실적이고 연약해 보이는 게 사실이다. 앞서 하이데거나 융의 경우에서도 보았듯이, 과학적 인식이 벽에 부딪혔을 때 예술의 영역으로 가서 해답을 찾으려는 시도는 드물지 않다. 그것은 불가피한 귀결일까, 중도 포기일까, 아니면 의무 방기일까?

테오도르 아도르노 Theodor Adorno, 1903~1969
독일의 철학자. 비판적 사회철학을 주장한 프랑크푸르트학파를 이끌었다. 이성이 낳은 파시즘과 전쟁을 겪으면서 인간 이성의 양면성을 몸소 체험한 그는 도구적 이성의 파괴성을 극복할 대안으로 비판적 이성을 제시했다.

자유

자유의 비극

:: 장 폴 사르트르

Jean-Paul Sartre

두 아들을 둔 엄마가 있다. 나눠 먹으라고 조그만 케이크를 만들어주었는데, 두 녀석이 서로 자기가 더 많이 먹겠다고 싸운다. 터울이 한 살밖에 지지 않아 평소에도 늘 다툼이 많은 형제다. 현명한 엄마라면 어떻게 할까? 아주 단순하면서도 효과가 틀림없는 솔로몬의 해결책이 있다. 아무리 어린아이들이라 하더라도 둘 다 전혀 불만을 품을 수 없게 해결하는 방법이다.

"네가 형이지? 그럼 네가 케이크를 두 조각으로 나누렴. 그런 다음에는 동생인 네가 먼저 고르려무나."

이렇게 되면 형은 기를 쓰고 똑같은 크기로 케이크를 자를 수밖에 없다. 형은 자를 권리, 아우는 고를 권리를 가졌으니 불만이 있을 수 없다. 아니, 불만이 있다 해도 겉으로 드러낼 수는 없다.

20세기에 꽃피운 민주주의란 대체로 이런 방식의 제도다. 이 제도의 핵심은 법을 만드는 기관(케이크를 자른다)과 법을 집행하는 기관(케이크를 고른다)이 분리된다는 데 있다. 물론 그게 반드시 최선의 해결 방식일 수는 없다. 이상적인 제도라면 개인의 자유에 아무런 제한을 가하지 않아도 사회가 제대로 굴러갈 수 있어야 할 것이다. 그러나 그건 이상일 뿐이고 현실에서 무엇보다 중요한 것은 어느 누구도 불만을 품을 수 없어야 한다는 점이다. 그런 점에서 민주주의는 이상적인 차선이요 현실적인 최선이다.

자유의 제도적인 제한, 이것이 바로 민주주의의 요체다. 사실 이렇게 거창하게 말할 필요도 없다. 쉽게 말하면 민주주의란 모든 사람이 누구나 자기 마음대로 행동하고 싶어 한다고 가정하고 나서("만인의 만인에 대한 투쟁!"), 그로 인한 욕구의 충돌을 합리적으로 그리고 현실적으로 조정하려는 제도다. 그런데 사람들이 모두 자기 마음대로 행동하려 한다는 게 과연 자유일까? 자유란 대체 뭘까?

전통적인 해석에 따르면, 자유의 반대말은 두 가지가 있다. 하나는 구속이고, 또 다른 하나는 필연이다. 구속은 간단하다. 법의 집행 과정에서 범죄인을 구속하는 것을 생각하면 쉽다. 그 반대말이 자유라는 건 너무도 당연하다. 더 철학적인 의미에서 자유의 반대말은 필연이다. 필연은 인간이 만든 인위적인 '법'이 집행되는 것이 아니라 '법칙'이 관철되는 것을 말한다. 이를테면 물은 높은 곳에서 낮은 곳으로 흐른다는 자연법칙이 무조건적으로 통용되는 것을 필연이라 한다.

그런데 이 전통적인 해석을 무너뜨리고 자유를 그 반대말인 필연과 같은 것으로, 오히려 인간에게 주어진 숙명으로 본 철학자가 있다. 바로 '자유의 철학자' 사르트르다.

빈 그릇과 같은 인간존재

프랑스의 지성이라고 불렸던 사르트르는 자유라는 말을 자기 철학의 핵심어로 삼고 자유의 본질을 파헤치기 위해 고민하고 실천했다. 그의 철학을 흔히 실존철학이라 부르는데, 여기에는 철학적 계보가 있다. 19세기 중반 독일 철학자 후설이 현상학으로 그 지평을 열고, 니체와 키르케고르, 야스퍼스 등이 발전시킨 실존철학은 20세기 초 하이데거가 '실존적 현상학' 혹은 '(현상학적) 존재론'으로 더욱 정밀하게 다듬는다. 이 하이데거의 철학을 받아들여 자유의 철학적 개념을 정립한 사람이 사르트르다.

 자유를 영어로는 'freedom'이라고 하지만(또 다른 말인 'liberty'는 주로 정치적인 의미의 자유다) 한자로 쓰면 '自由'가 된다. 'freedom'은 'free'라는 말에 '공짜'라는 뜻이 있듯이 앞서 말한 것과 같은 '마음대로 한다'는 뜻이 스며 있다. 이에 반해 '自由'는 자못 철학적인 뜻을 담고 있다. 스스로 자, 말미암을 유, 스스로 말미암는다, 즉 자기가 자기의 근원이 된다는 뜻이다.

 사르트르의 자유는 바로 이 근원, 즉 자신의 존재근거와 관련이 있다. 그러나 그 의미는 한자어 '自由'와는 정반대다. 스스로의 내부에 근거를 가지고 있다는 게 '自由'라면, 사르트르의 자유는 근거의 결핍, 즉 무근거성에서 비롯된다.

실 끊어진 연이 자유롭게 하늘을 나는 것처럼 자유란 그렇게 실이 끊어진 상태를 가리킨다. 연은 자유로운 신분이 되었지만 이제 다시는 땅에 안착하지 못한다. 갈기갈기 찢어져 죽음을 맞이하기 전까지는. 인간에게 주어진 자유도 그것처럼 숙명적인 것이며, 인간은 죽음이 오기 전까지는 자유에서 탈출하지 못한다. 자유에서 탈출하다니? 이 묘한 역설은 바로 자유가 인간에게 부담으로 다가오기 때문이다.

자유는 인간존재에게만 고유한 것이다. 하늘에 떠 있는 구름이나 들판에 있는 돌, 산에 있는 나무나 풀 등은 모두 사물로서 즉자即自 존재다. 그 반면 인간존재는 대자對自 존재다. 즉자 존재는 자신의 존재근거를 자신의 내부에 가지고 있으므로 그 자체로(즉자적으로) 존재할 수 있다. 하지만 대자 존재는 결핍된 존재, 즉 속이 텅 빈 존재다. 따라서 대자 존재는 자신의 빈속을 채우기 위해 다른 무엇(대상)을 필요로 하며 그 다른 것이 없이는 그 자신도 존재할 수 없다.

사르트르가 이렇게 자유의 개념을 정의한 데는 철학사적인 맥락이 있다. 데카르트가 "나는 생각한다, 그러므로 나는 존재한다."라는 말로 근대 철학의 문을 활짝 열어젖힌 이후 철학은 신학의 시녀라는 신분에서 벗어나 인간 세상으로 내려왔다. 데카르트는 모든 것이 불확실하다고 의심해도 그렇게 의심하는 '나'라는 존재가 있다는 것만은 확실하다고 생각했다. 그래야만 모든 것에 대한 그 의심 자체도 성립할 수 있기 때문이다.

여기에는 사실 흄과 같은 극단적 회의론자에 맞서 철학적 기반을 만들기 위한 의도도 한몫 거들었다. 흄은 데카르트의 방법적 회의를 더 연장해, 그야말로 모든 것을 회의한 사람이다. 심지어 바로 어젯밤에 책상 위에 있었던 연필이 오늘 그 연필과 동일한 것인지조차 그 누구도 확신할 수 없다는 게 그의 견해다. 하기야 마냥 정밀하게만 본다면, 아무도 건드리지 않았어도 혹시 바람으로 인해 약간이나마 연필의 표면이 침식당했을 수도 있고, 눈에 보이지 않을 만큼 작은 벌레가 아주 조금 갉아먹었을지도 모르는 일이다. 결국 흄은 사물의 동일성이란 대상 자체에 있는 것이 아니고 그 사물을 인식하는 사람의 마음속에서 종합되는 것일 뿐이라고 결론 내릴 수밖에 없었다(그런 점에서 그는 현상학의 선구자라고 할 수도 있다).

그러나 이런 식의 사고는 모든 논의의 기반을 해체하는 것이므로 더 이상의 철학적 논의와 사고가 불가능해진다. 따라서 이후의 철학자들은, 설사 그렇게 모든 것을 회의할 수 있다 해도 그 회의하는 주체만은 있어야 한다는 데카르트의 발상으로 돌아갈 수밖에 없다. 하지만 거기에도 문제는 있다.

데카르트는 방법적 회의를 통해 인간을 하나의 실체처럼 응고시켜놓았다. 모든 것을 소거하고 남은 것이 '의심하는 주체'이므로, 결국 인간은 심리(학)적인 자아와 같이 돌처럼 단단히 굳은 조그마한 존재가 되어버리는 것이다. 따라서 여기서는 인간이라는 인식의 주체와 사물이라는 인식의 대상이 서로 완전히 분리된다. 이러한 주관과 객관의 분리가 실증과학을 낳았고, 이에 따라 자연과학이 발전하게 된 것은 사실이다.

하지만 앞서 보았듯이 후설의 현상학은 바로 이것을 부정하고 나섰다. 현상학은 인간의 경험을 경험이도록 하는 것이 무엇인가, 즉 주관과 객관이 분리되기 이전의 경험(즉 선)은 무엇인가 하는 근원적인 물음을 제기함으로써 인간을 '열린 존재'로 만들었다. 이 관점을 이어받은 하이데거는 다자인이라는 개념을 통해, 인간이란 경험의 주체이지 경험의 객체나 대상이 될 수 없다는 인간존재의 특수한 현실을 주장했다.

이에 따라 인간의 존재근거는 다시 새롭게 정립될 필요가 생기게 되었다. 어떻게 보면 인간은 늘 변함이 없었는데, 시대에 따라 달리 규정되었다고 할 수 있다. 중세에 신의 노예였던 인간은 르네상스 시대에 데카르트에 의해 실체가 되었다가 현상학에 이르러 속이 비어버린 존재가 된 것이다(나중에 보겠지만, 그래서 푸코는 '사물'은 불변인데 사물에 관한 '말'이 달라지는 게 곧 지식의 역사라고 본다).

비극을 숙명으로 하는 자유

존재근거가 비어 있으므로 인간은 끊임없이 자신의 존재근거를 채우기 위해 뭔가 외부 대상을 지향志向할 수밖에 없다. 마치 주변의 것들을 끊임없이 먹어치우는 불가사리처럼 인간은 계속 자신의 바깥을 욕망한다. 그런데 바깥에 존재하는 대상과 그 대상을 지향하는 주체는 존재론적으로 같은 등위의 것일 수 없다. 빈 그릇에는 물을 담을 수도 있고 음식물이나 잉크를 담을 수도 있다. 물과 음식물, 잉크 등은 그릇에 담을 수 있는 내용물이라는 점에서 모두 같은 등위의 것이지만, 그릇은 그렇지 않다. 그렇다면 그릇의 존재 방식과 물, 음식물, 잉크의 존재 방식은 같을 수 없는 게 당연하다.

이렇게 빈 그릇과 같은 인간은 끊임없이 뭔가로 속을 채우려 하지만 애초부터 결핍되어 있던 것이 외부 대상으로 완전히 채워질 수는 없다.

그래서 인간존재는 끊임없이 외부 대상을 지향하면서도 대상이 포착되면 곧바로 그것은 자신의 존재근거가 아니라고 부정한다. 인간의 욕구는 영원히 충족될 수 없다. 결국 인간은 매순간마다 욕구 자체로 존재하는 것이다. 즉 인간의 순수한 존재 방식은 욕구다.

이를테면 목이 마를 때 우리는 갈증이라는 욕구의 형식으로 존재한다. 하지만 갈증이 우리의 근본적인 존재 방식은 아니다. 즉 물을 마신다고 해서 애초에 없던 우리의 존재근거가 불쑥 생겨나지는 않는다. 물을 마시기 전까지는 물이 나의 근거를 채워줄 수 있을 것 같은 환상을 품지만, 일단 마시고 나면 그렇지 않다는 걸 금세 깨닫게 된다. 그렇기 때문에 우리의 의식은 물이 우리의 존재근거가 아니라고 부정하면서 또 다른 무엇을 찾아 나서게 된다. 결국 우리는 해바라기처럼 언제나 덧없이 바깥만 바라보며 살아가는 존재다.

무엇인가 외부 대상으로 비어 있는 내부를 채우려 할 수밖에 없다는 점, 그러나 항상 그 바깥의 것은 결코 자신의 존재근거가 될 수 없다는 점, 이는 곧 인간존재가 끝내 언덕 위에까지 바위를 밀어 올리지 못하는 그리스 신화의 시시포스와 같은 처지라는 것을 뜻한다. 물론 시시포스처럼 인간은 그래도 계속 바위를 언덕으로 밀어 올려야만 한다(시시포스는 원래 교활한 인물이었으나 실존주의 작가인 알베르 카뮈 덕분에 실존적 비극의 표상으로 환골탈태했다).

시시포스의 비극, 따라서 자유는 비극을 숙명으로 한다. 자유란 곧 바깥에 대한 이루어질 수 없는 짝사랑이다. 이런 의미에서 사르트르는 "인간에게 자유는 선고된 것"이라고 말한다(법정에서 형량이 선고되는 것과 같다는 뜻이다).

결핍과 무근거라는 본성으로 인해 인간은 필연적으로 자유로울 수밖에 없다. 지금 밥을 먹을 것이냐, 빵을 먹을 것이냐는 전적으로 내 자유다. 지하철 2호선을 탈 것이냐, 4호선을 탈 것이냐도 전적으로 내 자유다. 어느 것을 꼭 선택해야 한다는 필연성은 없다. 이는 어느 선택이 옳다 그르다는 문제가 아니다. 옳고 그름을 이야기하려면 이미 가치판단이 개입된다. 예컨대 효율성이라는 잣대를 기준으로 판단할 수도 있을 것이다. 하지만 나는 그 효율성을 얼마든지 부정할 수도 있는 인간존재이므로 그것은 온전한 내적 근거가 되지 못한다.

따라서 어떠한 상황에서도 인간은 선택의 자유를 가진다. 그러나 그 자유는 결코 즐거운 자유가 아니라 존재의 무근거성으로 인한 숙명적인 부담일 뿐이다. 자유가 오히려 부담이라고? 그렇다면 자유는 자유롭지 않다는 게 아닌가? 역설이지만 엄연한 현실이다(사실 여러 가지 선택의 가능성이 많다는 게 오히려 부담이 되는 경우는 일상생활에서도 흔히 볼 수 있다).

최악의 순간에도 인간은 자신의 빈 근거를 원하는 것으로 채울 수 있는 선택의 자유를 가진다. 심지어 사르트르는 "인간에게는 언제든 자살을 선택할 자유가 있다."라고 말한다. 죽을 자유가 있다면 또 무슨 자유가 더 필요하랴? 그러나 보통 죽을 자유를 자유라고 말하지 않듯이, 그것은 동시에 자유가 크나큰 부담이라는 뜻이기도 하다.

즉자 존재라면 어떨까? 대자 존재와 달리 즉자 존재는 그 자체로 자기 충족적이므로 자유를 가질 수도 없고 또 가질 필요도 없다. 자신의 존재, 자신의 자유에 부담을 느끼는 건 오직 대자 존재뿐이다. 물론 대자 존재인 인간도 일시적으로는 즉자 존재처럼 존재할 수 있다. 예를 들어 책을 열심히 읽고 있다고 하자. 우리는 책에 완전히 몰입한 탓에 그동안 내내 약간씩 가중되어온 눈의 피로와 통증을 아직 깨닫지 못한다. 하지만 이 시간 동안에도 눈의 피로와 통증은 존재하고 있다. 아직 의식의 포로가 되기 이전에, 즉 의식에 의해 대상화되기 이전에 통증은 순수하고 투명한 상태로 존재하고 있다. 이것이 바로 실존이다. 그러나 우리가 그 피로를 의식하는 순간 그것은 실존에서 벗어난다. 대상화되어 주체에게서 분리되는 것이다.

이러한 주관과 객관의 분리가 바로 즉자에서 대자로 이행하는 과정이다. 어찌 보면 주관과 객관의 미분리라는 순수 실존의 상태에서 '타락'하는 격이니, 대자 존재에게 자유의 부담이 생기는 건 당연하다. 결국 인간이 투명한 즉자적 상태에 머물 수 있는 시간은 기껏해야 일시적일 뿐이다. 순수하고 완전한 자유도 역시 일순간일 뿐, 시간이 지나고 나면 의식의 침투로 더럽혀지고 파괴되어버린다.

존재와 무

어쨌든 선택의 자유가 있다는 것은 일상생활에서는 결코 나쁜 일이 아니다. 오히려 생활 속에서는 자유의 조건을 갖추지 못한 사람이 더 많으니까 '자유의 부담'이란 역설이며 사치스런 핑계일 뿐이다. 이를테면 점심으로 뭘 먹을까를 결정하지 못해 부담스러워한다면 노숙자가 화낼 일이다.

그런 점에서 사르트르의 자유는 흔히 사회 속에서 살아가는 구체적인 인간존재의 모습을 그려내지 못하고, 철학적 관념론에만 머물렀다는 비판을 받는다. 하지만 사르트르의 자유는 일상적인 의미의 자유와는 거리가 있다. 맨 앞에 예로 든 형제의 경우가 일상적인 자유라면, 사르트르의 자유는 그보다 훨씬 본원적이고 존재론적인 자유를 가리킨다. 일상적인 자유라면 개인들끼리 비교와 평가도 얼마든지 가능하겠지만, 존재론적인 자유는 어느 누구도 피할 수 없는 공통적인 숙명이다.

대학의 철학개론 강의에서 가장 먼저 배우는 철학 용어 가운데 '피투성被投性'이라는 게 있다. 누구나 원해서 태어나는 게 아니라 자신의 의도에 상관없이 이 세상에 던져진 존재라는 이야기다. 이것은 곧 인간이 자신의 존재근거를 자기 안에 가지고 있지 못하다는 무근거성 때문에 필연적으로 자유로울 수밖에 없다는 실존철학의 명제와도 일맥상통한다.

사르트르의 가장 주요한 철학 저작의 제목은 《존재와 무》다. 지금까지 우리가 이야기한 자유의 개념은 사실 이 책의 제목이 훌륭하게 요약하고 있다. 제목에서 '존재'란 즉자 존재의 존재 방식을 가리키며, '무無'란 대자 존재, 인간의 존재 방식을 가리키기 때문이다. 따라서 '존재와 무'란 곧 모든 존재의 존재 방식을 다룬 총체적 존재론을 뜻한다.

인간존재의 존재 방식은 무다. 쉽게 말해 '인간은 없다.' 자기의 안이 텅 비어 있기에 항상 바깥을 지향하며, 지향하는 것마다 자신의 존재가 아니라고 부정할 수밖에 없는, 자유로우면서도 자유의 부담을 숙명처럼 지고 있는 존재가 바로 우리 인간이다. 그렇다면 그런 인간존재의 하나이면서 그런 숙명을 이야기한 사르트르는 자유로웠을까?

유명한 사르트르의 소설 《구토》의 주인공 로캉탱은 연금 생활자다. 부자는 아니지만 그런대로 연금이 있는 덕분에 그는 생활고의 부담을 지지 않는다. 따라서 그는 자유롭다! 하지만 로캉탱은 그 자유의 대가를 톡톡히 치른다. 연금 덕분에 생긴 남아도는 시간을 그는 견디지 못하는 것이다. 그에게 여분의 시간이 주는 자유는 기껏해야 실존적 부담일 뿐이다. 생활고의 부담이 실존적 부담으로 바뀐 셈이다. 그래서 로캉탱은 도서관에서 백과사전을 A부터 Z까지 순서대로 공부하는 것으로 그 시간을 견딘다. 역시 사르트르에게도 실존적인 자유는 부담이었을까?

장 폴 사르트르 Jean-Paul Sartre, 1905~1980
프랑스의 철학자이자 소설가. '자유의 철학자'라는 별명으로 불리며 '행동적 지식인'의 원조였던 그는 현상학과 실존철학, 마르크스주의를 오가는 등 사상적 편력이 잦았으며, 소설과 희곡 등 문학에도 조예가 깊은 팔방미인형 사상가였다.

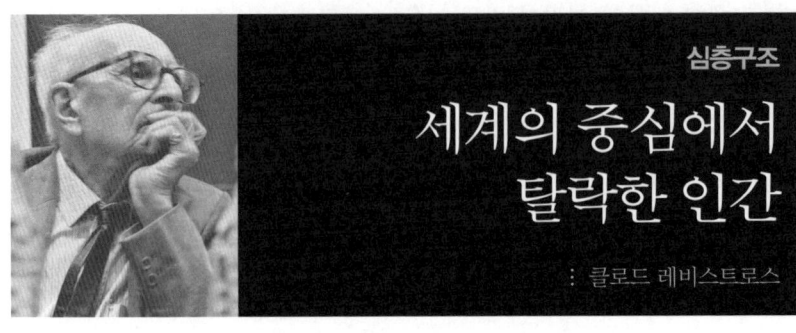

심층구조
세계의 중심에서 탈락한 인간

: 클로드 레비스트로스

Claude Lévi-Strauss

피아노로 〈고요한 밤〉이라는 간단한 곡을 연주한다고 해보자. 피아노에 익숙하지 않은 사람이라도 이 정도는 칠 수 있다. 4분의 3박자에 맞춰 오른 손가락으로 솔, 라, 솔, 미를 두 번 반복하면 '고요한 밤, 거룩한 밤'까지 쉽게 연주할 수 있다. 그런데 이것은 멜로디일 뿐 화음이 없으므로 아직 연주는 완성되지 않았다. 화음은 어떻게 칠까? 간단한 피아노곡의 경우 오른손으로는 멜로디를 치고 왼손으로는 화음을 치는 게 보통이다.

하지만 〈고요한 밤〉의 멜로디는 쉽게 기억나는데 화음은 들어본 기억이 별로 없다. 오른손이 치는 멜로디와 왼손이 치는 화음은 모두 같은 피아노에서 나는 소리인데, 왜 멜로디만 기억에 남는 걸까? 그것은 우리가 어릴 적부터 〈고요한 밤〉을 주로 노래로만 불러왔던 탓에 우리의 귀가 멜로디에 익숙해져 있기 때문이다(입으로 노래를 부르며 화음까지 낼 수 있다면 기인열전에 나가봐야 한다).

또 다른 이유도 있다. 멜로디는 마디에 따라 수시로 변하는데, 화음은 잘 변하지 않기 때문이다. 아무래도 변하지 않는 것보다는 자주 변하는 부분이 귀에 더 잘 들어오게 마련이다. 사실 화음은 멜로디보다 더 깊은 곳에 있고 더 근본적인 음악적 요소다. 예를 들어 도, 미, 솔 화음 하나만 가지고도 수백 가지의 멜로디를 앉힐 수 있다.

화음에 리듬이 더해지면 그것만으로도 훌륭한 음악이 된다. 음악을 잘 모르는 사람이라도 화음과 리듬이 연속되는 악구를 들으면 몇 가지 멜로디를 뚝딱 만들어낼 수 있을 정도다. 멜로디는 화려하고 마치 음악의 주인공 같지만 실은 화음과 리듬이 리드하는 대로 따르는 존재에 불과하다. 멜로디가 영화배우라면 화음과 리듬은 영화감독이다. 그래서 실력 있는 음악가들은 대개 멜로디보다는 화음과 리듬을 더 중시한다.

멜로디가 표층이라면 화음과 리듬은 심층이다. 표층은 수시로 변하지만 심층은 상대적으로 불변하는 성질을 가진다. 레비스트로스가 말하는 구조주의는 그런 관계와 비슷하다.

사회적 무의식도 있을까?

표층에 있는 현상은 우리에게 익숙하지만 심층의 구조는 그렇지 않다. 그렇다면 구조는 어떻게 인식할 수 있을까? 구조를 인식하는 간단한 방식으로는 부재증명, 즉 알리바이의 원리를 이용하는 게 있다. 앞서 든 〈고요한 밤〉에서, 음악에 익숙하지 않은 사람이라도 화음을 쉽게 인식할 수 있는 방법이 있다. 화음을 빼보면 된다. 즉 왼손은 가만히 있고 오른손으로 멜로디만 연주하는 것이다. 누가 들어도 그것은 제대로 된 곡이라고 볼 수 없다. 아무리 음악을 모르는 사람이라도 멜로디만으로는 완성된 피아노 연주가 아니라는 것을 쉽게 안다. 따라서 화음은 있으면 있다는 게 들리지 않고 오히려 없으면 없다는 것이 '들리는' 셈이다. 이처럼 심층은 부재증명으로 자신의 존재를 증명한다.

왜 그럴까? 심층은 대개 당연시되는 경우가 많기 때문이다. 멜로디와 화음이 섞여 나오면 대개의 사람들은 멜로디를 좇아 흥얼거릴 뿐 화음은 듣지 않는다. 이 경우 화음은 당연시되고 있는 것이다. 만약 그때 불협화음이 툭 불거져 나온다면 듣는 사람의 귀에 즉시 들어가겠지만, 멜로디에 자연스럽게 어울리는 화음이 계속 연주되고 있다면 듣는 사람은 오히려 그것을 듣지 않는다. 멜로디에 어울리는 화음은 당연한 것으로 지나쳐버린다(앞서 하이데거의 경우에서 말한 숙련된 목수의 망치질과 같다. 실존철학과 구조주의는 전혀 무관한 철학 사조들임에도 때로 이렇게 동시대성을 보여준다).

이처럼 심층, 즉 구조는 많은 사람들에게 당연시되고 있다. 너무나 당연한 것이기 때문에 아무도 그 존재나 구성을 주목하지 않는다. "당연시하는 게 자연스러운 거 아니냐?" 또는 "굳이 주목할 필요가 없으니까 그런 거 아니냐?"고 반문할 사람도 있겠다. 그러나 과연 그럴까? 적어도 레비스트로스는 그렇게 생각하지 않았다. 그는 많은 사람들이 당연시하는 것 속에 가장 중요한 것, 반드시 의문시해야 할 것이 숨어 있다고 보았다.

무의식을 발견한 프로이트는 무의식이 의식보다 훨씬 중요한 비중과 의미를 가진다고 말한 바 있다. 레비스트로스는 그런 프로이트의 견해에 동의하고 구조를 일종의 무의식이라고 본다. 하지만 그가 관심을 가진 구조는 심리 구조가 아니라 사회구조이므로 개인의 무의식과는 다르다. 그래서 레비스트로스는 구조를 사회적 무의식이라고 부른다. 기존의 사회학과 인류학이 눈에 보이는 것, 확실히 대상화할 수 있는 것을 과제로 설정했다면, 레비스트로스는 눈에 보이는 것의 심층에 놓여 있는 보이지 않는 구조를 연구 과제로 삼는다.

그런데 눈에 보이지 않는 것을 어떻게 과제로 설정할 수 있을까? 구조가 눈에 보이지 않는다는 말은 문자 그대로의 뜻이 아니라 경험적 인식으로는 구조를 찾아낼 수 없다는 뜻이다. 물론 구조는 개별적이고 피상적인 인식으로는 파악될 수 없는 깊은 심층에 있다(멜로디의 이면에 흐르는 화음과 리듬을 포착하려면 어느 정도 음악적 안목이 필요한 것과 같다). 하지만 구조가 심층에 있다는 말은 구조가 누구의 의식에도 드러나지 않는 외딴 곳에 꼭꼭 숨어 있다는 뜻이 아니다. 오히려 그 반대로 구조란 누구든 볼 수 있는 위치에 있기 때문에 파악하기 어려운 것이다. 바로 그렇기 때문에 쉽게 당연시되는 것이다!

식탁 위에 있는 아주 작은 세균들은 사실 누구의 눈에도 드러나 있지만 현미경이 없으면 아무도 그것들을 볼 수 없다. 이때 세균들은 눈에 보이는 것이라고 해야 할까, 아니면 보이지 않는 것이라고 해야 할까? 이와 마찬가지로 구조란 누구의 눈에도 드러나 있지만 모두가 당연시하고 있기 때문에 보이지 않을 뿐이다. "정작으로 중요한 것은 눈에 보이지 않는다."라는 말은 여우가 어린 왕자에게 하는 이야기만이 아니다. 구조는 그 구조를 포함하고 있는 공간(이를테면 사회, 체계 등)이 존립할 수 있도록 해주는 역할을 하기 때문에 보이지 않으면서도 중요한 것이다.

앞서 말한 부재증명의 방식은 처음과 끝이 닫혀 있는 단순한 체계인 경우에 적용할 수 있다. 더 복잡하고 가변적인 체계, 이를테면 사회구조 같은 경우에는 그런 방법이 통용되는 데 한계가 있다. 그래서 이 경우에는 또 다른 인식 방법이 필요하다. 그것은 현상을 통해 구조에 접근하는 것이다. 어차피 우리에게 주어지는 것은 구조 자체가 아니라 현상일 수밖에 없으니까.

현상을 통해 구조에 접근한다는 것은 언뜻 생각하면 귀납적인 방법으로만 생각될지 모르지만 그렇지만은 않다. 여기에는 연역적 사고방식도 요구된다. 수많은 현상을 종합해보고 공통된 요소를 추출하는 어려운 작업이 필요하기 때문이다. 레비스트로스는 현상을 통해 구조에 접근하면서 연역적인 방법과 귀납적인 방법을 섞어 사회구조를 인식하려 했다.

그렇다면 레비스트로스 역시 "말할 수 없는 것을 말해야 한다."라는 비트겐슈타인의 명제, 나아가 현대 철학의 근본 과제에 봉착할 것은 당연하다. 프로이트가 무의식을 연구할 때도 마찬가지였다. 앞서 보았듯이 무의식이란 의식과 대립되는 것으로서, 그 자체로는 의식 선상에 떠오르지 않고 이따금 징후만을 보여줄 뿐이다. 그래서 프로이트는 그 단편적인 징후들을 모아 무의식의 체계를 밝히고자 했다. 이와 마찬가지로 레비스트로스도 구조가 가끔씩 보여주는 현상들을 연구함으로써 구조를 밝히려 한다(레비스트로스, 하이데거, 비트겐슈타인, 프로이트는 전혀 다른 철학을 전개했지만 역시 같은 시대의 사상이었다).

근친상간의 금지

프로이트의 정신분석학과 더불어 레비스트로스가 가장 크게 의존한 것은 구조언어학이다. '언어는 무의식과 같은 것'이라는 명제 아래 새로운 방향의 언어학을 정립한 야콥슨과 트루베츠코이 등 구조언어학자들의 성과를 방법론으로 삼아 레비스트로스는 구조인류학의 분야로 나아간다.

구조언어학에서는 개별 언어를 문제시하지 않고 모든 언어의 바탕에 깔려 있는 무의식적인 언어 구조를 발견했다. 그렇다면 레비스트로스가 구조인류학에서 발견하고자 하는 구조도 역시 개별 사회와 무관하게 모든 사회의 바탕에 깔려 있는 공통적인 요소, 즉 모든 사회가 존립하기 위한 바탕이 되는 요소일 것이다. 그건 뭘까?

인류학 연구를 통해 레비스트로스는 현존하는 수많은 인간 사회를 정밀하게 분석한 결과, 하나의 공통적인 요소를 추출해냈다. 그것은 바로 근친상간의 금지라는 원칙이다. 어떠한 사회라 할지라도, 설사 아무리 독특하고 이질적인 사회라 할지라도, 인간 사회인 이상 근친상간을 용인하는 곳은 없다. 이것이 레비스트로스가 귀납적인 방식으로 도달한 결론이다. 근친상간의 금지는 모든 인간 사회의 존립 조건이다.

다른 한편 그는 연역적인 방식으로도 그 사실을 증명한다. 그것을 위해서는 근친상간의 금지가 동물과 인간을 가르는, 따라서 자연과 인간 사회를 가르는 가장 중요한 기준이라는 점을 밝히면 된다. 수컷 한 마리가 암컷 여러 마리를 거느리는 아프리카의 사자 무리에서 보듯이 동물의 집단에서는 근친상간이 무리를 존속시키기 위한 필요조건이 된다. 물론 아주 좁은 범위의 근친상간은 유전적인 문제를 야기하지만, 예컨대 사촌 간의 짝짓기까지 금지된다면 동물 집단은 존속할 수 없을 것이다. 그러나 인간 사회에 근친상간이 허용될 경우 가족까지는 성립해도 사회는 성립할 수 없다. 사회란 가족 외적인 인간관계망을 토대로 해야만 발생할 수 있는 집단이기 때문이다. 그러므로 근친상간의 허용과 금지 여부는 자연과 인간 사회를 구분하는 경계선이다.

근친상간이 금지되어 있다면 한 집단은 '홀로서기'로 존속하지 못하게 된다. 자손을 번식시키려면 남자와 여자가 결합해야 하는데 근친상간이 금지되어 있으므로 다른 집단과의 교류가 반드시 필요하다. 이 교류는 곧 여자의 교환으로 나타난다. 이렇게 결혼을 매개로 이루어지는 인간관계는 인간 사회의 보편적인 특징이다. 레비스트로스는 두 개 이상의 집단이 여자를 주고받음으로써 친족 관계가 형성되고 이것이 곧 사회구조의 기초가 된다고 말한다.

여자를 교환한다니까 뭔가 불순한 냄새가 나는 것 같지만 그렇게 오해할 필요는 없다. 그냥 다른 사회에서 짝을 찾는다는 의미일 뿐이다. 결혼을 매개로 각 사회가 교류하는 방식은 얼마든지 여러 가지가 있을 수 있다. 예컨대 모계사회의 경우에는 여자를 교환하는 게 아니라 남자를 교환하는 방식이 성립한다. 그러므로 중요한 것은 여자를 교환하느냐, 남자를 교환하느냐 하는 따위의 구분이 아니라, 근친상간의 금지라는 사회적 무의식의 바탕 위에서 결혼이라는 교환이 이루어지는 것이 인간 사회의 근본 조건이라는 사실이다. 각각의 사회마다 교환 방식이 구체적으로 어떻게 달라지느냐는 것은 인류학에서는 중요하지만 구조주의 철학에서는 주변적인 요소에 불과하다.

이 점에서 레비스트로스가 취한 자세를 알 수 있다. 그것은 그가 구조

언어학에서 끌어낸 교훈이기도 하다. 구조언어학에서 중요한 것은 실체가 아니라 관계다. 예를 들어 구조언어학에서는 음소들 각각이 그 자체로 실체적인 의미를 가진다고 보지 않는다. 'ㄱ'이라는 음소 내에 실제 'ㄱ'이라는 음가가 내장되어 있는 것은 아니다. 'ㄱ'은 이를테면 'ㅁ'이나 'ㅅ'과 다르다는 점에서 자신의 음가를 유지한다. 바꿔 말하면 'ㄱ'은 그 자체로서가 아니라 다른 음소들과의 차이에 의해서 설명되는 것이다. 앞서 소쉬르의 경우에서 살펴본 것과 똑같은 추론이다.

레비스트로스는 구조언어학에 나오는 그러한 '차이의 관점'을 구조인류학으로 확대 적용한다. 하나의 사회는 수많은 요소의 집합으로 이루어져 있다. 실체적 관점에 물든 기존의 사회학과 인류학에서는 그 요소들을 정밀하게 분석하면 그 사회의 본질을 파악할 수 있다고 말한다. 하지만 레비스트로스는 그와 달리 각각의 요소가 지니는 가치가 아니라 그것들이 결합되어 있는 '관계'를 중시한다. 여기서 각 요소는 전체 체계, 구조의 일부로서만 의미를 가질 뿐이다.

인간을 버리고 구조를 취하다

명칭에서부터 짐작할 수 있듯이, 구조주의는 인간이 세계의 주인공이라는 관점을 거부한다. 굳이 주인공을 꼽는다면 인간이 아니라 구조다. 소쉬르의 구조언어학에서 인간이 언어의 주인이 아니라 오히려 언어가 인간의 주인이라고 본 것과 같은 맥락이다. 레비스트로스는 인류학의 내용이나 방법론에서 모두 근대 이성이 지배하는 계몽의 시대에 주류를 이루었던 인간주의를 받아들이지 않는다. 그런 점에서 구조주의는 반反인간주의라고 할 수 있지만, 물론 도덕적인 의미에서 비인간적이라는 뜻은 아니다.

앞서 레비스트로스의 구조는 사회적 무의식이라고 말한 바 있다. 프로이트의 무의식과 마찬가지로 구조 역시 무의식이라는 점에서 의식의 대상과는 거리가 있다. 인간은 의식적으로 근친상간을 금지한 것도 아니고, 결혼을 매개로 해서 각 집단이 교류하기로 애초부터 약속하고 사회를 출발시킨 것도 아니다. 따라서 레비스트로스의 구조주의가 반인간적이라는 것은 사회구조가 인간의 의식과 독립적이고 독자적인 지위를 가지고 있다는 뜻이다(그럼에도 불구하고 사회구조 역시 인간 실천의 산물이라는 사실은 부정되지 않는다).

더욱이 레비스트로스의 구조는 의식으로 파악할 수 있는 경험적 구조와는 상당히 다르다. 사실 레비스트로스가 가장 경멸했던 것은 그가 한창 활동하던 20세기 중반까지 전 세계를 풍미한 경험주의와 그 방법론인 기능주의였다. 기능주의는 하나의 체계system를 상정하고 체계의 각 구성 부분이 전체 체계에 어떤 기능을 하는가에 따라 각각의 의미를 결정할 수 있다고 보는데, 여기서 체계를 구조와 등치시킨다면 언뜻 구조주의와 비슷하게 여겨지기도 한다(그래서 미국에서 발달한 구조기능주의를 프랑스에서 탄생한 구조주의와 같은 것으로 여기는 일부 몰상식한 학자들도 있다). 그러나 기능주의는 기능과 속성만을 중시하고 보편성과 본질론은 포기하고 있다는 점에서 오히려 그것들을 추구하고 있는 구조주의와는 근본적으로 다르다.

레비스트로스가 근친상간의 금지라는 논의의 전제를 찾아낸 계기는 모든 사회에 공통된 질서를 찾아내려는 데 있었다. 마치 모든 개별 언어의 뿌리에 있는 언어 구조를 테마로 해서 구조언어학이 성립했듯이, 그는 각기 다른 다양한 사회와 문화에 공통되는 것을 구조인류학의 테마로 삼았으며, 그것이 바로 근친상간의 금지였다. 이 원칙은 이른바 미개사회라고 불리는 곳이나 문명사회에나 모두 사회의 존립 조건으로 작용하는 것이었다.

여기서 주목할 것은 레비스트로스가 보편적인 것에 관심을 지니고 있었다는 점이다. 그는 분명히 구조를 통해 일반적인 법칙을 발견하는 것을 염두에 두고 있었다. 그가 한편으로 근대를 벗어나면서도 다른 한편으로 여전히 근대에 속해 있다고 볼 수 있는 근거도 바로 그 점에 있다.

레비스트로스는 인간을 자명한 주체로, 인식의 중심으로 전제하는 근대적 관점 대신 인간을 탈중심화하고 구조를 중심에 놓는 구조주의적 관점을 정립했다. 하지만 그와 동시에 그는 그렇게 발견한 구조를 토대로 삼아 보편적이고 일반적인 이론과 법칙을 추구하고자 했다. 보편성에 대한 관심은 근대적 관점의 특징이자 상징이다. 따라서 그는 근대와 탈근대의 경계에 서서, 보편 법칙을 포기하지 않는 근대의 마지막 주자이면서 동시에 주체를 포기한 탈근대의 첫 주자가 된 셈이다.

클로드 레비스트로스 Claude Lévi-Strauss, 1908~2009
프랑스의 철학자이자 인류학자. 구조주의의 대명사라 할 그는 겉으로 보기에는 지극히 다양해 보이는 인간 사회의 근저에 뭔가 공통적인 요소가 있다고 믿고 그것을 추구했다. 그는 그것을 바로 근친상간의 금지라고 보고, 각 사회에서 근친상간을 금지하는 제도가 어떤 공통점을 가지고 있는지를 연구했다.

신화
현대의 신화

: 롤랑 바르트

Roland Barthes

수십 년 전, TV가 아직 초창기였을 때는 라디오 연속극이 지금의 TV 드라마처럼 인기가 높았다. 그때 유명한 연속극 중에 〈전설 따라 삼천리〉라는 게 있었다. 어느 고을 어느 마을의 효자나 열녀 이야기, 마을 어귀에 있는 큰 바위나 당산나무에 얽힌 이야기가 단골 메뉴였고, 또 여우 이야기도 빠지지 않았다. 넓적다리 살을 베어내서 어머님께 효도했다는 어느 효자, 남근 모양의 바위에 치성해 아들을 얻었다는 어느 여인, 사람으로 둔갑해서 착한 사람들을 홀렸다는 나쁜 여우, 사람이 되고 싶었지만 나쁜 사람들의 잘못으로 꿈을 이루지 못했다는 착한 여우 등이 주요 등장인물이었다.

   효자나 열녀는 물론이고 바위나 나무, 또는 여우조차 실은 사람에 관한 이야기를 하기 위해 만든 소재다. 이렇듯 우리나라의 전설에서는 늘 사람이 기둥 주제다. 그 점에서 서양은 좀 다르다. 서양에서는 사람보다 신의 이미지가 훨씬 강하다. 그리스와 로마의 신화가 그렇고 북유럽의 신화도 그렇다. 따지고 보면 유럽이 아닌 이집트나 인도의 신화도 마찬가지다. 그렇다면 우리나라의 신화나 전설이 특이한 구조를 가진 셈이다.

물론 신이 주인공으로 등장하는 신화도 역시 근본적으로는 사람에 관한 이야기라고 할 수도 있지만, 서양의 신들이 나름대로의 이름(아폴로, 이시스 등)과 역할(태양의 신, 농업의 신 등)까지 확고히 가졌던 것을 보면, 역시 우리나라보다는 신의 배분이 더 크다고 해야 한다. 그래서 우리나라에서는 신화보다 전설legend이 일반적이지만 서양에서는 신화myth가 전설보다 더 큰 의미를 지닌다.

신화는 고대 세계에만 있었던 걸까? 고대의 신들은 지금까지도 문학이나 예술, 철학 등에 널리 원용되고 있지만, 그렇다고 해서 고대에만 신화가 있었던 것은 아니다. 현대에도 신화는 있다.

신화라고 하면 대뜸 종교가 연상되겠지만, 현대의 신화는 종교와 무관한 것도 많다. 외계인이나 4차원, UFO, 텔레파시 등 기술 문명의 발달과 함께 부산물로 생겨나는 테크놀로지 신화가 있는가 하면(물론 UFO가 실존한다면 신화가 아니다), 스포츠맨이나 영화배우 등을 신비화하거나 영웅화하는 미디어 신화도 있다.

고대인이나 현대인이나 인간은 신화 없이는 살아갈 수 없는 모양이다. 그런데 기술 신화나 미디어 신화 같은 것이라면 그냥 재미있게 듣고 넘기면 그만이지만, 바르트가 제시하는 신화는 훨씬 더 진지하게 고찰해야 한다.

당연시되는 것을 의문시하라

바르트가 신화라는 개념으로 분석하고자 하는 것은 고대의 신화가 아니라 현대의 신화, 더 구체적으로 말하면 프랑스 부르주아사회의 신화다. 고대가 아닌 현대의 신화라면 당연한 일이겠지만, 바르트의 신화에는 신이 등장하지 않는다. 신이 없는 신화라면 뭘까?

바르트가 말하는 현대의 신화란 '누구나 당연시하고 넘어가는 것'을 가리킨다. 너무나 자연스럽고 자명한 것이라서 아무도 의문부호를 달지 않는 것, 이것이 현대의 신화다(사실 고대의 신화도 그런 면을 가지고 있다. 신의 존재를 의문시하지 않고 신이 인간 생활 속에 개입하는 것을 당연하게 여겼으니까). 현대의 신화는 사람들의 일상생활에 지대한 영향을 미치고 있으면서도 사람들이 너무나 자명하게 여기는 탓에 반성적으로 의식하지 못하는 것을 가리킨다.

그러나 자명해 보여도 그것은 허구적인 자명성이다. 실은 그 신화도 나름대로의 기원을 가지고 있고 역사적으로 형성된 것이다. 다만 사람들에게 마치 자연적인 것처럼 느껴지고 이해될 뿐이다. 그래서 바르트가 말하는 신화는 이데올로기와 밀접한 관련을 가진다. 사실 바르트에 따르면 신화는 바로 이데올로기의 한 기능이다.

바르트가 현대사회를 분석하는 작업 도구로 신화를 택한 이유는 현대를 이데올로기적인 측면에서 신화의 의미 작용이 특권화된 무대라고 보기 때문이다. 그런 점에서 현대의 신화는 이전까지의 신화와는 전혀 다른 기능을 한다. 사람들의 생활과 의식에 커다란 영향을 미치고 또 사람들이 의식하지 못하면서 자연스럽게 받아들인다는 점에서는 고대의 신화나 현대의 신화(바르트의 신화)나 마찬가지지만, 현대의 신화는 그 배후에 뭔가를 숨기려는 목적을 지니고 있다는 점에서 한층 업그레이드된 이데올로기의 기능도 가지고 있다.

그렇다면 바르트가 신화를 분석하는 목적은 충분히 추측할 수 있다. 그는 현대 부르주아사회에서 자명성이라는 신화적 형태 뒤에 숨어 있는 이데올로기의 작용을 폭로하려 한다. 그래서 그는 부르주아 이데올로기가 무엇을 자명한 것으로 만들고 있는가를 되풀이해 묻고(신화의 내용), 이를 부르주아사회의 일반 기호학이라 표현한다(신화의 형식).

이름을 거부하는 부르주아 이데올로기

뭔가를 정의하고 이름을 붙이는 것만큼 허망한 일도 없다. 이름이란 편리하긴 하지만 그 자체로는 원래 아무것도 낳지 않을 뿐 아니라(앞서 니체의 경우에서 보았듯이 모든 이름은 동어반복이다) 도식적이고 상투적인 함정에 빠지기 쉽다. 더구나 이름 때문에 그 이름에 담긴 본질이 지나치게 단순해질 경우에는 더욱 이해하기 어려워지기도 한다. 예컨대 "너는 낭만주의자야!" 하고 상대방을 낙인찍는다면 상대방이 지니고 있는 다양한 사고와 행동 방식이 '낭만주의자'라는 하나의 이름 아래 추상화되어 오히려 상대방을 올바로 이해하는 데 걸림돌이 되기 십상이다. 구체적인 것을 노린 지나친 단순화가 오히려 구체성을 얻지 못하고 그릇된 추상화만 빚는 경우다. 어설픈 선문답이 흔히 그렇다. 그래서 뭔가를 간단하게 정의하고 이름 붙일 때는 항상 만전을 기해야 한다. 자칫하면 얻는 것보다 잃는 게 많을 수 있으니까.

　이런 위험을 잘 알고 있는 바르트는 부르주아사회를 정의하면서 대단히 신중한 태도를 취한다. 그는 한 사회를 부르주아사회라고 이름 지을 때 한 가지 점에 주의하고 있다. 그것은 곧, 경제적으로는 자본주의와의 연관성을 선선히 인정하는 부르주아지가 정치적으로는 순순히 자신의 실체를 인정하려 하지 않는다는 점이다. 예를 들어 기업가들의 모임이라는 성격을 노골적으로 표방하는 전경련(전국경제인연합회)이나 경총(한국경영자총협회) 같은 단체는 있어도, 의회 내에 부르주아 공화당 또는 자본가 민주당 같은 이름을 가진 정당은 없다. 게다가 정치적 영역과는 또 다른 이데올로기적 영역에 들어서면 부르주아지는 아예 완전히 시야에서 사라져버린다. 즉 이데올로기상으로 부르주아지는 존재하지 않는 것이나 다름없다.

　이런 의미에서 바르트는 부르주아지를 '이름을 원치 않는 계급'으로 정의한다. 실제로는 존재하면서도 이름은 사라졌기 때문이다. 부르주아지는 우선 다른 모든 중간계급을 자기 안에 포함시킨 뒤 자신의 이름을 거부함으로써 무형의 계급이 된 것이다(그 점을 잘 보여주는 예는 여론조사에서 스스로 중산층이라고 생각하는 사람들이 가장 많다는 사실이다). 이와 같은 부르주아계급의 이데올로기적 탈명명화 현상은 거꾸로 그 계급의 이데올로기가 사회 내에 충만해 있음을 반증한다. 말하자면 부르주아 당은 공식적으로 존재하지 않아도 의회에서 부르주아지의 이익이 무시된다고 생각하는 사람은 없다.

　부르주아 이데올로기는 모든 것에 퍼질 수 있으며 그렇게 함으로써 자신의 이름을 기꺼이 익명화한다. 그에 따라 프랑스 전체가 그러한 익명적인 이데올로기에 온통 빠지게 된다. 언론, 영화, 문학, 의례, 사법, 외교, 대화, 감동적인 결혼 등등 일상생활에서의 모든 것은 부르주아지가 소유하고 있으며, 인간과 세계의 관계에 대한 표상으로서 작용한다. 이렇듯 규범화되어 있으면서도 그 기원을 쉽게 숨길 수 있다는 점 때문에 그것들은 불필요한 주의를 끌지 않는다. 그래서 부르주아지의 규범은 자연적인 질서의 법칙으로 인정된다. 부르주아지는 자신의 표상들을 선전하면 할수록 스스로 자연스러운 존재가 되는 것이다.

이렇게 부르주아지가 이름을 거부하는 태도는 바르트가 말하는 현대의 신화와 어떤 관계가 있을까? 부르주아지는 이름을 거부함으로써 자신의 기원을 잃어버리고 신화가 되는 것이다(신화의 장막 뒤로 숨어버린다고 할 수도 있겠다). 신화의 기능은 역사적인 의지를 자연스러운 것으로 정당화하고 우연적인 것을 영원한 것처럼 보이게 한다는 데 있다. 이런 의미에서 신화는 '탈정치화된 이야기'로 규정할 수 있다.

바르트는 신화적이지 않은 언어란 오로지 생산자의 언어(실천)밖에 없다고 본다. 그러나 그렇다고 해서 부르주아지에 반대하는 혁명 세력이나 부르주아지의 지배를 받는 피지배계급이 전혀 신화를 가지지 않는 것은 아니다. 부르주아지의 이름 거부가 부르주아 이데올로기와 신화를 낳듯이, 혁명 세력이 자신을 드러내지 않고 '좌파'라는 모호한 이름 뒤로 숨는 순간 좌파의 신화가 생겨난다.

그럼에도 불구하고 좌파의 신화는 중요하지 않다. 좌파의 신화가 취급하는 대상은 정치적인 요소에만 국한되며 인간관계의 거대한 영역에서 보면 부분적인 것에 불과하다. 또한 본질적으로 좌파는 억눌린 자, 프롤레타리아트의 편에 서기 때문에 신화로 완전히 위장할 수 있을 만큼 허구적인 외피로 포장하기란 거의 불가능하다. 허구를 뒷받침하기 위해서는 상당한 부와 권력이 동원되어야 하는데, 좌파에게는 이런 요소들이 결핍되어 있기 때문이다.

원래 불리한 측이 쓸 수 있는 공격 수단은 단순하고, 유리한 측이 쓸 수 있는 방어 수단은 다양한 게 현실 아니던가? 억압 받는 자가 쓸 수 있는 말은 오로지 해방밖에 없으나 억압하는 자의 말은 풍요롭고 다양하다. 게다가 억압자는 자신의 말에 힘을 싣는 데 필요한 권위와 위엄도 갖추고 있다. 바르트는 부르주아 신화가 보여주는 화려한 수사법을 다음과 같이 참신하게 분류한다.

(1) 예방접종 : 일종의 부르주아적 타협으로서, 아방가르드와 같은 국지적인 전복 기도를 기꺼이 인정함으로써 근본적인 전복을 예방하는 효과를 꾀한다. 작은 매는 맞아버리는 게 오히려 낫다. 부르주아지는 너그럽다!

(2) 역사의 박탈 : 기원의 제거를 뜻한다. 기원과 더불어 신분과 흔적도 모두 지워진다. 부르주아지는 자연스러운 것이다!

(3) 기타 수단 : 동일시, 동어반복, 양자 부정, 질의 계량화 등등. 이는 부르주아 이데올로기의 본질인 보편주의, 설명의 거부, 고정된 위계질서 등의 관념들을 위장하는 데 사용된다.

이러한 수사학적 방법을 통해서 부르주아 신화가 지향하는 최종 목표는 명백하다. 그것은 곧 부르주아 도덕이 영원히 평가의 척도가 되는 세계를 이루려는 것이다. 바꿔 말해 그들은 자신들이 지배하는 영원불변의 세계를 지향하고 있다.

가면 벗기기

신화를 벗기고 거짓을 폭로하는 데는 물리적인 방법만큼 효과적인 게 없다. 마치 궤변을 일삼는 얄미운 친구에게는 주먹 한 방만 한 약이 없는 것과 같다. 하지만 그것은 '실천'의 영역이므로 이론적으로 다룰 문제는 아니다. 바르트는 어떻게 이론적으로 신화의 가면을 벗기려 할까?

신화도 언어인 이상 기호학의 대상이 될 수 있다. 바르트는 소쉬르의 언어학을 변형시켜 신화의 기호학적 체계를 보여준다. 앞서 보았듯이 소쉬르는 기표와 기의의 두 개념만을 중시하고, 기호는 그 둘 사이의 관계를 지칭하는 별개의 개념으로만 여겼다. 그러나 바르트는 이 세 가지 개념을 각기 독립적인 의미로 다루고 있다. 기존의 기표와 기의는 그대로 두고 기호를 그것들의 총체로 보는 것이다.

예를 들어 애인에게 장미 한 다발을 선물한다고 하자. 이때 손에 든 장미는 기표이고 가슴에 품은 열정은 기의가 된다. 그렇다면 이 경우에 기호는 '열정이 담긴 장미'가 된다. 이것을 일반화하면 언어 체계로부터 신화 체계를 연역할 수 있다. 여기서는 언어 체계에서 기호였던 것이 단순한 기표로 바뀌면서 2차 기호학적 체계가 형성된다. 이를 그림으로 나타내면 이렇다.

언어	1. 기표	2. 기의
	3. 기호	
신화	(1) 기표: 형태	(2) 기의: 개념
	(3) 기호: 의미 작용	

신화 체계는 두 개의 또 다른 체계로 나뉜다. 하나는 언어이고, 다른 하나는 신화다. 신화의 기표는, 언어의 기호라는 점에서는 의미로 가득 차 있으나 신화의 형태라는 점에서는 텅 비어 있다. 이 새로운 기표는 개념(이것은 역사적이며 의도적이다)이라는 신화 체계의 기의를 만나 전혀 새로운 기호로 의미 작용하게 된다.

바르트는 프랑스의 군복을 입고 국기에 경례하는 한 흑인의 사진을 예로 든다. 언어 체계에서라면 기표는 사진이고 기의는 제복을 입고 경례하는 흑인이다. 그리고 기호는 '경례하는 흑인의 사진'이다. 그런데 여기서 이 사진의 사회적인 의미를 해석하면 2차적인 신화 체계가 나온다. '경례하는 흑인의 사진'이라는 기호는 신화 체계의 안으로 들어오면서 하나의 기표가 되고, 거기서 제국주의라는 또 다른 기의를 만나게 된다. 그 결과 그 사진은 신화 체계 내에서 새로운 의미 작용을 낳는 기호가 된다. 그 기호의 의미는 바로 프랑스 제국주의의 깃발을 보고 무조건적인 충성을 맹세하는 제국주의 옹호의 상징이라는 것이다.

신화 속에서 신화라는 기호는 형태와 개념이 결합된 의미 작용이며 신화 그 자체다. 바르트는 신화의 기표를 의미가 충만한 것으로 받아들이고 나서 그 안에 담긴 의미와 형태를 파악해야 한다고 말한다. 그런 다음 신화의 의미 현상을 굴절시켜 그것의 허구성을 폭로하는 신화학자의 태도로 신화의 가면을 벗길 수 있다고 주장한다. 이런 방법을 바르트가 실제로 적용해 현대의 신화를 분석하는 사례를 보자. 세계적으로 명성을 떨쳤던 미국의 빌리 그레이엄 목사가 파리에 와서 부흥회를 여는 장면을 그는 이렇게 해석한다.

빌리 그레이엄 목사의 부흥회는 그레이엄 목사가 나타나기까지의 기다림, 그 기다림을 강화시켜주는 찬송가, 기도, 그리고 '하나님은 하나님'이라는 식의 유치한 동어반복적 설교 등의 기표와 파리의 무신론자를 일깨운다는 기의를 가지고 있다. 하지만 정작 그 의미 작용은 다른 데 있다. 그것을 해석해보면 이렇다. 프랑스의 무신론은 미국의 이익에 맞지 않는다. 왜냐하면 무신론은 공산주의의 전 단계이기 때문이다. 그러므로 무신론에서 프랑스를 깨운다는 일은 곧 공산주의의 환상에서 깨어나게 하는 것이다.

바르트가 한창 활동했던 1950~1960년대에 빌리 그레이엄도 전성기를 달렸으니 그를 공략 목표로 삼은 것은 충분히 이해할 수 있다. 하지만 빌리 그레이엄은 어쩌면 바르트가 생각한 것보다 훨씬 더 교활했는지도 모른다. 종교를 외피로 삼아 반공주의와 제국주의 이데올로기를 선전한 그는 자신이 주도하는 부흥회에 지미 헨드릭스나 도어스 같은 반전 성향의 진보적 록 밴드들을 오프닝에 자주 내세웠던 것이다. 뮤지션들이 순진했던 걸까?

롤랑 바르트 Roland Barthes, 1915~1980
프랑스의 철학자이자 기호학자이며 문학평론가. 지금은 하나의 유행처럼 되어 있지만, 당시로서는 선구적으로 매체와 대중문화를 기호학 안으로 끌어들여 연구 주제로 삼았다. 그가 구조주의 방법론을 적용한 분야는 대중문화뿐 아니라 문학과 연극, 영화 등 무척 다양하다.

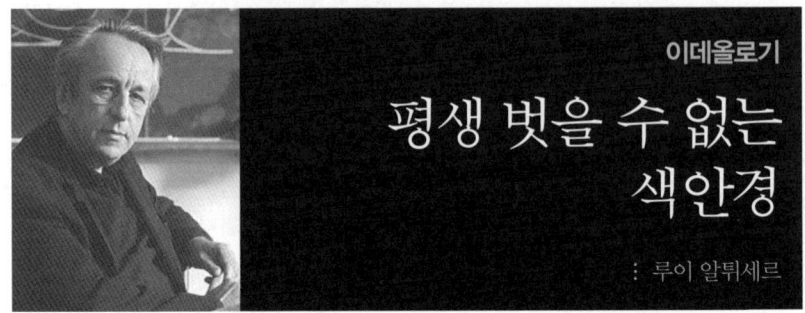

이데올로기

평생 벗을 수 없는 색안경

: 루이 알튀세르

Louis Althusser

이데올로기라고 하면 뭔가 그 앞에 수식어를 붙여야 할 것 같은 기분이 든다. 뭐가 어울릴까? 이를테면 반공이라는 수식어가 있다. 60여 년 전 한반도를 지역적으로 분단시켰고 이후에도 내내 우리 민족을 정신적으로도 분단시켜온 반공 이데올로기가 그것이다. 또 옛 소련이 붕괴한 1990년까지 서구의 지배 사상 가운데 하나였던 냉전 이데올로기도 있다. 여기서의 이데올로기란 흔히 이념 또는 사상으로 번역된다. 이를테면 반공 사상, 냉전 사상이라고 말해도 상관없다. 그러나 이것은 이데올로기에 대한 흔한 오해 가운데 하나다.

 사실 이데올로기라는 말에는 수식어가 필요 없다. 수식어 강박증이 생기는 이유는 이데올로기라는 말을 들었을 때 은연중에 그것을 이념이나 사상이라는 말로 번역하기 때문이다. 이념이나 사상은 마치 불완전명사처럼 그 자체로 사용하기가 어려운 말이므로 그 앞에 반공이나 냉전처럼 뭔가 이념과 사상의 성격을 나타내는 말을 자꾸 덧붙이고 싶어지게 되는 것이다.

그런 강박증을 줄 정도로 이데올로기란 그 말을 사용하는 사람마다 뜻과 용법이 달라지는 묘한 용어다. 어느 말의 뜻을 잘 알기 어려울 때는 그 말의 반대말을 생각해보면 좀 더 명확해지는 경우가 흔히 있다. 예를 들어 남자를 정의하기 어려울 경우에는 여자를 생각해보면 되고, 플러스의 개념이 알쏭달쏭할 때는 마이너스를 가지고 설명하면 된다. 그럼 이데올로기의 반대말은 뭘까? 그것은 과학이다. 이데올로기와 과학을 대립적인 항으로 보는 것이 대체로 이데올로기를 말하는 사람들의 공통적인 측면이다. 과학은 진리를 추구하는 학문이다. 그렇다면 이데올로기는 그 반대니까 허구를 좇는 허위의식이 된다.

간혹 이데올로기에 긍정적인 의미가 붙어 뭔가 고결한 견해나 이념을 가리킬 때도 있는데, 이 경우 도덕적으로 허구라고 할 수는 없으나 비현실적이라는 의미에서는 허구와 크게 다르지 않다. 어쨌든 이데올로기는 좋든 나쁘든 허구적인 속성을 가진 셈이다.

일반적인 이데올로기론에서는 그렇게 이데올로기와 허위의식을 같은 것으로 여기는 게 보통이다. 이데올로기에 각별한 관심을 가지고 독특한 이데올로기론을 구사했던 알튀세르도 처음에는 그랬다.

마르크스주의와 구조주의의 결혼

알튀세르는 묘한 사람이다. 그는 격렬한 시대에 특히 열정적인 삶을 살았던 사상가다. 프랑스 공산당과 여러 차례 굴절이 섞인 복잡한 관계를 맺었으며, 만년에는 정신병의 발작으로 아내를 살해하고 10년을 병원에서 지내다 삶을 마친 사람이다.

생애 못지않게 그의 이론적 흐름도 대단히 격렬하고 정열적이며 모순에 차 있다. 하지만 이런 면모는 언젠가 그가 말했던 것처럼 "극단에 서서 극한적으로 사고한다."라는 철학적 원칙에 충실하고자 한 결과로 이해할 수 있다. 비록 회한은 따를지 몰라도 치열한 삶의 본보기가 되기에는 충분하다.

서구 사상사에서 알튀세르의 위치는 이론적으로는 1960년대에 큰 반향을 얻었던 구조주의의 맥락에 있으며, 실천적으로는 '마르크스주의의 위기'에 대한 하나의 대응으로 자리 잡고 있다. 이론적으로 볼 때 그는 정신분석학의 라캉, 언어학의 소쉬르, 인류학의 레비스트로스와 더불어 속된 말로 '구조주의 4인방'이라고 불리며, 무엇보다도 마르크스주의와 구조주의를 결합하려 한 사람이다.

따로 떼어놓고 보아도 이해하기 쉽지 않은 까다로운 신랑 신부인 마르크스주의와 구조주의를 결혼시키면 어떻게 될까? 더구나 앞에서 본 것처럼 삶도, 지적 배경도 단순하지 않았던 알튀세르 같은 사람의 작업이라면?

우선 알튀세르의 의도를 따라가 보자. 그가 굳이 구조주의를 이용해 기존의 마르크스주의를 수정하려 했던 의도는 대략 다음과 같다.

(1) 마르크스주의자들은 경험적 자료를 지나치게 강조하는 경향이 있다. 그러나 자본주의사회에서 진정 중요한 것은 생활 현실의 밑바탕에 깔려 있는 구조에서 발견되는 것이지 관측 가능한 사실에서 발견되는 것이 아니다.

(2) 역사적 연구를 중시하는 역사주의를 거부한다. 역사주의는 경험적 일반화의 함정에 빠지기 쉽기 때문이다.

(3) '정통' 마르크스주의에서 보이는 환원론적 경제 결정론을 거부한다. 물론 경제는 궁극적인 결정 요인이지만 정치, 문화 등의 상부구조적 측면도 그에 못지않게 중요하다.

(4) 마르크스주의를 인간주의적으로 해석하는 데 대해 거부한다. 그 이유는 인간이란 행위의 주체라기보다 상징 구조의 '산물'이기 때문이다. 예컨대 기존의 마르크스주의에서는 자유의지를 가진 행위자들이 사회 계급을 구성한다고 보았다면, 구조주의적 마르크스주의에서는 그것을 다만 객관적으로 상호 적대적인 '관계'로 본다.

다소 도식적이기는 하지만, 기존의 마르크스주의와 알튀세르의 구조주의적 마르크스주의는 대략 이런 차이가 있다고 보면 될 것이다. 이 가운데 앞의 세 항목까지는, 옛 소련이 주도한 '관제 마르크스주의'를 비판하는 사람이라면 대체로 공감하는 것들이다. 그러나 네 번째에 가서는 좀 고개가 갸웃거려진다. 인간주의적 해석을 거부한다? 인간은 상징 구조의 산물이다? 이 말이 무슨 뜻일까?

알튀세르의 사상 가운데 철학적인 측면에서 가장 중요한 것은 바로 인간주의의 배격, 즉 반인간주의다. "반인간주의라니, 그럼 대체 학문의 목적이 어디 있다는 거야?" 하고 펄쩍 뛸 사람도 있겠다. 하지만 앞서 레비스트로스의 경우에서 보았듯이, 여기서 말하는 반인간주의란 도덕적인 의미와 무관하다. 그러니까 반인간주의를 표방한다고 해서 인간을 적대적으로 본다든가, 인간의 힘을 억제해야 한다고 주장하는 건 아니다. 굳이 표현하자면 반인간주의일 뿐 비인간주의는 아니라는 것인데, 결론부터 말하면 인간을 주체로 보는 관점을 버려야 한다는 입장이다.

전통 철학에서는 모든 것의 중심에 인간이 있었다. 전통 철학은 인간이 세계를 인식할 수 있다는 것을 전제로 하고 있었으며, 이 인식이 세계의 본질에 얼마나 가까운지에 따라 진리인가 아닌가가 결정된다고 생각했다(플라톤 이래 어느 철학자도 그런 진리관에서 벗어나지 못했다). 그러나 구조주의는 인간이 아니라 구조가 중심이며, 개별 인간 행위자들은 오히려 그 구조에 의해 결정된다고 본다. 이 점을 알튀세르는 다음과 같이 말하고 있다.

"생산관계의 구조는 생산을 담당하는 사람들이 차지하는 장소와 기능을 결정한다. 이들 생산의 담당자들은 다만 그러한 지위의 점유자에 불과하다. 그런 한에서 그들은 다만 기능을 지탱하는 사람들일 뿐이다. 진정한 주체는 이러한 지위의 점유자들이나 기능인들이 아니라 생산관계 그리고 정치적 사회관계다."

쉽게 말해 구조가 총이고 탄환이라면 인간은 그 총이 탄환을 발사하게 하는 방아쇠에 불과하다는 이야기다. 소쉬르와 레비스트로스에서도 보았듯이, 주체를 인간이 아니라 생산관계나 사회관계 같은 인간 외적인 것으로 보는 입장은 구조주의의 전매특허다. 알튀세르는 바로 이렇게 인간을 탈중심화시키면서 이데올로기와 과학을 구분한다. 이때 그가 '실험 대상'으로 삼은 것은 그에게 정신적 스승 격인 마르크스의 철학이다.

"마르크스로 돌아가자!"

마르크스는 자본주의의 발생과 발전 원리를 분석한 《자본론》이라는 책으로 유명하지만, 서구 사회에서는 소외 이론가로도 널리 알려져 있다. 서구에서는 레닌이 주도한 러시아 사회주의혁명의 사상적 배경이 마르크스주의인 점을 중시해 학계에서도 마르크스를 급진적 경제학자 또는 혁명운동가로 여기며 경원시했다. 그러나 20세기 초반에 마르크스가 젊은 시절에 쓴 친필 원고가 발견된 것을 계기로, 그 '차갑고 무시무시한' 이론가 마르크스가 '따뜻하고 인간적인' 소외론을 주장했다는 사실이 알려지면서, 인간주의에 바탕을 두고 마르크스를 새롭게 해석하기 시작했다.

그에 따라 서구 학자들은 청년 마르크스와 후기 마르크스를 구분하게 되었는데, 당연히 인간적인 전자의 측면에 주로 관심을 집중했다. 그러나 알튀세르는 그들과는 정반대의 입장을 취한다.

알튀세르는 마르크스의 저작을 연대기적으로 추적해보면 분명한 단절을 발견할 수 있다고 말한다. 그에 따르면, 마르크스는 1845년을 기점으로 철학적 주관성(이데올로기적 입장)으로부터 추상 이론(과학적 입장)으로 극적인 전환을 보였다. 이 시기 이전의 마르크스는 근본적으로 철학적 인간주의자였던 반면 이후의 마르크스는 더 과학적인 방향을 취하게 되었다는 것이다. 알튀세르가 1845년을 기점으로 삼은 이유는 마르크스가 그 해에 전례 없는 과학적 발견을 이루었다고 보기 때문이다. 그것은 바로 '사회구성체'의 역사에 관한 과학이다.

알튀세르는 바슐라르에게서 빌린 개념을 이용해 그러한 마르크스의 사상적 단절을 '인식론적 단절'이라고 불렀다(이 개념에 관해서는 앞서 바슐라르의 경우에서 살펴본 바 있다). "마르크스는 1845년에 이르러 역사와 정치의 기초를 근본적으로 인간에서 구하는 모든 이론과 격렬한 작별을 고했다." 알튀세르에 따르면, 이 극적인 변화에는 두 가지 요소가 있었다. 첫째, 마르크스는 기존의 인간주의적 개념들을 사회구성체, 상부구조, 생산관계, 생산력 등과 같은 새로이 발명한 과학적 개념들로 대체했다. 둘째, 마르크스는 인간주의를 하나의 이데올로기, 즉 왜곡된 관념 체계로 규정했다.

이런 이유에서 알튀세르는 1845년 이전을 마르크스의 '이데올로기 시대'라 부르고 이후를 '과학 시대'로 규정한다. 그리고 마치 루소가 "자연으로 돌아가자!"라고 외친 것처럼, 혹은 라캉이 "프로이트로 돌아가자!"라고 외친 것처럼, 알튀세르는 "마르크스로 돌아가자!"라고 부르짖는다. 하지만 루소의 그 외침이 소박한 의미의 자연 상태, 예컨대 원시 상태로 돌아가자는 뜻이 아니라 사회계약에 기초한 국가의 성립이라는 '근대적인 자연 상태'를 전제로 한 것이었듯이, 또 라캉의 그 외침이 프로이트의 심리학을 언어학과 결합해 사회적인 의미로 확대하려는 것이었듯이, 알튀세르의 그 부르짖음도 초기의 소박한 인간주의적 마르크스가 아니라 후기의 과학적 마르크스로 돌아가자는 뜻이다.

여기서 알튀세르의 이데올로기 개념이 무엇인지 이해하기란 결코 어렵지 않다. 전통적인 해석과 마찬가지로 이데올로기를 과학과 대비되는 허위의식으로 보고 있기 때문이다. 그렇다면 굳이 그의 이데올로기 개념을 특화시켜 살펴볼 필요는 없겠다. 그러나 문제는 그다음이다. 이렇게 '평범한' 이데올로기 개념을 가졌던 알튀세르는 나중에 그것과 상당히 다른 이데올로기 개념으로 돌아서게 된다. 그 계기는 바로 그의 이데올로기론 자체, 그리고 그가 집중적으로 탐구한 마르크스에게 있었다.

허위의식에서 무의식으로

헤겔은 일찍이 "이성적인 것은 현실적이고 현실적인 것은 이성적이다." 라고 말하면서, 인식과 대상의 동질성을 추구하고자 했다. 그런 의미에서 헤겔은 근대 철학의 마지막 주자라고 할 수 있다. 알튀세르는 마르크스가 그런 헤겔의 노력에 제동을 걸고 '현실적 대상'과 '인식의 대상'을 구별하는 안목을 보였다고 평가한다.

그런데 현실과 인식을 구분하다니, 마르크스나 알튀세르 같은 유물론자가 어떻게 그런 관념론적 이원론을 주장할 수 있단 말인가? 물론 알튀세르는 사유 바깥에 존재하는 현실이 인식의 근거가 된다는 사실을 무시하지는 않는다(무릇 유물론자로서 '실재'를 포기할 수는 없으니까). 다만 그는 경험적인 분석만으로는 현실에 대한 구조적이고 과학적인 인식, 다시 말해 참된 인식에 도달할 수 없다고 생각했을 뿐이다. 경험적 인식은 진리를 가져다주는 게 아니라 오히려 허구를 만들어낸다.

앞서 보았듯이, 초기의 알튀세르는 구조에 바탕을 두지 않고 경험에 입각한 거짓된 인식을 바로 이데올로기라고 생각했다. 그러므로 그는 과학적 탐구 방식을 사용하면 이데올로기를 극복할 수 있다고 믿었으며, 그 과정을 통해서 인간은 진리에 도달할 수 있으리라고 여겼다. 그러나 그럴 수만 있다면 오죽 좋을까? 그게 그렇게 쉽다면 인류는 벌써 일찌감치 모든 진리를 발견했을지도 모를 일이다.

그렇다면 가장 근본적인 물음으로 돌아가야 한다. 과연 진리라는 게 있을까? 전통적인 해석에서는 진리가 존재한다는 것을 전제로 하고, 현실에 가까운 인식일수록 진리에 가까운 올바른 인식으로 보았다. 그러나 마르크스의 저작들을 통해 마르크스와 대화를 나눈 알튀세르는 참된 인식이라는 게 과연 가능한가를 다시 곱씹어보게 되었다.

여기서 알튀세르가 더 이상 사고를 진행하지 못한 이유는 바로 다음과 같은 마르크스의 말 때문이었다. "사회적 존재가 인간의 의식을 규정한다." 백번 옳은 말이다. 그런데 이 유물론의 기본 원칙에 충실히 따른다면 참된 인식이란 원천적으로 불가능한 일이 아닐까? 모든 사람은 자신의 존재, 사회적 위치에 근거해 사고하며 행동하게 마련이다. 여기서 벗어날 수 있는 사람은 아무도 없다. 어느 누구도 그 색안경을 벗을 수 없다면 진리란 과연 가능할까?

1968년 격렬했던 프랑스 5월 혁명을 겪으면서 알튀세르는 자신의 철학적 관심을 극적으로 전환한다. 그의 자기반성은 얼추 이렇다. 과거에 내가 말했던 과학/이데올로기의 구분은 진리/허위라는 이분법적 사고방식에 사로잡힌 생각이었다. 이런 생각은 결국 내가 거부하는 실증주의적 도식에 머무는 결과가 되고 말았다. 이제부터는 '과학'을 버리고 오히려 '이데올로기' 연구에 초점을 맞출 것이다!

이리하여 알튀세르는 근대적 합리성에 기초한 이분법적 도식을 폐기하고 과학 대신 이데올로기 분석에 본격적으로 나선다. 이제 그가 말하는 이데올로기란 과거와 같은 허위의식이 아니다. 아니, 이데올로기는 허위든 뭐든 우선 의식이 아니다. 오히려 그것은 무의식이다!

그래서 알튀세르는 라캉의 정신분석학을 도입한다. 그리고 이제 이데올로기를 언제나/이미 있는 것, 기원도 역사도 없는 것이라고 선언하게 된다. 이데올로기는 물론 현실의 본질을 꿰뚫어보게 해주는 진리가 아니지만, 그렇다고 현실을 은폐하는 허위의식도 아니다. 오히려 이데올로기는 누구나 당연시하고 넘어가는 무의식과 같은 것이며, 모든 사고와 행위에 이미 들어와 있는 어떤 것이다. 이데올로기는 현실에 대한 상상적 관계의 표상, 즉 현실을 보는 하나의 창문이다. 이 창문이 현실의 참모습을 제대로 보여주는가 아닌가를 따지는 것은 그릇된 이분법에 뿌리를 둔 전통 철학의 관심일 뿐이다. 그것을 논하기 이전에 이데올로기는 이미 우리에게 들어와 있다.

물론 이데올로기를 이렇게 규정한다고 해서 알튀세르가 초기의 이데올로기론을 완전히 버린 것은 아니다. 초기 이데올로기 개념인 허위의식에서 알튀세르는 '의식'은 따버렸지만 '허위'는 그대로 가져간다. 그래서 그는 이데올로기가 현실을 있는 그대로 보여주는 게 아니라 변형된 관계로 보여준다고 말한다. 그렇다면 어떻게 보여준다는 말일까? 왜곡된 모습으로, 누구나 당연시하는 모습으로, 사회적 존재라는 무의식적인 색깔에 물든 모습으로 보여준다는 것이다.

예를 들어 이렇게 말하는 사람이 있다고 하자. 나는 한국인이고, 대학생이고, 파평 윤씨 가문의 셋째 아들이다. 따라서 나는 그러한 신분에 걸맞은 창문을 통해 현실을 바라볼 수밖에 없으며, 그에 어울리도록 행동할 수밖에 없다. 그게 나의 참모습인지 아닌지(혹은 참모습 같은 게 과연 있는지)는 잘 모르겠으나 하여튼 어렸을 때부터 난 늘 그렇게 생각하고 행동해왔다.

설사 참모습을 끝내 찾을 수 없다 해도, 설사 참모습이라는 게 없다 해도 그 대학생 윤씨가 참된 삶을 살고 있다고 보는 사람은 거의 없을 것이다. 윤씨는 자신의 주변 배경을 바로 자신이라고 착각하고 있다. 이렇게 이데올로기는 실제와는 거리가 있는 것을 현실로 상상하고 오인하도록 유도하는 기능을 한다. 하지만 불행한 것은 아무도 그 이데올로기의 멍에를 결코 벗어던질 수 없다는 것이다.

그래도 이데올로기가 그렇게 개인적인 사고와 행동에만 영향을 준다면 별 문제가 없을 수도 있다. 하지만 실제로는 거기에 그치지 않는다. 유럽에서 실업 문제가 심각해져 취업문이 좁아지자, 유럽의 노동자들은 외국인 노동자들에게 자신들의 일자리를 빼앗겼기 때문이라고 생각했다. 그러나 사실 정답은 자본가들이 싼값으로 노동력을 구하기 위해 외국인 노동자들을 끌어들였다가 경기가 나빠지자 그들을 내보내고 아울러 전체 고용량을 줄인 탓이다. 다만 노동자들은 자본가들과 개별적으로 고용계약을 한다는 것을 당연시하고 넘어갔기 때문에 그렇게 오인한 것일 뿐이다.

이것이 바로 이데올로기가 오인 기능을 한 사례인데, 이 경우에는 노동자들의 단순하고 직접적인 판단이 오인을 빚은 것이라고 볼 수 있다. 반면 오히려 필요 이상으로 복잡하고 간접적으로 판단한 결과로 잘못된 인식이 생겨나는 경우도 있다. 노동자와 학생들의 격렬한 거리 시위가 많았던 1980년대에 우리나라에서 그런 예를 찾을 수 있다.

최루탄으로 고생하는 길거리의 상인이나 시민들은 최루탄을 쏘는 원인이 학생들의 시위에 있다고 생각했다. 사실 그들의 눈과 코를 맵게 하는 직접적인 당사자는 최루탄을 마구 쏘아대는 전투경찰이지만, 시민들은 임의로 인식의 단계를 하나 더 넘겨 간접적인 인식을 통해 학생들을 원인으로 지목한 것이다. 앞의 예와는 반대로 이것은 학생들의 시위를 경찰이 진압하고 있다는 사실을 당연시하고 넘어간 경우다(차라리 시민들의 인식이 한 단계가 아니라 두 단계를 넘겼다면 거리에서 최루탄이 터지는 근본 원인이 독재 정권에 있었음을 알 수 있었을 것이다).

알튀세르는 이데올로기의 개념을 허위의식에서 현실에 대한 표상으로 옮기면서 전통 철학과의 관계를 청산했다. 하지만 그는 전자의 근거도, 후자의 근거도 모두 마르크스를 끈질기게 독해하는 과정에서 찾아냈다. 그렇다면 그가 마르크스의 사상적 전환점을 가리키는 표현으로 사용한 인식론적 단절이라는 개념은 그 자신의 지적 편력에도 적용되어야 할 듯싶다. 그러나 그러려면 알튀세르가 마르크스를 독해한 것과 같은 농도와 끈기로 우리 후학들이 알튀세르를 독해하는 과정이 필요하다.

루이 알튀세르 Louis Althusser, 1918~1990
프랑스의 철학자이자 사회학자. 이론적인 방법에서는 구조주의에서 많은 것을 차용했지만, 그는 투철한 마르크스주의자로서 평생을 두고 마르크스를 연구했으며, 죽을 때까지 프랑스 공산당의 당원이었다. 이 점에서 그는 구조주의자라기보다는 마르크스주의자였다.

패러다임
과학이 혁명을 만났을 때
: 토머스 쿤

Thomas Kuhn

　러시아 사회주의혁명의 지도자 레닌은 이렇게 말한 적이 있다. "혁명의 와중에서 보내는 20일은 평상시의 20년과 맞먹는다." 때는 1917년, 임시정부와 소비에트의 아슬아슬한 이중권력 아래에서 혁명의 기운이 충만하던 중요한 시기였으니, 그 말은 단지 전열을 가다듬기 위한 독려의 상징적인 의미만이 아니라 현실적인 의미도 지니는 것이었다. 실제로 그 짧은 몇 개월 동안 적극적으로 활동하지 않았다면 레닌의 볼셰비키 당은 혁명을 성공으로 이끌지 못했을 것이다.

　실제로 시간은 항상 고르게 흐르지 않는다. 역사의 시간은 균질적이고 동질적으로 흘러가는 게 아니라 오랫동안 별일 없이 평온하다가도 때로 갑자기 급류로 바뀌어 한꺼번에 모든 것을 변화시키기도 한다. 이것을 보통 혁명이라고 부른다. 이러한 시간의 도약은 오랜 기간의 정상적 상태가 지난 뒤에야 이루어진다는 점에서 매우 드문 현상 같지만 실은 그렇지도 않다.

문명의 발달 과정 전체를 볼 때 인간은 수백만 년의 선사시대 내내 큰 변화를 겪지 않다가 역사시대에 접어든 수천 년 동안 비약적으로 발전했다. 유럽의 경우, 인간의 지성과 과학의 측면에서 변동의 폭은 천 년 가까이 지속된 중세보다 르네상스 이후 불과 300년 동안에 더 컸다.

인간의 역사만이 아니라 자연의 세계에서도 시간의 도약은 얼마든지 찾아볼 수 있다. 수백 년 동안 아무 일도 없었던 휴화산이 느닷없이 폭발해 불과 몇 시간 만에 섬 하나를 지도상에서 지워버리는가 하면, 수십억 년 동안 천천히 자기 몸을 태워오던 별이 갑자기 폭발하면서 초신성이 되어 하나의 은하에 맞먹을 만한 빛을 우주 공간으로 날려 보내고 나서 불과 몇 개월 만에 수명을 마치기도 한다.

상식적인 관점에서는 대개 도약이나 비약을 비정상으로 간주하지만, 반드시 그렇게 볼 이유는 없다. 역사의 무대는 안정적인 정상의 시기와 압축적인 비약의 시기가 끊임없이 교대하는 장소다. 비약의 시기는 마치 그 이전까지의 정상적 진화 과정이 거의 무의미했다는 듯이 순식간에 모든 것을 철저히 바꿔놓는다. 미국의 과학철학자인 쿤은 그런 불연속, 단절, 역접이, 특히 과학의 역사에서는 아주 일반적이고 평범한 현상이라고 말한다.

문제를 내는 사람과 문제를 푸는 사람

우리는 흔히 모든 지식은 연속적으로 발전한다고 생각한다. 새로운 지식은 항상 과거의 지식을 토대로 발전한다고 믿는다. 우리가 공부하는 과정이 그렇지 않은가? 어제 영어 공부에서 조동사의 용법을 배웠다면 오늘은 그것을 토대로 해서 가정법을 배운다. 조동사의 용법을 모른다면 가정법을 이해할 수 없다. 기초공사가 튼튼해야 그 위에 마음 놓고 벽돌을 쌓을 수 있듯이 어제까지의 공부가 잘 되어 있어야 오늘의 공부를 제대로 할 수 있으며, 오늘의 공부가 잘 되어 있어야 내일의 시험을 잘 치를 수 있다.

실제로 공부는 그렇게 꾸준히 해야 성적을 올릴 수 있다. 그런데 과학의 발전 과정도 그럴까? 꾸준하게 한 걸음씩 오르면 언젠가 정상에 도달하는 산과 같은 것일까? 그런 경우도 있지만 그렇지 않은 경우도 많다. 산에는 계곡도 있고 폭포도 있듯이 과학의 발전 과정에는 때로는 심한 높낮이가 있고, 뛰어넘을 수 없는 절벽도 있다. 완만한 구릉이 쿤이 말하는 정상 과학의 시기라면 계곡과 폭포는 과학혁명의 시기다.

정상 과학의 시기는 하나의 패러다임 안에서 연구 작업이 이루어진다. 패러다임이란 이를테면 기본형이나 표준형을 뜻한다. 한 동사의 기본형에서 온갖 변형과 활용형이 파생되듯이 하나의 패러다임에서 여러 가지 과학적 인식과 모델이 생겨난다(패러다임은 실제로 쿤이 언어학에서 차용한 용어다). 과학적 인식뿐 아니라 과학 이론, 그리고 그 이론을 검증하는 실험 기술과 장비, 이론을 구성하는 논리, 나아가 과학자 집단이 공유하는 관념과 가치관, 관습까지도 모두 그 패러다임에서 벗어날 수 없다.

패러다임이 주제곡이라면 그것들은 모두 패러다임의 변주곡이다. 변주곡은 주제곡을 더욱 풍요롭게 만들지만 어디까지나 주제곡에서 파생된 것일 뿐이다. 이와 마찬가지로 하나의 패러다임 아래에서 과학자들의 연구 성과는 그 패러다임을 더욱 강화하고 입증하며 그 패러다임이 적용될 수 있는 범위와 정확성까지도 높이는 역할을 하지만, 그렇다고 해서 그 패러다임 자체를 넘어설 수는 없다. 뿐만 아니라 패러다임을 넘어선다는 생각조차 품지 못한다. 적어도 정상 과학의 시기 동안에는.

앞서 예로 든 '공부'란 곧 패러다임을 익히는 과정이다. 공부는 시험에 대비하는 것이며, 시험문제를 풀기 위한 과정이다. 쿤은 패러다임을 문제 풀이와 긴밀하게 연결된 것으로 보고 있다. "패러다임은 과학자 집단이 시급하다고 여기는 문제들을 푸는 데서 경쟁 상대들보다 훨씬 성공적일 때 패러다임이라는 지위를 얻는다." 그런데 문제를 풀기 위해서는 먼저 그 문제가 부여하는 규칙을 인정해야만 한다. 손으로 공을 만지면 벌칙을 받는다는 규칙을 모르고 축구 경기에 참여할 수는 없다. 하지만 그렇다고 해서 매 상황마다 일일이 그것을 염두에 두어서는 축구 경기를 제대로 할 수 없다. 축구의 규칙에 완전히 익숙해지면 오히려 규칙에 신경 쓰지 않게 된다. 마찬가지로, 우리는 공부를 통해 패러다임에 조금씩 익숙해지는 훈련을 받는 것이다. 마침내 우리가 입고 있는 옷처럼 그 패러다임을 당연시할 수 있을 때까지.

이런 정상 상태에서도 이따금 당대의 패러다임에 대한 반발과 도전이 없는 것은 아니다. 그렇지만 패러다임은 허약한 도전자쯤은 거뜬히 물리친다. 그것은 패러다임이 꼭 옳기 때문이 아니라 그 시대의 강력한 터줏대감으로 자리 잡았기 때문이다. 예를 들어 그리스 시대에 형성된 프톨레마이오스의 천동설은 이미 그 시대에 아리스타르코스의 도전을 받았지만, 이를 물리치고 이후 무려 1500년 동안이나 챔피언의 지위를 유지했다. 어떻게 그것이 가능했을까? 천동설의 패러다임은 그만큼 힘이 있었기 때문이다. 프톨레마이오스는 지구를 우주의 중심으로 보고 태양과 달, 별 등이 모두 각기 다른 궤도를 가지고 지구를 돈다고 생각했다. 그의 천동설은 일식과 월식을 정확하게 예측했으므로 약간의 모순이 있다고 해서 쉽게 파기되지 않았다.

그런데 그렇게 장수했던 챔피언이 어떻게 물러나게 되었을까? 챔피언 벨트를 반납하고 은퇴한다? 천만의 말씀이다. 과학의 발전은 그렇게 평화롭지 않고 언제나 케이오 승부다. 오랫동안 무적을 구가하던 패러다임도 마침내 위기를 맞게 된다. 한편으로는 과학적 성과들이 패러다임을 강화해주기도 하지만, 다른 한편으로는 그 그늘 속에서 패러다임 자체를 의문시하는 사실들도 점점 누적되기 때문이다. 드디어 시기가 무르익으면 모순은 곪아 터져 나오게 된다. 바야흐로 과학혁명의 시기다.

정상 과학과 과학혁명

과학혁명은 정상 과학의 성과들이 누적되어 자연스럽게 이루어지는 과정이 아니다. 그렇다면 굳이 혁명이라는 말을 붙일 필요도 없을 터이다. 지금 우리가 사실로 믿고 있는 지동설은 프톨레마이오스의 천동설이 토대가 되어 생겨난 게 아니다. 뉴턴의 천문학은 '원칙적으로' 천동설과 달랐다. 프톨레마이오스는 천체의 운동을 중심으로 천동설을 구성했지만,

뉴턴은 운동이라는 현상에 주목하는 대신 운동의 원인을 문제 삼았다. 나무에서 사과가 떨어지는 것을 보고 깨달음을 얻었다는 이야기(훗날 꾸며진 이야기라는 설도 있지만)에서처럼 그는 운동의 원인을 힘에서 찾았으며, 행성계에서는 운동 현상보다 운동의 원인, 즉 힘이 중요하다고 보았다. 그 결과가 곧 만유인력의 법칙이다.

프톨레마이오스는 단순히 천체의 운동이라는 경험적인 사실을 받아들였지만, 뉴턴은 문제 설정 자체를 바꾸었다. 이처럼 과학혁명이란 문제를 푸는 방식이 아니라 문제를 내는 방식이 바뀌는 것을 가리킨다.

우리 문화유산을 다룬 어느 책 덕분에 "아는 만큼 본다."라는 말이 장안의 화제가 된 적이 있다. "이집트의 피라미드에 비하면 첨성대는 별 거 아니지, 뭐.", "그리스의 파르테논 신전을 보라고. 석굴암보다 훨씬 고대의 것인데도 더 웅장하잖아." 이렇게 말하는 사람들은 규모만을 기준으로 모든 것을 보기 때문에 그렇게 생각하고 발언하는 것이다. 즉 그들은 예술과 문화와 역사에 관해 무지하다. 제대로 알지 못하면 피라미드나 첨성대나 그저 돌을 쌓아올린 돌 더미일 뿐이다. 어차피 같은 돌 더미일 바에야 더 큰 게 더 보기 좋을 테고…….

사실 "아는 만큼 본다."라는 원리는 문화유산만이 아니라 모든 예술품을 감상하는 기본적인 태도다. 알기 위해서는 공부가 필요하다. 그런데 거꾸로 말하면 "보는 만큼 안다."라는 말도 "아는 만큼 본다."라는 말에 못지않게 사실일 것이다. 보는 것이 누적되어 볼 줄 아는 안목이 생기는 거니까. 이렇게 봄과 앎은 서로 끊임없이 교대하면서 서로가 서로를 상승시킨다. 보는 만큼 알게 되고, 또 그렇게 해서 얻은 앎을 가지고 또 달리 보게 되고…….

과학의 발전사에서 정상 과학의 시기와 혁명의 시기는 봄과 앎의 맞고 대에 비유할 수 있다. 정상 과학의 시기는 앎이 봄보다 우위에 있다. 모두가 "아는 만큼 본다."라는 원리에서 벗어나지 못한다. 그 앎이 곧 패러다임이기 때문이다. 그러나 보는 것이 늘어날수록, 즉 새로운 것이 발견될수록 패러다임의 완벽성에 금이 가기 시작한다. 이리하여 정상 과학은 조금씩 균열되다가 그 균열이 충분히 누적되면 마침내 봄이 앎을 깨뜨리는 시기가 다가온다. 과학혁명이 시작되는 것이다.

쿤은 산소의 발견을 예로 들고 있다. 산소는 늘 우리 곁에 있었지만 그 것이 발견된 때는 18세기 말이다. 산소가 발견되기 이전까지 과학자들은 물체가 가열되면 플로지스톤^{phlogiston}이라는 성분에서 열소^{熱素}가 방출된다고 믿었다. 플로지스톤은 사실 가상의 성분일 뿐이지만, 당시의 패러다임에서는 그런 게 실제로 존재한다고 믿었다. 산소가 발견된 것은 이 시기의 일이다.

산소를 발견한 공로는 적어도 세 사람에게 돌릴 수 있다. 우선 스웨덴의 약제사인 셸레가 처음으로 대기 중에서 산소를 분류해냈다. 하지만 당시 그는 그게 새로운 기체인지 몰랐으며, 당연히 새 이름을 붙일 생각을 하지 못했다. 얼마 후 영국의 과학자 프리스틀리가 수은의 산화물을 가열할 때 방출되는 기체를 모았다. 바로 산소였으나 그도 역시 산소라는 것을 모르고, 단지 플로지스톤이 들어 있는 기체라고만 생각했다. 결국 그 두 사람은 아는 만큼 본 것이다.

그런데 곧이어 1775년 프랑스의 라부아지에는 프리스틀리의 성과를 토대로 연구한 끝에 산소를 새로운 기체라고 주장하게 된다. 이전 패러다임에 속해 있던 프리스틀리로서는 결코 수용할 수 없는 주장이지만, 그것으로 플로지스톤의 패러다임은 무너지고 새로운 패러다임이 성립했다. 산소를 새로운 기체로 규정함으로써 라부아지에는 패러다임을 바꾼 것이다. 이제 플로지스톤에 기초를 두고 있던 모든 화학 체계는 수정 대상이 아니라 아예 폐기 대상이 되었다.

이렇게 과학혁명은 정상 과학에서 해명할 수 없는 현상이 일어나거나 새로운 것이 발견되었을 때 촉발된다. 그리고 그 결과는 기존의 것을 새 체계 내로 수용하는 게 아니라 전면적으로 부정하게 된다. 물론 산소의 발견도 정상 과학에서 누적된 성과(셸레와 프리스틀리의 실험)가 없었다면 불가능한 일이었듯이, 정상 과학의 성과가 언제나 완전히 무시되는 것은 아니다. 그러나 적어도 정상 과학의 완만한 연장 속에서 과학혁명이 일어나는 게 아니라는 것만은 명백하다.

불연속과 단절

"왕이 공사工事에 착수하면 비로소 일꾼들에게 할 일이 생긴다."

독일의 시인 실러가 철학자 칸트를 염두에 두고 한 이야기다. 실러의 의도는 칸트 같은 대철학자가 철학의 새로운 체계를 구성해놓으면 주석자들이 달려들어 내용을 풍요롭게 한다는 뜻이다. 이 말을 과학혁명에 적용하면 이렇게 될 것이다. "패러다임이 바뀌면 비로소 과학자들에게 할 일이 생긴다."

앞에서 보았듯이 패러다임은 저절로 바뀌는 게 아니다. 패러다임이 교체되기 위해서는 오랜 기간 정상 과학의 성과가 누적되는 과정이 필요하기 때문이다. 그러나 단순히 정상 과학의 시기가 오래 진행되었다고 해서 새로운 패러다임이 생겨나지는 않는다. 새 패러다임이 출현하려면 실러가 말하는 '왕'이 필요하다(이를테면 과학사상 드물게 나타났던 특별한 '천재'들이 그런 왕들이다). 패러다임은 문제를 내고 공사를 주문하는 입장과 관련되는 것이지, 문제를 풀고 공사를 집행하는 것과는 무관하다.

과학이 발전해온 역사에는 많은 왕들과 더 많은 일꾼들이 있다. 그러나 역사의 아이러니랄까? 묘하게도 당대에 왕과 일꾼의 신분이 확연히 구별된 경우는 거의 없었다. 심지어 왕은 스스로도 자신이 왕인 줄 모르는 경우가 많았다(진짜 천재는 자신이 천재인 줄 모른다). 또한 일꾼인 주제에 자신이 왕인 줄로 착각하는 경우는 더 많았다. 그만큼 당대에 패러다임의 변화를 느끼기는 어려우며, 더구나 의식적으로 패러다임을 변화시키기란 더더욱 어렵다. 자신의 이론을 대충 전개하다가 모순에 빠지게 될 때 섣불리 패러다임에 문제가 있다는 결론을 내린다면 공부 못하는 학생이 연필만 탓하는 격이다.

쿤이 1962년《과학혁명의 구조》를 출간한 이래 패러다임의 개념은 전 세계적으로 큰 반향을 불러일으켰다. 그러나 패러다임이라는 개념은 쿤의 독자적인 용어라 할 수 있겠지만, 과학혁명이 연속적이지 않고 불연속적으로, 단절적으로 일어난다는 생각은 사실 그의 독창적인 발상이 아니다. 앞서 보았듯이 이미 프랑스의 과학철학자인 바슐라르는 1938년에《과학적 정신의 형성》이라는 책에서 과학의 발전이 인식론적 단절을 통해 일어난다고 밝힌 바 있다.

게다가 바슐라르가 주장한 문제틀이라는 개념은 쿤의 패러다임과 상당히 비슷하다. 다만 쿤은 과학 자체의 발전만을 고찰한 데 반해 바슐라르는 과학철학과 인식론에 비중을 둔 점이 다르다. 쉽게 말해서 쿤은 과학자이고 바슐라르는 철학자인 데서 차이가 생겼다고 보면 된다. 하지만 또 한 가지 무시하지 못할 차이가 있다. 쿤은 미국인이고 바슐라르는 프랑스인이라는 점이다. 쿤의 패러다임은 바슐라르의 문제틀보다 발상의 측면에서도 후발주자일뿐더러 철학적으로도 그다지 엄밀하지 못하다. 그런데도 패러다임이 문제틀보다 전 세계적으로 훨씬 널리 알려지게 된 것을 보면, 학문의 영역에도 나라의 위상이 한몫을 한다고 해야 할까?

토머스 쿤 Thomas Kuhn, 1922~1996
미국의 과학사가. 자연과학자로서는 드물게 철학과 심리학, 언어학, 사회학 등 폭넓은 지식을 바탕으로 과학사에서 독보적인 성과를 이룩했다. 특히 그의 패러다임 개념은 과학사 분야를 넘어 다른 학문에까지 크게 영향을 미쳤다.

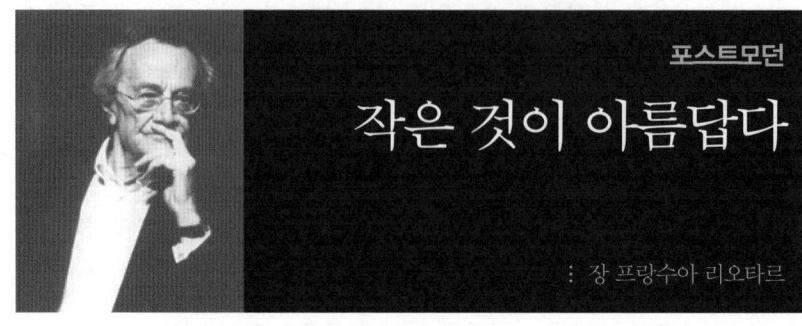

포스트모던

작은 것이 아름답다

: 장 프랑수아 리오타르

Jean-François Lyotard

'새롭다'는 형용사는 엄밀히 말해 자체 모순이다. 그 말을 자꾸 쓰면 새롭지 않고 낡은 게 되니까. 그래서 그 말은 잠시만 사용되다가 곧 다른 말로, 더 실체적 성격이 있는 용어로 바꾸어야 한다. 하지만 현실적으로는 그렇게 되지 않는 경우가 많다.

지금은 좀 뜸하지만 1950년대 말부터 1970년대 말까지 20년간에는 새롭다는 말이 들어간 문화 용어가 대유행이었다. 대충 열거만 해도 얼마나 많은지 알 수 있다. 누벨바그 Nouvelle vague, 뉴웨이브 New wave, 뉴에이지 New age, 누보로망 Nouveau roman…….

말 자체로 보면 누벨바그는 '새로운 물결'이라는 뜻이고, 뉴웨이브 역시 같은 뜻이다. 뉴에이지는 '새로운 시대', 누보로망은 '새로운 소설'이라는 뜻이다. 다 특별한 내용을 가리키는 말이 아니라 그저 새롭다는 의미 이외에는 없다. 하지만 이 용어들은 전부 첫 이니셜을 대문자로 써야 하는 고유명사들이다. 누벨바그는 1950년대 말 프랑스에서 고다르나 트뤼포 같은 젊은 영화감독들이 주도한 전위적인 영화 운동이고, 뉴웨이브는 누벨바그의 영역어가 아니라 1970년대 영국의 섹스 피스톨스나 미국의 토킹 헤즈 같은 펑크록 밴드의 음악을 가리키는 용어다. 또 뉴에이지는 1960~1970년대 서양음악에 동양적인 명상적 분위기를 가미한 음악 양식이며, 누보로망은 1950~1960년대에 프랑스 문단에서 전통적인 소설 양식을 거부하는 문학 운동을 가리킨다(심지어 누보로망 다음에는 누보누보로망도 생겨났다).

그 문구들에 하나같이 포함된 '새롭다'는 말은 그 문구들이 탄생할 무렵에는 기존의 것과 다른 참신함을 강조하는 의미였으나, 수십 년이 지난 지금은 '새롭다'는 의미를 잃었고, 그 대신 그때 생겨난 특정한 풍조와 양식을 가리키는 의미로 변했다. 이렇게 원래는 그냥 시간을 나타내는 용어였다가 시간이 지나면서 특정한 지칭 대상을 지닌 용어로 변모된 사례로 '현대'라는 말이 있다.

현대란 지금 우리가 살아가고 있는 시대를 가리킨다. 현대 또는 모더니즘이라고 하면 말 자체로는 역사상 어느 시대든 쓸 수 있다. 어느 시대든 그 시대를 살아가는 사람에게는 자기 시대가 곧 현대고 당대의 사고방식이 곧 모더니즘이니까. 그런데 지금 모더니즘이란 누벨바그나 뉴에이지처럼 단순한 시간적 의미가 아니라 고유한 내용을 가진 철학 또는 문예사조를 가리킨다.

그렇다면 포스트모더니즘은 뭘까? 접두사 포스트^{post}는 '~에 뒤'라는 뜻이니까 포스트모더니즘은 모더니즘에 뒤이은 사조를 가리키는 뜻일 터이다. 하지만 이 말도 역시 모더니즘과 마찬가지로 단순한 형용적인 뜻이 아니라 고유한 내용을 지닌다.

다만 포스트모더니즘은 현재까지도 진행 중인 철학 사조이므로 아직 확고한 형태를 갖춘 것은 아니다. 모더니즘과 달리 포스트모더니즘은 '저작권자'가 있다. 이 용어가 널리 쓰이게 된 것은 리오타르 때문이다. 마치 그 용어의 무정형성을 강조하기라도 하듯이 원래 리오타르는 포스트모더니즘이라는 명사를 사용하지 않고 포스트모던이라는 형용사를 사용한다.

리오타르는 비록 용어는 무정형적이지만 태도는 결코 모호하지 않다. 포스트모더니즘을 공공연하게 표방하고 있으니까. 자기 이름 앞에 '~주의자', '~파'라는 식의 분류 명칭이 붙으면 그걸 낙인으로 여기고 괜히 불편해하는, 그러면서도 별로 독창성은 없는 요즘의 '포스트모던' 연구자들에 비하면 오히려 그는 프리모던pre-modern하다고 할까? 아니, 그보다는 프리모던free-modern이라고 해야 할까?

한없이 몰락하는 이성

데카르트가 천신만고 끝에 마련한 근대 철학의 기초, 즉 선험적 주체('의심하는 나')는 인류 역사상 최대 규모의 사상·문예 운동인 르네상스의 영향으로 막강한 힘을 얻었다. 고대 그리스 시대 이후 오래도록 지속된 신의 지배에서 해방되어 스스로 주체로서 거듭난 인간은 자신만이 지니고 있는 이성의 위력을 처음으로 실감했다. 그 뒤 인간은 이성의 무기를 이용해 철학과 과학에서 엄청난 진보를 일궈냈다.

이성이 무엇을 해냈는지 한번 보라. 인간 이성은 증기 엔진을 발명했고, 페스트와 천연두를 정복했으며, 아득한 우주 공간에 있는 별들의 운동 법칙을 알아냈다. 어디 그뿐인가? 인간이 탄생하고 활동한 수백만 년의 역사를 알아냈고, 종교 분석을 통해 그동안 지배자로 군림했던 신의 존재를 거꾸로 추적해갔으며, 자본주의를 도입해 어느 때보다도 늘어난 인구를 거뜬히 먹여 살렸다. 이제 조금만 있으면 이성이 인간을 완전하게 해방시켜주리라는 기대도 충분히 품음직했다.

하지만 그것은 환상이었다. 이성은 많은 업적과 더불어 그에 못지않은 부작용을 낳았다. 과학과 기술이 발달할수록 인간은 해방은커녕 생존 자체가 위협당하는 신세에 놓이게 되었다. 20세기에 들어 전쟁은 상상을 초월할 정도로 대규모화되었으며, 질병으로 죽는 사람보다 기술 문명에서 빚어지는 사고로 죽는 사람이 더 많아졌다. 아무리 모든 현상에는 긍정적인 측면과 부정적인 측면이 모두 있게 마련이라지만, 이것은 적어도 한동안 위세가 당당했던 이성의 권위에 의심의 눈초리를 보내기에 충분했다.

이성이 무너지기 시작한 것은 신문 지상에서만 듣는 현실이 아니었다. 어떤 의미에서 오로지 이성의 힘에만 의지한다고 해도 과언이 아닌 철학의 영역에서도 이성의 권위는 끝간 데 없이 추락하기 시작했다. 칸트의 완벽한 주관·객관 분리의 이원론과 헤겔의 이원론적 일원론을 거치면서 정점에 달했던 주체의 철학은 19세기 전반에 걸쳐 의문부호가 찍히더니 급기야 20세기 들어서는 여러 곳에서 집중 타격을 받고 비틀거렸다.

우선 프로이트의 무의식으로 주체의 동일성이 큰 타격을 받았고, 비트겐슈타인의 언어 게임으로 주체는 세계의 주인이라는 지위를 잃고 게임에 참여하는 축구 선수 같은 지위로 전락했으며, 구조주의자들에게는 아예 몰매를 맞고 권좌에서 실각하고 말았다. 심지어 믿는 도끼에 발등 찍히는 격으로, 어느 영역보다 주관·객관의 분리가 힘을 발휘한다고 여겼던 자연과학의 영역에서도 주체가 스스럼없이 거부되기에 이르렀다.

그러나 리오타르는 거기서 한 걸음 더 나아가, 현대와 같은 후기 산업사회, 정보사회에서 주체와 이성은 완전히 폐기되어야 한다고 주장한다. 그의 논지는 대략 이렇다. 현대사회에서 이성은 더 이상 무소불위의 막강한 위력을 지니지 못한다. 오히려 현대는 그 이성 때문에 위기에 처해 있다. 현대사회는 과거와 같이 통합적인 사회 체계가 아니며, 동질성보다 차이가 훨씬 중요한 시대다. 즉 현대사회는 과거처럼 단일한 하나의 목적 아래에 사회의 모든 부분이 결집할 수 있는 단일한 하나의 체계가 아니다.

따라서 세계를 하나의 화폭 속에 담아 하나의 거대한 그림을 그리던 시대는 이미 지났다. 현대 세계의 올바른 상을 얻으려면 여러 개의 조그만 화폭에 각각의 부분을 정밀하게 담아내야 한다. 전체적인 상 자체가 필요 없어졌지만, 굳이 전체적인 상을 원한다면 그 조그만 부분들을 짜깁기해서 얻어야 한다.

데카르트는 신에게서 인간을 해방시켰으나, 그 뒤 인간은 오히려 자신이 지닌 이성의 노예가 되어 살아왔다. 역설적이지만, 인간이 자신의 유용한 도구라고 믿었던 이성이 오히려 인간에게서 외화되어 인간을 억압하고 지배해온 것이다. 하지만 이성은 르네상스 시기에 인간을 신에게서 해방시켰던 구세주의 역할을 톡톡히 한 적이 있다. 그런 탓에 인간은 여전히 이성에 대한 환상을 버리지 못한다. 좋다, 이성의 부작용은 인정한다. 그래도 이성은 아직까지 인간의 가장 중요한 수단이자 무기가 아닌가? 더구나 이성은 아직 미완의 대기일 뿐이다. 벼리고 닦음을 게을리 하지 않으면 결국 이성은 인간 해방을 가져다주지 않겠는가?

이성의 연장 선상에서 보면 그렇다. 그러나 이성의 문제점은 단지 부작용에만 있는 게 아니다. 리오타르는 이성에 대한 신화적 믿음이 원천적으로 잘못되어 있으며, 그런 생각은 또 다른 이성의 억압을 낳을 뿐이라고 말한다.

전체는 사라지고 파편들만 남다

인간 해방 논리의 대표 주자는 단연 마르크스주의다. 일찍부터 자본주의의 모순을 간파한 마르크스주의는 자본주의에 뒤이어 사회주의가 올 것을 필연적인 사회 발전 과정으로 인식하고, 피억압 계급의 해방자 역할을 자임하고 나섰다. 마르크스주의에 따르면, 프롤레타리아트는 생산을 담당하는 기본 계급이므로 이들의 해방은 부르주아지의 해방까지 가져올 것이다. 따라서 사회주의혁명은 곧 인간 전체의 해방이 된다. 1848년의 독일에서, 1917년의 러시아에서, 1968년의 프랑스에서 하마터면 해방은 현실로 이루어질 뻔했다!

하지만 리오타르는 '전체'라는 것을 아예 믿지 않는다. 전체라는 것이 존재하지 않는데, 전체를 해방시킨다니? 현대/탈현대의 시대인 지금도 그렇지만, 전체를 믿은 데서 비롯된 시행착오는 인류 역사에서 무수히 찾아볼 수 있다. 생리상 언제나 부분적인 이해관계를 바탕으로 전개될 수밖에 없는 편협한 정치 운동은 말할 것도 없고, 그보다 더욱 보편성을 주장한 종교나 예술도 마찬가지다.

문명의 시작 이래 수천 년간 인간은 종교에서 해방을 찾으려고 노력했지만, 결국 실패하고 다시 인간 자신으로 돌아오고 말았으며, 그렇다고 하나의 단일 종교를 만들지도 못했다. 예술에서는 극단적인 객관성(자연주의)과 극단적인 주관성(모더니즘) 사이를 오락가락해봤지만, 해방이라는 유토피아는 결국 실현하지 못했다.

이제 중요한 것은 전체가 아니라 부분이며, 동질성이 아니라 차이다. 여기서 리오타르는 '거대 담론'이라는 표현을 사용한다. "현실적인 것은 이성적인 것"이라는 말로 이성의 전일적인 지배를 강조한 헤겔 이래로 이성의 힘에 대한 신화적인 믿음 속에는 늘 거대 담론이 포함되어 있었다. 계몽, 자유, 해방 등등 인류 전체를 대상으로 하는 거대 이념의 메시지들이 모두 거대 담론이다.

그런데 거대 담론은 항상 '통합'을 전제로 하는 목적론으로 치우칠 수밖에 없다. 전체를 상정하고 있기 때문에 목적을 전제하는 것이며, 목적을 전제하고 있기 때문에 해방이라는 관념이 생기는 것이다. 이건 잘해야 유토피아론의 변형이고 최악의 경우에는 테러와 전체주의로 이어질 뿐이다.

게다가 거대 담론은 외부적 문제점만이 아니라 내부적 결함으로도 삐거덕거린다. 신이 지배하던 시대, 그리고 그 뒤 이성이 지배하던 시대에는 아무도 거대 담론의 정당성을 의문시하지 않았다. 당시 거대 담론은 자체 내에 정당성의 근거를 지니고 있었기 때문이다. 최후의 보루는 역시 데카르트의 선험적 주체다. 이것이 있는 한 모든 지식은 선험적 규범성이 이미 보장되어 있는 셈이었다. 그런데 주체가 무너지자 사정이 크게 달라졌다. 중심이 있으면 전체가 살 수 있으나 주체라는 중심이 해체되자 전체도 없다. 전체가 든든한 테두리로 존재할 때는 전체의 각 부분이 유기적으로 얽혀 서로가 서로를 보장해주었으나 이제는 그럴 수 없게 되었다. 원래 한 체계 내의 정당성은 그 체계 내에서만 보장될 수 없는 게 아니던가?

기업에 비유하면, 예전에는 재벌이라는 모기업이 있어 각 계열사가 서로 지급보증을 해주면서 버텼지만 이제 모기업 자체가 도산해버린 격이다. 더구나 그 재벌 기업은 이미 지니고 있던 부동산마저 모두 처분한 상태다. 그러나 재벌이 무너졌으면 계열사라도 살아남아야 할 것이다. 이미 사라진 근거를 어떻게 되살릴까? 근거가 무너졌으면 억지로라도 만들어내야 한다. 실제로 그런 시도가 있기는 했다.

각 부문 지식의 옳고 그름은 누가 판단할까? 그 지식에 가장 가까이 있는 사람들, 이른바 전문가들이다. 그래서 임시방편으로 일단 전문가들의 합의를 지식의 근거로 삼으려는 방책이 구상되었다. 하지만 이것도 곧 모순에 부딪힌다. 거대 담론이라는 전체가 없는 상황에서는 그 합의를 도출할 방법이 없기 때문이다. 도대체 누가 합의를 중재할 수 있으며, 설령 합의가 이루어진다 해도 누가 그 합의에 따를 것인가? 무리하게 합의를 추구하다가는 결국 전문가 집단의 폐쇄성만 키울 뿐이다. 여기서 지식은 생산을 멈춘다.

파괴가 아니라 생산으로

생산이 그치면 그다음은 파괴일까? 사실 포스트모더니즘을 수용하면 허무와 파괴의 방향으로 나아가는 경우가 적지 않다. 특히 예술의 분야에서 두드러지는데, 일체의 확실성을 거부하고 오로지 '거부하는 몸짓'만을 내세우는 경향이 그것이다(20세기 초의 다다이즘이 그런 예다). 물론 어깨에 힘이 지나치게 실린 사이비 포스트모더니즘에 그런 사례가 많다.

그러나 포스트모더니즘의 원조인 리오타르는 극단적 허무나 부정으로 치닫지 않는다. 리오타르에게는 그런 태도 역시 일견 계몽을 부정하는 것 같으면서도 계몽주의 시대의 연장 선상에서 이성의 끝을 잡고 거대 담론을 여전히 꿈꾸고 있는 것일 뿐이다. 그렇다면 그의 대안은 뭘까? 전체가 사라지면 그다음은 다원성의 시대일 수밖에 없다. 따라서 각개약진의 방법이 있다. 전체의 합의가 불가능하다면 국부적인 합의로 대체하는 것이다.

전체라는 말은 잊어버리자! 지식의 면에서는 그 편이 오히려 훨씬 생산적이다. 전체성의 시대에 지식은 아무것도 생산하지 않고 서로가 서로를 정당화해주기만 하면서 쳇바퀴를 돌지 않았던가? 덩치만 비대해진 서구 형이상학은 이제 쓸모가 없어졌다. 다원성은 생산의 긍정적인 계기가 된다. 리오타르는 자연과학의 신기원을 열었다고 알려진 실증주의도 실은 아무것도 생산하지 못했다고 말한다.

알다시피 실증주의는 검증과 관찰을 기본으로 한다. 그런데 검증은 언제나 이미 있는 것을 정당화하는 데 기여할 뿐이다. 또 아인슈타인이 말했듯이 관찰은 언제나 이론을 전제하고 있다. 무엇을 검증할지는 기존의 체계가 말해주며, 무엇을 관찰할지는 기존의 이론이 지시하고 있다. 따라서 실증주의는 언제나 이미 알고 있는 것을 확인하기만 했으며, 늘 '아는 만큼 보는' 데 그칠 뿐이었다.

하지만 탈현대 시대의 지식은 기존의 것이 아니라 새로운 것을 대상으로 한다. 따라서 이제 정당성이나 근거 따위에 발목을 잡힐 일은 없다. 전체의 합의를 추구하는 낡은 합의의 모델은, 기존의 언어로는 말할 수 없는 새로운 것이 생겨나면서 전혀 쓸모가 없어졌다. 그래도 지금까지의 이론으로, 지금까지의 언어로 어떻게든 말할 수 없는 것을 말해야 하는 게 바로 지식의 입장이다. 이렇게 해서 지식은 다시 생산을 시작할 수 있게 되었다. 다만 이제부터 지식은 작은 것을 작게 설명하는 원리에 충실해야 한다.

한때 마르크스주의자였던 리오타르는 유럽 전역을 뒤흔든 1968년의 혁명적 분위기를 계기로 해방이라는 거대 담론을 버리고 '작은 것이 아름답다'는 원리를 채택했다(앞서 알튀세르의 경우에서도 1968년은 중요한 분기점의 역할을 했다). 1983년 〈르몽드〉에 기고한 글에서는 아예 "보편적인 가치를 구현하는 주체로서의 지성인의 시대는 끝났다."라고 선언한다. 그리고 몇 년 뒤, 마치 그의 예언이 적중한 것처럼, 거대 담론의 가장 거대한 실체였던 현실 사회주의의 실험이 실패로 끝났다.

현실의 힘은 과연 무서운 것이어서 그 뒤로 전 세계 사회주의 세력은 크게 약화되었고, 우리나라에까지 영향을 미쳐 국내의 사회주의자들 역시 상당수가 리오타르처럼 작은 것을 추구하는 방향으로 선회했다(시민운동에 침잠하거나 정치권을 기웃거리는 모습이 그것이다). 이제 의문은 이것이다. '거대 담론'은 과연 현실에서 실패했기에 포기되는 걸까, 아니면 실패할 수밖에 없기에 포기되어야 하는 걸까? 그 해답은 아마 리오타르의 포스트모던이라는 형용사를 우리가 포스트모더니즘이라는 명사로 구체화시킬 때에야 가능해질 것이다.

장 프랑수아 리오타르 Jean-François Lyotard, 1924~1998
프랑스의 철학자. '포스트모던'이라는 개념을 처음으로 그리고 노골적으로 표방한 그는 모든 것을 하나로 설명하는 본질론과 헤겔류의 형이상학을 '거대 담론'으로 규정하며 거부하고, 보편성에 기초한 모든 개념을 폐기해야 한다고 주장했다.

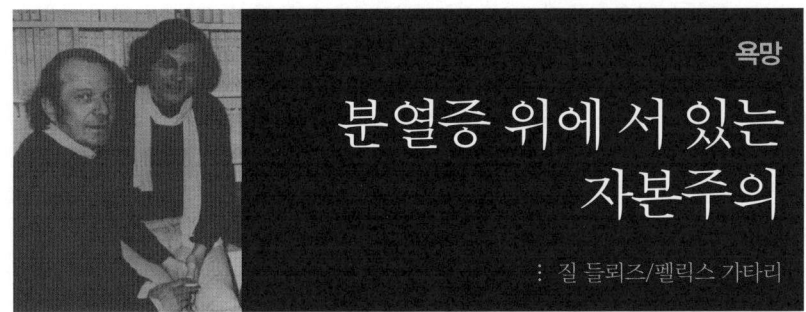

욕망

분열증 위에 서 있는 자본주의

: 질 들뢰즈/펠릭스 가타리

Gilles Deleuze / Félix Guattari

"걱정 마십시오. 모든 게 다 정상입니다."

검진을 마친 뒤 의사가 이런 말을 한다. 혈압이나 맥박이 모두 정상이라는 이야기다. 그런데 여기서 정상이라는 말은 무슨 뜻일까? 물론 아무 데도 이상한 곳이 없다는 뜻이다. 몸이 정상적이라는 말은 보통 아픈 데가 없고 모든 신체 기관이 제대로 기능하고 있다는 뜻으로 쓰인다.

그런데 정상이라는 말을 그런 뜻으로만 쓰면 괜찮지만, 우리는 흔히 그것을 '다수'라는 말과 혼동하기도 한다. 정상이라는 의사의 말은 이제 당신의 몸은 다수와 같아졌다는 뜻으로 해석할 수도 있다. 환자는 환자가 아닌 사람들에 비해 소수니까.

하지만 냉정하게 생각해보자. 실제로 정상적인 몸이 과연 있을까? 아무 곳도 아프지 않고 언제나 멀쩡하게만 기능하는 그런 정상적인 신체를 가진 사람이 있을까? 우리 몸은 수시로 병이 들었다 나갔다 한다. 계절이 바뀔 때면 대개 한두 번쯤 감기에 걸리고, 몇 년에 한 번쯤은 눈이나 귀, 이 등 자주 쓰는 신체 기관이 고장 나기도 하며, 이따금 사고나 질병으로 탈이 나서 팔, 다리나 뼈, 장기 등에 커다란 상처를 입기도 한다. 상처가 다 나아서 다시 멀쩡하게 살기도 하지만, 경우에 따라서는 그 상처 때문에 죽거나 평생 동안 그 자국이 남는 사람도 있다.

간혹, 아주 잠시 동안 몸 전체에 아무런 이상이 없을 수도 있지만, 그 야말로 간혹일 뿐이다. 대부분의 시간 동안 우리는 신체의 일부든 전체든 '비정상적'인 상태에서 살아간다. 그렇다면 정상적이라는 말은 사실 일상적인 의미로 쓰일 수 없게 된다. 정상은 비정상보다 훨씬 드문 경우이기 때문이다. 다수가 정상이고 소수가 비정상이라는 상식은 더 이상 상식이 아니다.

눈에 보이는 신체만 그런 게 아니다. 보이지 않는 심리나 정신도 정상보다는 '비정상'에 시달리는 경우가 훨씬 많다. 라면이 몸에 좋지 않다는 사실을 잘 알고 있는데도 여전히 간단히 먹을 수 있는 라면을 찾는다. "에잇, 잘 먹고 잘 살아라." 말은 이렇게 해도 헤어진 연인을 도무지 잊지 못한다. '잊으려는 나'가 진짜 나인지, '잊지 못하는 나'가 진짜 나인지 모를 일이다. 이런 현상이 지속되면 정신병자가 되지나 않을까 하고 걱정하겠지만, 사실 가벼운 정신병은 감기처럼 보편적인 질병이다. 들뢰즈와 가타리 같은 사람은 한 걸음 더 나아가 자본주의에서는 정신분열증이 오히려 정상이라고 말한다.

욕망은 결핍이 아니라 생산이다

도덕과 이성을 중심으로 하는 근대 철학의 사고방식에서 보면 욕망은 부정적인 이미지를 가진 말이다. 욕망이란 뭔가를 게걸스럽게 바란다는 뜻인데, 짐승에게나 어울리는 말이지 사람에게는 감추고 싶은 요소다. 소망이라면 또 모를까, 어떻게 점잖은 인간이 욕망을 품겠는가? 물론 인간은 사회적 동물이라는 옛 성현의 말씀도 있듯이 사람에게도 동물적인 속성이 없는 것은 아니지만, 그렇다 해도 욕망은 도덕적으로 문제가 있는 용어다. 더욱이 철학의 뿌리는 원래 신학에 있었으므로 아무리 르네상스를 거쳤다 해도 감히 신이 인간에게 부여한 도덕을 무시할 수는 없는 노릇이다.

설령 그런 도덕을 과감하게 떨쳐버린다 할지라도 욕망은 문학이나 예술이라면 모를까 철학 내로는 끌어들일 수 없는 개념이다. 철학은 이성에 속하는 학문이므로 욕망과 같은 감정은 다룰 수 없다. 냉철한 진리를 추구하는 철학이 어떻게 비합리적인 욕망을 연구 대상으로 삼겠는가? 앉으면 눕고 싶고 누우면 자고 싶다는 변덕스런 감정이 어떻게 철학의 대상이 될 수 있겠는가? 오히려 욕망은 주관적인 것이므로 객관적인 진리 탐구를 그르치기 십상이다. 그래서 근대 철학의 이성은 오히려 욕망을 억압해왔다. 욕망은 도덕의 면에서도 올바른 감정이 아닐뿐더러 진리의 면에서도 참된 앎을 저해한다고 여겼다.

하지만 그 근엄한 철학자들은 자신들이 추구하는 진리관 때문에 결국 욕망을 점차 철학 내로 포함시킬 수밖에 없게 된다. 근대 철학의 일반적 주제는 "인간이란 무엇인가?"라는 문제로 압축할 수 있다. 그런데 인간의 정체를 해명하기 위해 욕망은 빼놓을 수 없는, 아니 때로는 결정적으로 중요한 개념이다. 인간은 욕망을 떠나 존재할 수 없을뿐더러 욕망이야말로 인간의 안과 바깥, 인간과 세계를 잇는 중요한 연결 고리이기 때문이다. 인간은 욕망을 수단으로 삼아 세계와 관계를 맺는다. 결국 가장 이성적인 눈으로 보면 인간은 결코 이성만으로 해명할 수 없는 존재가 되는 셈이다.

따라서 근대 철학은 지금까지 그토록 배제하려 애썼던 욕망을 이제 어떻게든 철학 체계 안으로 끌어들일 수밖에 없었다. 그렇다면 가장 먼저 필요한 것은 욕망에 대한 올바른 정의다. 알다시피 전통 철학에서는 철학의 모든 개념이 엄정하게 정의되어야 하므로 욕망에 대해서도 그런 정의가 필요하다. 마치 집 나갔던 자식을 데려와 깨끗하게 목욕시키듯이 철학은 더러운 새 식구인 욕망을 말끔하게 포장한다. 그렇게 해서 정립된 욕망의 개념은 결핍이었다.

욕망은 뭔가 있어야 할 게 빠진 상태를 가리킨다. 인간은 언제나 자신의 내부에서 뭔가 부족한 것을 욕망한다. 돈 가진 자는 명예를 바라고, 지위를 얻은 자는 부를 꿈꾼다. 남자는 여자를 욕망하고, 여자는 남자를 욕망한다. 일찍이 플라톤도 욕망을 인간 주체의 빈 구멍으로 이해했으며, 그 이후의 모든 서양철학에서도 언제나 욕망은 결핍을 뜻했다. 심지어 실존철학에서는, 설사 욕망하는 대상이 자신의 텅 빈 근거를 채워줄 수 없다 해도 인간은 항상 그것을 욕망할 수밖에 없으므로 욕망의 형태로 실존한다고 말한다. 라캉의 정신분석학에서는 욕망을 인간 의식과 분리시키지만 거기서도 역시 욕망은 결핍 또는 필요를 가리킨다.

이렇게 전통적인 의미에서 욕망은 인간의 빈 부분, 결핍된 상태로 정의된다. 욕망을 인간의 속성으로 보든, 아니면 본질이나 인간 그 자체로 보든, 적어도 욕망이 인간과 밀접히 연관된 개념이라는 사실만큼은 변함이 없다(어떤 의미에서 전통 철학자들은 이성으로써 설명하지 못하는 인간의 부분을 전부 욕망으로 설명하고자 한 것인지도 모른다. 그렇다면 욕망은 여집합과 같은 개념이 되므로 자연스럽게 결핍으로 정의될 수 있다).

그런데 들뢰즈와 가타리는 욕망을 그런 전통과 전혀 다르게 설명한다. 그들은 욕망을 결핍으로 보지 않을뿐더러 그것을 인간으로부터 떼어내서 사고한다. 그렇게 보면 욕망의 모습은 180도 달라진다. 욕망은 부정적인 게 아니라 긍정적인 것이며, 부족한 상태를 반영하는 게 아니라 오히려 뭔가를 생산하는 힘이다. 욕망이 '힘'이라면 연상되는 게 있다. 바로 니체가 말한 권력의지다. 아닌 게 아니라 들뢰즈와 가타리는 니체의 권력의지에서 곧바로 욕망의 개념을 끌어낸다.

니체의 권력의지가 인간 개인의 자유의지와는 상관없는 것이듯이, 들뢰즈와 가타리의 욕망은 인간이 의식적으로 품는 게 아니라 무의식적인 힘이다(이를테면 의식에서는 담배를 끊고 싶지만 담배를 바라는 욕망은 무의식적인 것이기에 쉽지 않다). 욕망은 인간이 속성으로 지니고 있는 게 아니라 오히려 인간이 존재하기 위한 근거이자 전제이며, 행동을 유발하고 사건을 만드는 에너지다. 이런 의미에서 그들은 욕망을 생산과 동일한 것으로 보고, '욕망적 생산'이라는 용어를 사용한다. 그들은 대체 무엇을 하기 위해 욕망을 이렇게 개념 짓는 걸까?

분열증이 정상인 사회

아무리 욕망을 무의식적인 힘으로 규정한다 해도 욕망 자체가 실재하는 것이 아닌 이상 뭔가 욕망의 주체는 필요하다. 그렇다면 그것은 인간일까? 그렇지는 않다. 물론 욕망을 품는 것은 인간이지만, 욕망은 의식이 아닌 무의식이므로 통상적인 의미에서의 인간을 욕망의 주체로 볼 수는 없다. 그렇기 때문에 들뢰즈와 가타리는 욕망을 생산적인 힘이라고 규정한 것이다. 그러나 이 말은 자칫하면 종교에서 흔히 주장하는 것처럼 생명을 모든 것의 원동력으로 보는 생기론^{vitalism}으로 오해 받을 우려가 있다. 그래서 그들은 욕망에 끈덕지게 달라붙어 있는 인간의 이미지를 떼어버리기 위해 새로운 개념을 도입한다. 그것은 바로 '기계'다. 즉 욕망의 주체는 기계다.

그런데 공학이나 물리학이라면 몰라도 철학에서 기계라니? 무척 생소하게 들리겠지만, 여기서 기계란 정신이나 인격성이 없는 문자 그대로의 기계를 뜻한다. 더욱이 그들이 말하는 기계는 개별과 집단, 부분과 전체를 함께 아우르고 있는 개념이다. 이를테면 욕망의 개별 주체도 기계지만, 욕망의 집단적 주체에 해당하는 사회나 제도, 국가, 자본주의 등도 모두 하나의 기계다(인간으로 볼 때는 집단이지만 욕망으로 볼 때는 집단 역시 하나의 기계일 뿐이다). 이 '욕망적 기계'들을 들뢰즈와 가타리는 '신체'라고 부르는데, 이것 역시 개별 인간의 신체와는 무관한 개념이다. 굳이 기계, 신체 등과 같은 개념까지 차용하는 그들의 고충과 취지를 감안한다면, 그들이 말하는 욕망은 인간 의지나 개별성의 의미 같은 것을 완전히 배제한 의미로 이해할 수 있을 것이다.

욕망은 창조적이며 생산적인 무의식이다. 따라서 욕망을 마음껏 풀어 놓는다면 뭔가를 창조하고 생산하겠지만, 그 과정이 무의식적으로 이루어지기 때문에 의식적인 계약과 약속에 기반 하는 인간 사회는 존립할 수 없게 될 것이다. 그래서 역사상 존재했던 인류 사회는 모두 나름대로 욕망을 조절하는 방식을 지니고 있었다. 다양한 욕망의 흐름들을 조절하고 통제해야만 사회가 성립할 수 있고 질서가 유지될 수 있기 때문이다. 이 욕망의 조절 방식을 들뢰즈와 가타리는 코드화라고 부른다.

본능에 따라 움직이는 동물 집단은 욕망이 전혀 통제되지 않고 무제한적으로 발산되므로 코드 자체가 없다. 동물 상태를 막 벗어난 원시사회에서부터 욕망은 통제되기 시작한다. 하지만 이때까지는 다양한 욕망의 흐름을 각각에 어울리는 다양한 코드로 통제하는 식이다(쉽게 말해 임기응변식으로 통제한다는 이야기다). 여기까지는 통제의 중심이라 할 만한 게 없다.

어떤 중심이 들어서서 욕망을 본격적으로 통제하게 되는 시기는 고대 사회다. 여기서는 왕이라는 전제군주가 있어 이를 중심으로 욕망이 통제된다. 원시사회의 코드화에 대비되어 이것은 하나의 강력한 코드의 중심을 갖추고 있으므로 초코드화라고 부를 수 있다. 또한 원시사회에서는 모든 욕망이 대지와의 연관에서 떨어질 수 없지만, 고대사회에서는 국가(혹은 군주)라는 사회체가 욕망을 주관하는 주체로 나서게 된다. 즉 욕망은 대지에서 벗어나 탈영토화한다. 이렇게 욕망을 초코드화하고 탈영토화하는 것이 자본주의가 출현하기 이전까지 욕망을 다스리는 방식이었다.

그런데 자본주의에 와서는 사정이 전혀 달라졌다. 자본주의는 군주 시대와 같이 하나의 강력한 중심으로 초코드화할 수 없을뿐더러 그래서도 안 되는 '신체'다. 자본주의는 이중의 의미에서 자유로운―토지가 없다는 점에서 자유롭고 신분의 굴레에서 벗어났다는 점에서 자유로운—임금노동자를 토대로 해서 성립했다. 전제군주의 탈영토화, 초코드화를 부정하면서 탄생했으므로 자본주의는 이미 출생신고부터 하나의 강력한 중심이라는 호적에는 이름을 올리지 못하는 운명이다.

하지만 그렇다고 해서 다양한 욕망의 흐름들을 마냥 놔두어서는 자칫 원시사회로 되돌아가버릴지도 모른다. 그래서 자본주의는 초코드화와 더불어 다원적인 코드화도 겸용한다. 마침 자본주의에는 전제군주의 초코드화에서 풀려난 다양한 욕망의 흐름들도 있는 반면, 전제군주와 같은 강력한 중심도 있다. 그것이 바로 자본이다. 자본주의에서 초코드화의 역할을 하는 것은 자본이며, 코드화의 도구가 되는 것은 국가나 학교, 병원, 교회, 정치 조직, 병원 등의 다양한 기관이다. 이런 자본주의의 이중성을 가리켜 들뢰즈와 가타리는 이렇게 말한다. "자본주의는 한편으로 탈영토화하면서 다른 한편으로 재영토화한다."

그렇다면 자본주의는 서로 배리적인 초코드화와 코드화, 영토화와 탈영토화가 공존할 수밖에 없는, 즉 분열증을 전제로 하는 사회다. 자본주의는 분열증을 토대로 해서 성립했고 더 이상의 성장, 발전을 위해서도 분열증을 필요로 하는 신체다. 탈영토화와 재영토화의 사이에서 끊임없이 왔다 갔다 하는 분열자의 모습, 그것이 자본주의의 정체다.

공상과학소설을 쓰는 이유

기계, 신체, 사회체, 욕망적 생산 등 들뢰즈와 가타리는 자신들의 사상을 전개하기 위해 새로운 개념과 장치들을 만들어 쓴다. 집을 짓는 데 비유한다면 그들은 이미 만들어진 건축 자재들을 사용하는 게 아니라 벽돌과 철근, 기와 등 모든 기초 자재를 일일이 새로 만들어가면서 집을 짓는 셈이다. 겨우 집 한 채 짓는 일에 굳이 이토록 어렵게 공사를 벌이는 이유는 뭘까? 물론 기존의 자재들이 마음에 들지 않기 때문이다.

들뢰즈와 가타리는 전통 철학의 다양한 조류들이 대개 나무형 구조를 가지고 있다고 말한다. 나무는 뿌리와 줄기, 이파리들을 가진다. 뿌리가 줄기를 만들고 줄기가 이파리를 낳는 것처럼 기존의 철학 체계들은 이전의 체계를 뿌리로 삼아 줄기를 이루고 새로운 체계의 이파리를 낳는 식으로 발전해왔다.

그러나 들뢰즈와 가타리는 이런 수직적 구조를 거부하고 수평적 구조를 주장한다. 그래서 그들이 이어받은 사상도 기존 철학의 나무(계보)에서 나오지 않은 것들이 대부분이다. 이를테면 스피노자나 흄, 니체와 같이 전통 철학사의 흐름에서 벗어나 있는 사람들의 사상, 그리고 정신분석학·생물학·물리학·수학 등 전통 철학의 범주에서 벗어난 학문 영역, 나아가 연극·미술·음악·영화 등 예술의 여러 영역까지 다양하게 섭렵하면서 개념과 이미지들을 차용하고 변형하는 것이다.

들뢰즈 자신이 직접 비유했듯이, 그들의 사상은 일종의 공상과학소설이다. 기존의 소설은 주어진 현실을 배경으로 현실에서 나오는 소재를 가지고 줄거리를 엮어 나가는 방식을 취하지만, 공상과학소설은 작가가 모든 요소를 일일이 만들어내야 하며, 인물과 배경까지 완전히 새롭게 창조해야 한다.

그렇게까지 해야 할 정도로 현대의 지적 위기는 심각한 걸까? 불행한 일이지만 들뢰즈와 가타리에 따르면 그렇다. 우선 현대를 살아가는 우리 자신이 분열증이라는 질병에 걸려 있다는 사실을 인식하지 못하는 것 자체가 위기다. 병 자체를 알지 못하는데 그 병을 치료하기란 애초에 불가능한 일이다. 사실 그 병은 현대사회의 산물은 아니지만 자본주의 시대에 가장 골치 아픈 난치병으로 자라난 것만은 틀림없다.

원시사회에서는 다양한 욕망을 다양한 코드로 코드화하기 위해 도착증이 발생했고, 고대사회에서는 하나의 중심으로 다양한 욕망을 초코드화하기 위해 편집증이 발생했다. 그렇다면 그다음은 뭘까? 자본주의사회에서는 탈영토화와 재영토화를 수행하기 위해 분열증이 발생한다. 도착증, 편집증, 분열증은 다 정신 질환이며 '비정상'이다. 결국 어느 시대, 어느 사회에서도 '정상'은 환상일 뿐 실재할 수 없는 셈이다.

물론 아직까지 자본주의는 훌륭한 분열자의 모습을 보여주고 있다. 새로운 위기가 닥칠 때마다 새로운 코드를 만들어 노련하게 재영토화하는 데 성공하고 있다. 때로는 탈영토화와 재영토화를 구분할 수 없을 정도로 아슬아슬한 장면도 있지만 그런대로 잘 버텨 나가고 있다. 그러나 장차 지금까지보다 훨씬 파괴적인 위기가 닥쳐온다면 자본주의의 무기는 제 기능을 하지 못하게 될지도 모른다. 그게 바로 들뢰즈와 가타리가 울리는 경종이다.

질 들뢰즈 Gilles Deleuze, 1925-1995
프랑스의 철학자. 1995년 돌연한 투신자살로 지성계를 놀라게 했던 그는 스피노자, 니체 등 서구의 전통 철학에서 이탈해 있는 사상가들을 자신의 뿌리로 삼고, 정통이 아닌 이단, 다수가 아닌 소수, 동일자가 아닌 타자의 철학을 전개했다.

펠릭스 가타리 Félix Guattari, 1930~1992
프랑스의 철학자이자 정신과 의사. 프랑스 공산당원이었던 그는 사회주의는 물론 프로이트, 라캉 등의 사상을 받아들여 정신의학의 틀 내에서 마르크스주의를 연구했으며, 특히 들뢰즈와의 공동 연구로 여러 권의 저서를 간행했다.

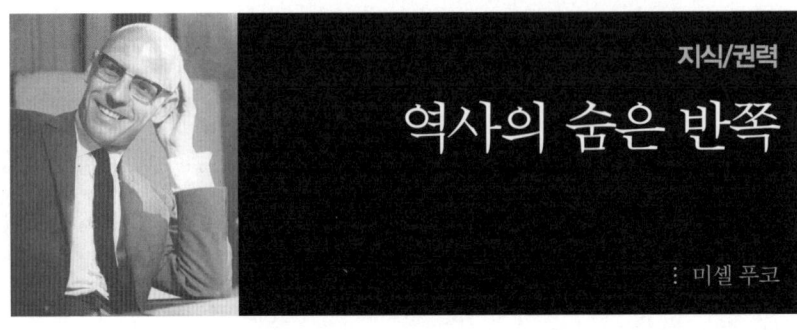

역사의 숨은 반쪽

지식/권력

: 미셸 푸코

Michel Foucault

디즈니 장편 만화영화 〈피노키오〉의 주인공 피노키오는 제페토 할아버지가 만든 나무 인형이다. 할아버지는 자기가 만든 피노키오가 너무 예뻐 진짜 아들이 될 수 있도록 해달라고 소원의 별에게 기도를 올린다. 할아버지는 그냥 한번 해본 것이었는데, 그 기도가 효험이 있어 할아버지가 잠든 밤에 피노키오 앞에 요정이 나타난다. 요정이 피노키오에게 생명의 숨결을 불어넣자 피노키오는 기지개를 켜며 깨어난다. 그래서 피노키오는 생명을 얻었으나 아직까지는 나무 인형일 뿐 인간의 몸이 아니다. 요정은 피노키오에게 진짜 인간이 되게 해주겠다고 약속한다.

모든 약속에는 조건이 따른다. 인간이 되기 위해 피노키오가 해야 할 일은 옳고 그름을 배워야 한다는 것이다. 요정은 피노키오에게 네가 옳고 그름을 알게 될 때에야 비로소 인간이 될 수 있을 것이라고 말한다.

그리고 만약 거짓을 말하게 되면 코가 쑥쑥 자라나 보기 흉한 몰골이 될 것이라는 경고도 덧붙인다. 물론 피노키오는 요정의 말에 따르겠노라고 굳게 맹세한다.

이렇게 매우 지당하면서도 교육적인 것처럼 보이는 이 만화영화의 첫 장면은 사실 문제가 있다. 우선 여기에는 옳고 그름이라는 것이 존재한다는 사실이 당연한 것으로 전제되어 있다. 요정이 백치 상태나 다름없는 갓 태어난 피노키오에게 말한 옳고 그름은 무엇이 옳고 무엇이 그르다는 가르침이 아니다. 즉 요정은 옳고 그름의 내용을 가르친 게 아니라 다만 옳고 그름을 알아야 한다고 가르칠 따름이다. 따라서 피노키오는 옳고 그름 자체에 대해 의문을 품지 말고 '이미 존재하는' 옳고 그름이란 것을 찾아내야만 한다.

또한 요정은 옳고 그른 것을 알아야만 인간이 될 수 있다고 말한다. 피노키오는 옳고 그름을 알아야만 제페토 할아버지의 귀여운 진짜 아들이 될 수 있으며, 더욱이 거짓말을 하면 코가 커지는 무서운 형벌을 받게 된다. 그래서 피노키오가 생명을 얻은 다음 날에 처음으로 하는 사회적 행동은 바로 학교에 가는 일이다. 옳고 그름을 배워서 똑똑해져야 하기 때문이다.

진리가 존재한다는 사실, 진리를 인간이 알 수 있고 알아야 한다는 사실, 그리고 거짓을 말하면 벌을 받는다는 사실 등은 모두 당연하게 여겨지지만, 푸코에게는 전혀 근거 없는 이야기다. 푸코에 따르면, 진리란 그 자체로 존재하는 것이 아니라 담론에 의해 규정되는 하나의 지식일 뿐이다. 물론 그렇다 해도 〈피노키오〉는 역시 재미있는 만화영화임에는 틀림없지만.

지식과 고고학

진리를 추구하는 것을 지식이라 부른다. 지식에는 여러 가지가 있다. 인간이 어떤 존재인지를 문제 삼는 철학 지식도 있고, 자원의 합리적 배분을 모색하는 경제학 지식도 있으며, 우주의 생성 비밀을 연구하는 과학 지식도 있다. 그런 숭고한 학문들만이 아니라 자동차 운전 기술도 지식이며, 카드 게임을 잘하는 요령도 지식이다. 수준의 높고 낮음을 떠나 지식은 인간 생활과 뗄 수 없는 관계를 맺고 있다. 또한 각각의 지식마다 나름대로 추구하는 진리가 다르다.

하지만 푸코의 관심은 지식의 내용에 있지 않고 지식을 둘러싼 관계들, 즉 지식이 어떻게 구성되는가에 있다. 다시 말해 지식이란 무엇인가가 아니라, 무엇이 혹은 누가 이러저러한 지식을 규정하는가를 문제 삼는 것이다. 따라서 그는 우선 지식이 발전한다는 관념을 믿지 않는다. 지식은 각 역사적 시대에 따라 그에 맞게 구성되는 것에 불과하다.

지식이 구성되는 것이라면 구성 요소도 있을 것이다. 지식의 구성 요소는 뭘까? 상식적으로 보면 그것은 실재하는 사실, 푸코의 용어로 바꾸면 '사물'이다. 생산과 분배는 경제학의 사물이고, 세포와 유전자는 생물학의 사물이다. 그러나 사물만으로 지식을 구성할 수 있을까? 사물은 지식의 내용일 뿐이다. 내용은 표현을 가져야 한다. 지식의 표현, 그것은 바로 말, 즉 담론이다. 생산과 분배라는 사물을 경제학적 담론으로 구성한 것이 경제학 지식이고, 세포와 유전자라는 사물을 생물학적 담론으로 구성한 것이 생물학 지식이다. 이렇게 지식의 구성 요소는 말과 사물의 두 가지다.

상식에 따르면, 그 두 가지 가운데 더 중요한 구성 요소는 단연 사물일 것이다. 그러나 푸코는 그와 반대로 말이 훨씬 중요하다고 본다. 그에 따르면, 지식은 사물보다는 오히려 말에 의해 구성되는 경우가 훨씬 많다. 사물이 먼저 있고 나서 그 사물을 규정하는 말이 생긴다고 보면 그의 주장은 다분히 억지스러워 보인다. 하지만 예를 들어보면 알기 쉽다. 지구는 46억 년 전부터 태양의 주위를 돌았지만, 지구의 운동을 설명하는 지식은 고대 그리스의 지동설에서 중세의 천동설로, 다시 천동설에서 근대의 지동설로 바뀌었다. 인간이 지구상에 태어난 이래 인간의 몸에는 늘 세포와 유전자가 있었지만, 그것을 발견하고 이름 붙이게 된 것은 19세기 생물학의 성과였다. 즉 사물은 변함없는데, 사물을 설명하는 지식은 수시로 변하는 것이다.

푸코가 실제로 들고 있는 예는 광기다. 광기라는 말을 국어사전에서 찾아보면 "정상이 아님, 미친 기운"이라는 뜻이 나온다. 광기라는 개념에 관한 지식은 정상이 아니고 미쳤다는 것이다. 언뜻 생각하면 이러한 정의는 너무도 명백한 듯하다. 하지만 알고 보면 광기를 그런 뜻으로 규정하게 된 것은 그다지 오래된 일이 아니다.

광기를 어떻게 규정하는가 하는 문제는 시대마다 달랐다. 중세에는 광기를 일종의 예지적인 재능으로 여겼다. 또 르네상스 시대에는 이성을 넘어선 영역을 가리키는 말이었다. 이때까지만 해도 광기는 부정적인 이미지가 아니었으므로 광인도 사회에서 배제되지 않고 다른 사람들과 어울려 살았다. 그러나 17세기에는 광기를 윤리적으로 결함이 있는 것으로 취급하게 되었으며, 이에 따라 광인은 사회에서 병원으로 격리 수용되었다(바로 이 무렵에 '종합병원'이라는 시스템이 발명되었다). 그리고 정신분석학이 생겨난 19세기부터는 광기를 정신 질환으로 취급하여 치료를 위해 정신병원에 입원시키게 된다. 광기라는 사물은 늘 그대로였는데, 그 사물을 규정하는 담론이 달라진 것이다.

이렇게 담론으로 구성되는 지식은 시대에 따라 변한다. 그런데 묘한 일은 각각의 시대를 거치면서 지식의 담론은 발전하는 게 아니라 단지 달라질 뿐이라는 점이다(이것 역시 지식이 계속 발전한다고 보는 상식에 어긋난다). 그래서 푸코는 지식에 대한 연구를 역사적으로 진행해서는 안 된다고 말한다.

흔히 역사에서는 모종의 목적을 가정하고, 그 목적에 따라 인류 역사가 연속적으로 발전한다는 식으로 설명한다. 이를테면 인간의 역사는 단순한 사회에서 복잡한 사회로 계속 진화해왔다든가, 인간의 편리와 이익을 도모하는 방향으로 끊임없이 발전해왔다든가 따위의 암묵적인 가정이 있다. 그러나 광기의 역사에서 보듯이 각 시대마다 광기를 규정하는 담론은 연속적이 아니라 불연속적이며 단절이다(게다가 때로는 앞선 지식을 정면으로 부정하기도 한다). 따라서 푸코가 추천하는 지식의 추구 방식은 고고학적 연구다. 고고학을 전면적으로 도입해 모든 것을 설명해야 한다는 게 아니라 고고학의 방법을 차용해야 한다는 것이다. 즉 유적을 발굴하는 고고학처럼 지식을 탐구할 때도 과거의 지식이 남긴 흔적과 자취를 따라가야 한다는 것이다.

역사적인 방식과 고고학적인 방식, 언뜻 생각하면 비슷한 거 아니냐고 하겠지만 실은 크게 다르다. 물론 둘 다 과거의 것을 대상으로 삼는다는 점에서는 같다. 그러나 역사가 동영상이라면 고고학은 사진이다. 역사에서는 항상 흐름이 강조되지만 고고학은 오히려 과거의 한 장면을 고정시켜 고찰한다. 이를테면 역사적 사건의 경우에는 그 전후 맥락을 함께 살펴봄으로써 그 사건에 대한 올바른 이해를 얻지만, 고고학에서는 발굴된 유적을 토대로 해서 과거의 삶을 재현하는 것이 무엇보다 우선이다.

그렇다면 어떤 의미에서 동영상이 사진을 포함하듯이(동영상의 정지된 장면은 사진과 같다고 볼 수 있으므로), 역사는 고고학을 포함하는 게 아니냐는 반문도 있을 수 있다. 하지만 동영상은 각각의 장면 자체보다 흐름을 보여주기 위한 장치이듯이 역사도 주로 역사의 수많은 장면을 잇는 데 주력하는 학문이다. 이 과정에서 각각의 장면이 지니는 참된 의미는 흐름 속에 묻히며 사라진다. 그에 비해 고고학은 일체의 해석이나 전제를 배제하고 과거의 한 장면을 있는 그대로 되살리는 데 주력하기 때문에, 시대마다 달라지는 과거의 담론을 연구하는 데 적절한 방법이 될 수 있다.

이와 관련해, 지식이 사물로 구성된다면 별 문제가 없지만 담론으로 구성되기 때문에 생겨나는 문제가 있다. 그것은 바로 '침묵'의 문제다. 지식은 구성되는 것이므로 필연적으로 그 내용에서 빠져버리는 것들이 생겨나게 된다(역사의 '흐름'에 묻히는 각 장면이 그런 예다). 흥미로운 점은 그렇게 빠져버리는 것들 역시 담론에 의해 규정된다는 점이다. 푸코에 따르면, 광기는 17세기라는 특정한 역사적 시대에 역사 바깥으로 빠져나간다(그리고 종합병원에 갇혀버린다). 그 이유는 17세기에 바로 '정상'이라는 기준을 설정하는 담론이 형성되었기 때문이다. 이때부터 광기는 비정상으로 규정되면서 역사에서 누락된 것이다.

정상이 있는 한 비정상은 배제될 수밖에 없다. 그러나 문제는 비정상의 역사가 정상의 역사에 못지않게, 때로는 그보다 훨씬 더 중요하다는 사실이다. 그래서 푸코는 침묵의 역사가 되어버린 비정상의 역사를 복원하는 것도 지식의 고고학이 지니는 중요한 임무라고 말한다.

권력과 계보학

지식이 구성되는 것이며 뭔가를 포함하고 뭔가를 배제하는 것이라면, 지식을 구성하며 그 뭔가를 포함하고 배제하는 데는 필연적으로 모종의 힘이 개재하지 않을 수 없다. 그 힘이 곧 권력이다.

흔히 권력이라고 하면 권력의 소유자를 연상하게 된다. 지배 기구가 가지는 정치권력이 대표적인 예다. 그러나 푸코가 말하는 권력은 그런 실체적 개념만이 아니라 관계적 개념도 가리키며, 의식적인 것만이 아니라 무의식적인 것도 가리킨다. 따라서 그가 말하는 권력에는 국가권력이나 정치권력만이 아니라 사적인 영역에서 은밀히 작용하는 정체불명의 힘도 포함한다.

푸코는 공적인 권력보다 오히려 사적인 권력을 더 중시한다. "국가는 권력관계의 그물 위에 존재하는 상부구조일 뿐이며, 실제로 인간의 신체를 규정하고 성이나 가족 관계, 친척 관계, 자식, 기술 등을 규제하는 것은 사회 전체에 퍼져 있는 섬세한 권력의 그물이다." 앞서 광기를 근대부터 다르게 간주하기로 한 것도 따지고 보면 국가권력이 아니었다. 또한 특정한 개인이나 인간 집단이 이제부터 광인을 이런 식으로 처리하자고 약속한 것도 아니었다. 그저 광기에 관한 지식이 달라지면서 '자연스럽게' 광인이 사회에서 배제된 것이다. 이렇게 권력은 행사하는 주체 없이(혹은 드러나지 않은 채) 작용한다. 그래서 권력은 전략이며 관계이며 기능이다.

일찍이 니체는 진리를 묻지 말고 누가 어떤 동기로 진리를 묻는지를 물으라고 말한 바 있다. 이 말을 푸코의 견해에 차용하면 지식을 묻지 말고 그 지식을 둘러싼 권력을 물으라는 말이 된다. 지식의 배후에는 늘 모종의 힘, 즉 권력이 도사리고 있으며, 그 권력이 지식의 진정한 의미를 담지하고 있는 경우가 많기 때문이다. 예컨대 누가 내게 "그래, 너 잘났다!"라는 말을 했다고 하자. 이 말을 언표된 그대로, 즉 정말 내가 잘났다는 뜻으로 받아들일 사람은 아무도 없을 것이다. 텍스트는 물론 '네가 잘났다'는 뜻이지만 콘텍스트는 이를테면 '넌 상당히 건방지다'는 뜻이다. 따라서 "그래, 너 잘났다!"라는 '지식'은 "나는 네가 마음에 들지 않는다!"라는 '권력'의 표현일 따름이다.

이렇듯 지식은 권력에 의해 좌우되고 권력의 힘으로 굴절된다. 또한 거꾸로 권력의 행사에는 반드시 지식이 동원된다. 우선 권력은 지식을 생산한다. 바꿔 말해 권력은 지식을 구성하는 과정에서 뺄 것은 빼고 더할 것은 더한다. 하지만 거꾸로 지식이 없으면 권력은 작용할 수 없다. 무엇을 빼고 무엇을 더할지를 알 수 없기 때문이다.

이렇게 권력과 지식은 어느 것이 먼저랄 것도 없이 서로 얽히고설켜 있다. 지식 속에는 반드시 권력이 작용하며, 권력이 작용하기 위해서는 반드시 지식을 필요로 한다. 정신병리학이라는 지식에는 특정한 사람들(즉 광인들)의 사고방식과 행동 방식을 정신 질환으로 정의할 수 있고, 그 사람들을 정신병자라고 규정할 수 있으며, 나아가 그들을 특정한 장소에 감금할 수 있는 권력이 작용하고 있다. 그 지식의 범위 내에서는 의사의 말이 절대적이고 환자의 말은 철저히 무시된다.

지식과 권력이 가장 조잡한 방식으로 결합하는 곳이 바로 사법 체계다. 사법 체계는 법 지식을 가지고 권력을 행사한다. 흔히 법이 현실의 변화 속도를 따라가지 못한다는 말은 법 지식이 현실, 즉 사물에 의해 구성되지 않고 거의 전적으로 담론에 의해서만 구성된다는 것을 말해준다. 예를 들면 법령집에 나와 있는 수많은 조條의 마지막 항項은 대부분 똑같은 말로 끝난다. 공무원의 근무지 변경을 규정하는 조와 비보호 좌회전을 허용하는 교통법규의 조는 서로 전혀 다른 성질의 법령임에도 불구하고 마지막 항의 문구는 똑같다. 그것은 바로 "기타 타당하다고 인정되는 경우"라는 내용이다.

이 마지막 항은 앞에 열거된 모든 항의 내용들에 대해 여집합이자 전가의 보도와 같은 기능을 한다. 법은 예외를 인정하지 않고 그 자체로 완결된 체계여야 하기 때문에, 먼저 중요한 항들을 열거해놓고 나서 거기에 해당하지 않는 '기타 등등'을 위해 마지막 항을 설정해두고 있는 것이다. 아이러니는 상당수 판사나 검사들이 바로 그 마지막 항을 법 적용의 관련 근거로 자주 사용한다는 점이다. 예컨대 정치범이나 사상범의 경우처럼, 법조문에서 사건에 딱 어울리는 항을 찾아낼 수는 없어도 어떻게든 법으로 처벌하기는 해야 할 경우(이를테면 정치적 범죄의 경우), 그 마지막 항을 근거로 사용하는 것이다. 이쯤 되면 법 집행이라는 권력의 행사는 (범죄라는 사실과 무관하게) 바로 법 지식 자체가 하는 것이나 다름없다.

이와 같이 권력은 권력 자체의 추진력으로 행사된다(물론 이 점은 지식도 마찬가지다). 그렇기 때문에 권력에서 중요한 것은 그 소유자나 속성이 아니라 권력을 둘러싼 관계와 효과다. 그래서 푸코는 이것을 계보학적으로 추적해야 한다고 말한다. 이렇게 해서 지식의 고고학과 권력의 계보학은 서로 보완하는 개념이 된다.

타자의 역사

앞서 광기는 사물에 의해서가 아니라 말에 의해서, 즉 지식과 권력을 통해 정의된다고 말했다. 그런데 다른 것이라면 또 몰라도 광기라면 정의하는 데 또 다른 문제가 있다. 사실 푸코가 굳이 광기를 예로 들어 지식과 권력을 설명한 데는 그 나름의 의도가 있다.

이성의 시대에 광기를 정의하는 일은 애초부터 불가능한 일이다. 그 이유는 뭘까? 정의란 이성을 가진 인간이 담론을 통해 내리는 것이다. 그런데 광기란 잘 알다시피 인간의 이성과 언어를 부정하는 것을 가리킨다. 이성의 관점에서 보면 광인은 이성을 상실한 사람이며 그의 언어는 믿을 수 없는 것이다. 그런데 어떻게 광기를 정의한다는 걸까? 이성의 입장에서 이성이 아닌 것을, 정상의 눈으로 비정상을 규정한다는 것이 가능할까? 이미 그것은 형용모순이 된다. 따라서 광기는 결코 그 자체로서 정의될 수 없다. 다만 이성의 반대 개념으로서 정의될 수 있을 뿐이다.

이 논리를 연장하면, 동일성은 비동일성을 상정하지 않으면 규정할 수 없다는 논리가 나온다. 푸코는 이것을 동일자와 타자의 관계라고 부른다. 동일자의 역사 속에서는 타자의 역사를 서술할 수 없다. 그러나 타자의 역사는 엄연히 존재해왔으며 지금도 존재한다. 존재하는 것을 존재하지 않는 것으로 규정해야 하는 것, 이것이 동일자의 모순이다. 푸코가 광기와 범죄 등 타자의 역사를 재구성하는 데 큰 관심을 가졌던 이유는 도덕적이고 온정주의적인 관심에서 나온 것이 아니라 바로 그것이 역사의 나머지 반쪽이기 때문이다.

타자는 언제나 동일자의 경계 바깥에 있다. 그리고 그 타자의 역사는 기존의 이성으로 설명할 수 없다. 따라서 타자의 역사에서는 이성적인 주체가 사라진다. 동일자의 역사에서는 이성이 전제 조건이자 출발점이었지만, 타자의 역사에서는 오히려 설명의 대상이 된다. 그래서 다른 철학자들은 주체를 연구의 출발점으로 삼지만, 푸코는 반대로 주체의 문제를 최후의 연구 대상으로 삼는다. 1984년에 에이즈로 죽은 탓에 그 작업은 결국 미완성으로 남고 말았지만.

푸코의 기본적인 문제의식은 지식을 지식이도록 하는 것, 진리를 진리이도록 하는 것, 권력을 권력이도록 하는 것이 무엇인가 하는 데 있었다. 비록 방식은 크게 다르더라도 그것은 서구 형이상학에서 던지는 근원적인 물음의 형식과 대단히 유사한 모습을 보인다(예컨대 후설의 '경험을 경험이도록 하는 것'과 질문 구조가 매우 비슷하다). 푸코는 아마 그 근원조차 모종의 힘에 의해 왜곡되고 시대적 담론에 의해 구성되는 것이라고 말했겠지만, 어쨌든 근원에 대한 관심과 지향은 그에게도 있었다.

푸코의 철학에 관해 한마디 덧붙일 게 있다. 국내에는 프랑스의 어느 철학자보다도 푸코의 저작이 많이 소개되어 있으며, 또 푸코는 국내에서 가장 널리 읽히는 프랑스 철학자이기도 하다. 그런데 국내 번역서에는 사실 푸코 철학에 대한 근본적인 오해가 있다. 이것은 간단한 프랑스어 문법에서 비롯된다.

우리는 지금까지 지식과 권력이라는 용어를 써왔지만 사실 이것은 결코 좋은 번역어가 아니다. 프랑스어에서는 영어의 조동사 can에 해당하는 동사가 두 개 있다. pouvoir와 savoir가 그것인데, pouvoir는 '할 수 있다', savoir는 '할 줄 안다'는 뜻으로 약간 용도가 다르다. 예를 들어 무거운 짐을 들 수 있느냐 없느냐를 말할 때는 pouvoir를 쓰고, 어떤 노래를 부를 수 있느냐 없느냐를 말할 때는 savoir를 쓴다.

문제는 푸코가 말하는 '지식'이란 바로 savoir이고, '권력'은 pouvoir라는 점이다. 조동사에 가까운 용법이라면 프랑스어에서 이 두 단어가 얼마나 자주 사용되는 말일지는 충분히 짐작할 수 있을 것이다. 즉 푸코는 지극히 일상적인 용어를 사용해 철학을 전개한 것이다. 그러나 이 개념들이 우리말로 번역될 때는 지식과 권력이라는 딱딱하고 자못 엄숙한 용어로 둔갑해버린다(영어에서는 savoir를 knowledge로, pouvoir를 power로 번역하는데, 이것들 역시 우리말의 지식과 권력보다는 훨씬 일상적인 용어다). 그런 점에서 지식과 권력은 처음부터 앎과 힘이라는 평범한 단어로 번역하는 게 옳았을 것이다.

사실 지식과 권력이라는 번역어를 채택한 것은 (무지의 탓이라는 점을 제외한다면) 지극히 반(反)푸코적인 태도이기도 하다. 평범한 단어를 놔두고 굳이 난해한 단어를 써서 번역함으로써 푸코 철학이라는 '지식'에 불필요한 '권력'을 실었기 때문이다(따라서 푸코가 알았더라면 당연히 그 번역어에 반대했을 것이다).

이런 유머가 있다. 질문: 약사는 왜 약을 갈아서 만들까? 답: 아스피린인 줄 모르게 하려고. 의사들이 쓰는 라틴어 처방전은 얼마든지 우리말로 표현할 수 있다. 또 판사들이 작성하는 판결문의 어려운 한자어는 얼마든지 쉬운 말로 바꿀 수 있다. 그러나 전문용어는 전문적이기 때문에 '힘'을 가진다. 지식에서 비롯되는 그 권력의 단맛을 잊지 못해 지식을 가지고 권력을 행사하는 자들은 일부러라도 전문용어를 사용하는 전통을 배양하고 강화해왔다. 그 폐해를 지적하는 푸코 철학의 번역에도 그런 관행이 되풀이된 것은 슬픈 일이다.

미셸 푸코 Michel Foucault, 1926~1984
프랑스의 철학자. 그는 먼저 자신의 이론을 세우고 그 이론을 역사 속에 적용하는 독특하면서도 혁신적인 연구 방식을 선보였다. 학문적으로는 니체의 계보학과 프랑스의 과학철학적 전통을 창조적으로 수용하고, 이를 바탕으로 기존의 역사 속에서 배제되어온 타자(광기, 성 등)의 역사를 재구성하고자 했다.

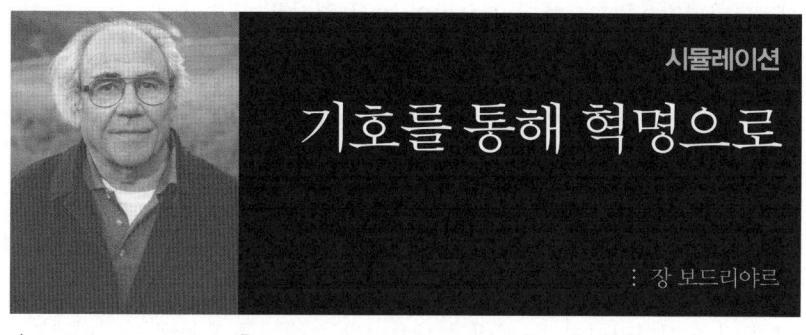

시뮬레이션
기호를 통해 혁명으로

: 장 보드리야르

JeanBaudrillard

문학은 현실을 소재로 한다. 그러나 현실 자체는 아니다. 예를 들어 소설은 대개 현실에서 있음직한 인물과 사건을 담고 있다. 기록 소설이나 전기의 경우에는 실제 인물과 사건을 거의 그대로 다루기도 한다. 하지만 소설은 어디까지나 창작자의 허구이며 가공의 세계다. 그러므로 문학은 현실 자체가 아니라 현실의 모사다. 백번 양보해서, 설령 문학이 현실과 거의 무관한 상상의 산물이라고 주장하는 사람일지라도 최소한 문학의 기원이 현실을 모사하는 데서 출발했다는 점은 부인할 수 없을 터이다.

그러나 문학은 현실의 모사에만 그치지 않는다. 현실을 다른 색깔로 치장하기도 하고, 때로는 현실보다 앞서서 현실을 이끌기도 한다. 괴테의 소설 《젊은 베르테르의 슬픔》은 젊은 청년들의 자살 사건이 유난히도 많았던 18세기 독일의 질풍노도 시대의 사회상을 반영하는 작품이었는데, 출간되고 나서 오히려 젊은이의 자살 현상을 더욱 촉발시키기도 했다. 우리나라에서 특히 인기 있는 고전인 헤르만 헤세의 《데미안》은 사춘기 청소년의 예민하고 섬세한 감성을 표현한 작품으로 유명하지만, 실존 사상이 풍미했던 1950~1960년대 우리나라의 청소년들은 《데미안》을 읽음으로써 거꾸로 사춘기의 감수성이 무엇인지 알게 되기도 했다. 문학과 비교하기는 좀 그렇지만 텔레비전 코미디 드라마의 경우에는 그런 현상이 더욱 적나라하다. 현실에서 사용되는 유행어를 포착해 코미디를 만들기도 하지만, 거꾸로 코미디에서 새로운 유행어가 만들어지는 경우가 더 많다.

이쯤 되면 문학이 현실의 모사인지, 현실이 문학의 모사인지 모를 일이다. 이처럼 문학과 현실은 서로 영향을 주고받는 관계에 있으며, 여기서 어느 것이 더 우월한 입장에 있다고 할 수도 없다. 사실 문학은 현실의 모사에서 비롯되었다고 말했지만, 무릇 기원을 따지는 논의가 대부분 그렇듯이 정밀하게 본다면 닭이 먼저냐 달걀이 먼저냐가 될 뿐이다.

좀 장황해졌지만 여기서 문학론에 관해 이야기하려는 것은 아니다. 다만 우리가 여기서 살펴보려는 보드리야르의 시뮬레이션이 바로 그런 이야기와 통하기 때문이다.

현실보다 더 현실적인 가상

인터넷이 발달하면서 사이버스페이스라는 말이 흔히 사용되고 있다. 사이버란 인공두뇌나 컴퓨터를 뜻하고 스페이스란 공간이라는 뜻이므로,

사이버스페이스는 곧 컴퓨터를 이용한 정보 통신의 공간을 가리킨다. 그렇다면 현실의 물리적 공간과는 엄연히 다른 가상적 공간인 셈인데, 그러나 그 세계를 접한 사람들에게는 결코 가상적이지 않다. 현실의 공간에 못지않게 사이버스페이스도 '구체적'인 공간이다. 인터넷 게임에서 사용되는 무기를 현실의 공간에서 돈을 주고 사고파는 일은 이제 앨리스의 이상한 나라에서 벌어지는 사건이 아니다.

하지만 그것은 그만큼 그 공간이 현실적이고 실감나는 느낌을 준다는 이야기일 뿐 현실과 똑같다는 뜻은 아니다. 가상의 공간이란 손으로 만져볼 수 없으며 그 자체로 존재하는 게 아니다. 예를 들어 사이버스페이스에 열려 있는 시장, 즉 인터넷 쇼핑몰을 이용한다고 해도 결국에는 현실 세계의 상품으로 연관되어야 의미가 있다. 인터넷 서점을 방문하는 이유는 현실의 물건인 돈을 주고 역시 현실의 물건인 책을 구입하기 위해서다. 전자적으로 결제되고 택배로 물건을 배송 받는다고 해도 엄연히 돈과 상품이라는 물질의 교환에서 벗어나지 않는다. 사이버스페이스에서 얻는 모든 정보는 현실 세계를 전제로 하고 있으며, 현실 세계로 피드백되어야만 정보의 실제 가치가 구현된다.

그럼에도 불구하고 그러한 '가상'이 현실에 못지않게, 아니 경우에 따라서는 현실보다 더욱 생생하게 다가오는 이유는 뭘까? 어떤 시뮬레이션이 현실보다 더욱 현실적인 가상을 만들어내는 걸까?

시뮬레이션(보드리야르는 프랑스 사람이므로 시뮐라시옹이라고 해야겠지만 그냥 일반적인 영어식 표현을 쓰기로 하자)은 시뮬라크르^{simulacre}라는 단어의 동사적 의미다. 시뮬라크르는 원래 흉내라는 뜻과 환상이라는 뜻을 가지고 있는데, 보드리야르는 후자의 의미로 쓴다. 흉내라면 무엇에 대한 흉내일 것이므로 원래의 그 무엇, 즉 원본이 있을 테지만, 환상이라면 원본이 반드시 필요하지 않다. 보드리야르가 말하는 시뮬라크르란 바로 이 환상, 즉 실제로는 존재하지 않는 대상을 실제로 존재하는 것처럼 만들어놓은 인공물을 가리킨다.

원본이 존재하지 않으므로 시뮬라크르는 '흉내 낼 대상이 없는 이미지'인 셈이다. 따라서 시뮬라크르는 원본 같은 것이 없이 그 자체로도 존재할 수 있는 이미지다. 그렇다면 현실 세계와 시뮬라크르의 세계는 서로 양립 가능한, 존재론적으로 동등한 위상을 가진 세계다.

하지만 보드리야르는 이렇게 현실과 이미지를 대등한 관계로 설정하는 데 만족하지 않고 더 과감하고 야심 찬 주장으로 넘어간다. 현대사회에서는 시뮬라크르, 그 원본 없는 이미지가 얼마든지 현실을 대체할 수 있으며, 현실은 오히려 그 가상의 이미지에 의해 지배당하게 된다는 것이다. 그게 가능하다면 이미지가 현실보다 더 현실적이라는 말은 결코 과장이 아니다. 이미지가 현실에 종속되어 있고 현실이 낳은 자식(적자든 사생아든)이라는 게 전통적인 믿음이라고 보면, 보드리야르의 주장은 가히 혁명적이다.

간단한 예를 들어보자. 현대의 전쟁은 보드리야르가 말하는 시뮬라크르의 의미를 잘 보여준다. 1990년의 걸프전에서 보았듯이, 현대의 전쟁에서는 미사일을 발사할 때 실제 미사일의 움직임을 눈으로 직접 보지 않고 컴퓨터의 화면만을 참고한다. 물론 이때 화면상의 미사일 궤도(시뮬라크르)는 실제의 미사일 궤도(현실)를 나타내고 있다. 하지만 미사일 조작자의 입장에서 실제로 미사일이 목표에 맞았는가 안 맞았는가는 중요하지 않다. 그는 오직 '화면상의 현실'만을 가지고 있다. 따라서 그는 화면상의 현실에만 책임질 뿐 실제의 현실에는 책임이 없다. 즉 화면상에서 미사일이 목표에 적중했으면 그것으로 그의 역할은 끝난 것이다. 설사 미사일이 적중하지 않았다 해도 그것은 프로그램의 오류일 뿐 그의 잘못이 아니다. 물론 징계도 당하지 않는다. 이런 의미에서 시뮬라크르는 실제보다 더 실제적이다.

여기서 한 걸음 더 나아가 시뮬라크르는 기존의 실재로부터 분리되어 독자적인 하나의 현실을 이룬다. 보드리야르에 따르면, 지금까지 우리가 실재라고 생각했던 것들은 바로 이 비현실이라고 여겼던 시뮬라크르에서 나오는 것이다. 현대는 이미지가 실제 현실을 복제하는 게 아니라 오히려 현실이 가장된 이미지를 모방해야 하는 전도된 상황에 놓여 있다.

근대 이성의 산물, 재현 체계

실재와 이미지의 관계를 전통적으로 이해하는 방식은 '재현 representation'이었다. 재현이란 문자 그대로 현실이 아닌 것을 다시^{re} 현실로 만든다^{presentation}는 뜻이다. 그러므로 여기에서는 기왕에 있는 것, 혹은 있었던 것을 다시 보여준다는 의미에서, 언제나 실재와 이미지라는 이분법적 분할이 가능하다. 기호에 의한 인간의 모든 활동, 즉 예술과 학문, 사회조직 등은 이러한 이분법적 분할을 가정하지 않으면 불가능하다.

이와 같은 재현 체계는 현대사회 전체에 깊숙이 구현되어 있다. 재현 체계를 가장 손쉽게 볼 수 있는 것은 정치조직이다. 정치조직의 기본 메커니즘은 '권력의 위임'과 '대의'에 있다. 위정자(대통령, 국회의원)는 투표라는 형식을 통해 국민에게서 권력을 위임 받아 그 권력을 재현하며, 국민들은 그것을 대의라고 말한다. 그래서 국민의 대표자라는 의미를 지니는 'representative(국회의원)'란 곧 문자 그대로 권력의 재현자다. 하부의 권력(경찰, 공무원 등) 역시 상급 권력을 위임 받아 그것을 대변한다. 이 체계는 군대의 조직과 같으므로 군사 체계라고도 할 수 있고, 그 기하학적 형태를 따라 피라미드 체계라고 부르기도 한다.

이 재현 체계는 정치조직에만 그치지 않는다. 예를 들어 정치와 전혀 무관한 예술에서도 얼마든지 그와 같은 재현 체계를 찾아볼 수 있다. 15세기 르네상스 시대 이탈리아의 화가들은 피라미드 체계를 회화에 도입했다. 이것이 근대 회화의 중요한 기법인 원근법이다. 알다시피 원근법은 평면인 화폭에 거리감을 도입해 눈으로 직접 보는 사실처럼 입체화시키는 것을 말한다. 그런데 여기에는 한 가지 역설이 숨어 있다. 원근법을 사용하는 화가는 현실을 왜곡시켜 현실감을 얻기 때문이다. 원근법으로 그려진 그림에서 먼 데 있는 나무는 가까운 나무와 높이가 같음에도 불구하고 훨씬 작게 그려진다. 즉 현실에서의 높이는 같지만 그림에서는 그 현실을 왜곡시켜 먼 나무를 작게 그려야만 현실적인 그림을 얻을 수 있는 것이다. 화가의 화폭이 2차원이고 현실이 3차원이기 때문에 비롯되는 역설이지만, 원근법은 재현 체계와 마찬가지로 실제로는 같은 대상을 마치 다른 것처럼 보이게 하는 일종의 환상을 일으키는 기법이다. 이렇게 보면 사실을 있는 그대로 묘사하겠다는 사실주의적 기법은 역설적으로 가장 환상적인 것이기도 하다.

정치와 예술의 두 가지 예는 한 가지 공통적인 사실을 말해주고 있다. 원근법적인 화면 구성은 고대 그리스 혹은 르네상스라는 문명의 합리화 단계에서 발생했다. 또한 정치적 피라미드 체계는 다원적 사회인 중세 봉건 체제가 무너지고 난 뒤에 들어서는 서구의 절대왕정과 연결되어 있다. 이건 무엇을 의미할까? 그 시대의 표상이 합리적 이성이었다는 것을 알면 이해하기 쉽다. 합리적 이성에 기초한 재현 체계는 동일성과 확실성, 안정성을 토대로 삼는다. 즉 재현 체계는 결국 합리성을 모태로 하는 근대성의 산물인 것이다.

재현 체계 속의 이미지는 원래의 실체를 반영한다. 그렇다면 가장 충실하게 원래의 실체를 재현하고 있는 이미지를 가장 완벽한 이미지라고 할 수 있을 것이다. 이 논리를 연장하면, 결국 원래의 실체가 자기 자신의 가장 훌륭한 재현 이미지라는 이야기가 된다(사진이 발명되었을 때 화가들은 얼마나 실망했던가!). 따라서 실체와 이미지가 동일한 한 몸이 되는 단계, 이것이 곧 시뮬레이션의 단계다. 여기서는 실체와 이미지를 분할하던 전통적인 이분법이 사라지게 된다.

이러한 '시뮬레이션에 의해 새로이 만들어진 실재'를 보드리야르는 초실재hyper reality라고 부른다. 이것은 우리가 생각하는 전통적 개념으로서의 현실을 지칭하는 실재와는 전혀 성격이 다르다. 초실재, 즉 파생 실재는 가상이기 때문에 전통적 실재가 가지고 있는 사실성에 의해 규제되지 않는다. 그러나 이 파생 실재는 예전의 실재 이상으로 우리 곁에 가까이 있다. 뿐만 아니라 그것은 과거의 실재가 담당했던 역할을 빼앗으며, 또 다른 구체적인 현실로서 존재한다.

상징을 교환하는 사회

시뮬레이션까지만 해도 보드리야르의 주장은 우리의 일상생활과 별로 관계가 없는 듯하다. 설사 이미지가 현실에 앞선다고 해서 우리가 매일매일 살아가는 과정이 뭐 그리 달라지겠는가? "정말 그렇군." 하며 넘어가도 좋고, 아니면 "내 생각은 좀 다른데." 하고 고개를 갸우뚱해도 그만이다. 그러나 철학만이 아니라 경제학까지 문제가 된다면 사정은 달라진다. 보드리야르는 이미지와 현실의 전도를 더욱 확장해 놀랍게도 전혀 새로운 개념의 경제학을 구성한다.

앞서 우리는 가상 세계도 결국 현실 세계로 피드백 되어야만 의미가 있다는 점에 안심했지만 이제부터는 다르다. 초실재의 현실에서는 기호들이 현실과 교환되지 않는다. 기호들은 오히려 기호들끼리 서로 교환된다. 바로 여기서 기존의 정치경제학적 개념인 사용가치의 규제를 받지 않는 기호 가치라는 개념이 나온다. 사용가치는 상품의 실재를 전제하고 있는 개념이지만, 기호 가치는 다르다.

예컨대 승용차는 이제 더 이상 어느 장소로 빠르고 편안하게 이동하기 위해 이용하는 기계가 아니다. 물론 승용차의 그러한 고전적이고 전통적인 사용가치는 아직도 유효하지만, 그보다 더욱 중요한 것은 승용차(특히 고급 승용차)가 소유자의 부를 나타내는 상징의 하나로 쓰인다는 점이다. 과거 같으면 승용차의 성능이 중요했으나 지금은 승용차의 이름이 더욱 중요하다. 연비가 어떻고 세금이 얼마냐 하는 것보다는 벤츠냐 BMW냐가 훨씬 큰 의미를 지니는 것이다. 실제로 우리나라의 중소기업가들은 자신의 의도와는 무관하게, 일정한 수준 이상의 고급 승용차를 소유하고 있지 않으면 은행 대출조차 어려워진다는 사실을 생활 속에서 깨닫고 있다. 이쯤 되면 승용차의 사용가치, 기능은 이차적인 게 된다(물론 여기에는 기업가 자신의 과시욕도 한몫하겠지만).

"내 아이는 달라요. 아주 특별하죠. 그렇기 때문에 이유식도 아주 특별한 것을 먹이고 싶어요."

예전에 이런 텔레비전 광고가 있었다. 이 광고 내용에는 상품의 성능에 대한 이야기가 없다. 성분이 어떻다든가, 효능이 어떻다든가 하는 것은 없고 단지 현대는 개성 시대이므로 육아도 개성적으로 하고 싶다는 젊은 주부의 소망만이 담겨 있을 뿐이다. 심지어 이런 맥락에서는, 그렇게 '특별한 것'을 광고의 핵심으로 내세우는 광고주의 목적이 실은 바로 '똑같은 것'을 대량으로 복제해 판매하고자 하는 데 있다는 아이러니마저도 쉽게 무시된다.

이렇게 사용가치보다 기호 가치가 중요하기 때문에, 보드리야르가 경제학에서 주된 관심을 가지는 분야는 당연히 생산이 아니라 소비다. 소비는 인간이 자신을 표현하는 형식이며 그 자체로 하나의 기호다. 한 사회의 모든 성원은 소비의 형식에 따라 각각의 의미를 부여받으며, 소비를 통해 나름의 질서를 이루게 된다. 마르크스를 선두로 하는 과거의 자본주의 분석이 생산을 중심으로 보았다면, 보드리야르는 소비를 중심으로 자본주의를 분석한다. 바로 이 차이 때문에 보드리야르가 주장하는 '혁명'도 마르크스가 말하는 혁명과는 전혀 달라진다.

반코드화 혁명

전통적인 정치경제학의 틀에서는 교환가치와 사용가치의 불일치가 자본주의경제의 모순을 규정했다. 따라서 마르크스 경제학은 상품 분석으로부터 시작했으며, 가치를 생산하는 유일한 수단인 노동을 핵심 개념으로 삼았다. 당연히 혁명의 주체도 노동의 담지자, 즉 노동계급이었다.

그러나 기호 가치의 관점에서는 노동의 개념부터 달라진다. 기존의 노동은 본질적으로 생산, 즉 가치의 창조로 정의되었지만, 기호 가치의 관점에서 노동은 더 이상 실재적인 힘이 아니라 여러 기호 가운데 하나에 불과할 따름이다.

보드리야르는 노동에서 본질적인 것은 생산이 아니고 그에 선행하는 코드화, 표시화, 억압의 기능이라고 본다. 그가 말하는 노동은 이런 것이다. "레저 형태의 노동까지 포함해 모든 노동은 기본적인 억압과 통제, 규칙의 묶음이며, 장소와 시간에 얽매인 일이라는 형태로서 어디에나 존재하는 코드에 따라 생활 전체에 침투한다. 사람들을 학교에, 공장에, 바닷가에, 또는 텔레비전 앞에 고정시키지 않으면 안 된다. 이것은 영속적인 총동원이다. 노동이 관심의 초점이 되고 있는 현대의 전략 전체는 바로 다음과 같은 것들을 지향하고 있다. 높은 소득의 직업, 자유로운 전직, 근무 시간의 자유 선택, 재교육, 평생교육, 자립, 자기 관리, 노동과정의 탈중심화, 심지어는 자기 집에서 행해지는 사이버네틱스화된 노동이라는 캘리포니아적 유토피아."

물론 이런 입장이라 해도 생산이 더 이상 경제 현실로서 존재하지 않는다고 말하는 것은 아니다. 그보다는 자본주의적 생산의 본래적인 의미가 축소되고, 이제부터는 코드라고 부르는 행동 규칙에 대한 복종이 지배적인 것이 되었다는 이야기다. 공장, 프롤레타리아트, 노동조합은 여전히 생산으로서의 노동을 대표하거나 그 이름으로 투쟁하지만, 실상 노동의 본질은 생산이 아니라 코드와 규범의 재생산이다. 따라서 그들은 생산이라는 하나의 환상을 대표해 투쟁하고 있는 것이다. 그렇다면 이 사회의 기본적인 법칙은 착취의 법칙이 아니라 정상성이라는 기준의 코드가 될 터이다.

물론 혁명의 과제는 여전히 해방에 있다. 그러나 해방의 의미와 해방을 이루는 수단은 이제 과거와는 다를 수밖에 없다. 문제는 정치권력이나 자본가 권력을 타도하는 게 아니라 우리를 구속하는 코드를 어떻게 전복할 것인가이다. 여기에 전통적 이론이나 통상적 투쟁 형태는 더 이상 적합하지 않다. 그것들은 오히려 과거 사회관계의 형식과 코드들을 그대로 온존하고 재생산할 뿐이다. 심지어 보드리야르는 누구나 진보적으로 생각하는 성과 인종의 차별을 반대하는 운동에조차 그다지 혁명적인 가치를 부여하지 않는다. "성으로서의 여성의 자립이나 계급으로서의 프롤레타리아트의 자립과 마찬가지로, 혁명 원리로서의 흑인의 자립은 알고 보면 표시 항을 이동시키면서 인종이나 성의 코드 또는 경제학의 운동을 연장시키는 것에 불과하다."

그렇다면 이제 혁명의 과제는 이 코드를 근본적으로 전복하는 수단을 찾는 데 있다. 이에 대한 보드리야르의 처방은 의외로 간단하다. 진정한 사회혁명은 차라리 자본주의라는 이 시스템을 가속화시켜 포화 상태에 이르게 한 다음 스스로 붕괴하도록 하는 방법을 통해서만 가능하다는 것이다. "어느 사회질서가 붕괴하려면 그 내부에서 발전할 여지가 있는 모든 생산력이 다 발전하고 난 뒤에야 가능하다."라고 했던 《정치경제학 비판 요강》의 혁명론을 연상시키는데, 그런 점에서 보드리야르는 마르크스 이념의 충실한 계승자다. 그래서인지 그는 자신의 책에 《기호의 정치경제학 비판》이라는 야릇한 패러디성 제목을 붙이고 있다.

마르크스가 그랬듯이, 보드리야르의 혁명론은 어쩌면 우리 시대를 앞서 있는지도 모른다. 아직 우리가 사는 현대사회의 지배적인 인식에서는 가상현실이 실제 현실만큼 피부에 와 닿지는 않으며, 경제학에서도 기호가 실물만큼의 위력을 발휘하지는 못한다. 그러나 마르크스의 자본주의 분석이 오히려 그의 사후에 현실로 입증되었듯이, 보드리야르가 주창하는 기호의 정치경제학이 조만간 현실적인 힘을 얻을 가능성은 충분하다. 인터넷 게임에서 승리하려는 노력이 현실상의 범죄 행위로까지 이어지는 현상은 그런 조짐을 예고하는 게 아닐까?

장 보드리야르 Jean Baudrillard, 1929~2007
프랑스의 철학자. 기존의 정치경제학이 아닌 기호학을 통해 현대 자본주의를 독창적으로 재해석했다. 현대/탈현대 사회에서 기호는 현실보다 더 현실적이며 물질보다 더 물질적인 것이 되었다는 이론을 토대로 삼아, 그는 현대 자본주의의 분석 도구로 '기호의 정치경제학'을 주장한다.

의사소통

이성에 대한 지순한 사랑

: 위르겐 하버마스

Jürgen Habermas

야구 경기에서 포수는 독특한 지위를 가진다. 다른 여덟 명의 선수들은 전부 간단한 모자를 쓰고 한 손에 글러브를 끼고 있는데, 포수는 배와 가슴에 거북 등껍질 같은 보호구를 착용하고 얼굴에는 쇠망으로 된 마스크를 쓰고 무릎에도 두꺼운 보호대를 대고 있다. 그러나 포수의 진정한 특징은 그런 차림새에 있지 않다. 포수는 경기장 쪽을 마주 보고 앉아 있다. 다른 선수들은 모두 홈베이스 쪽을 향해 서 있지만, 유독 포수만은 혼자 그 반대편을 향해 앉아서 경기를 한다. 그래서 야구 경기에서 포수는 경기장 내의 감독과 같은 역할을 한다. 사인으로 투수에게 던질 공의 구질과 코스를 일러주는 것은 물론 내·외 야수들에게 수비 위치를 지정해주기도 하는 것이다.

세계 속의 인간은 마치 야구 경기의 포수처럼 세계를 마주하고 있다.

포수가 그렇듯이, 인간은 세계라는 팀의 일원이면서도 인간을 제외한 다른 팀원들과는 반대쪽을 바라보고 있다. 이렇게 특이한 지위를 지니게 된 이유는 인간이 이성을 가진 존재이기 때문이다. 인간은 이성을 가지고 있기에 사물이나 동물 같은 존재와는 달리 세계 속에 완전히 동화되지 않고 자기만의 세계를 구성할 수 있으며, 세계의 감독과 같은 역할을 할 수 있다.

그런데 인간은 세계 속에 혼자만 존재하는 게 아니다. 에덴동산의 아담 이후 인간은 항상 복수로 존재했으며, 계속 수가 늘어 지금은 세계에서 대형 포유류 중 가장 개체 수가 많은 생물 종이 되었다. 그래서 문제가 발생한다. 나 이외의 다른 사람들은 내가 구성하는 세계에서 어떤 의미를 가지느냐는 것이다. 내가 이성을 가졌듯이 그들도 이성을 가졌을 텐데, 과연 그들의 이성은 내가 구성하고 감독할 수 있는 대상인가, 아닌가? 야구 경기에서는 포수가 한 사람뿐이므로 문제가 되지 않지만, 현실 세계에서는 무수히 많은 포수가 존재하기에 문제가 된다.

물론 그렇기 때문에 인간은 언어를 발전시켰고, 사회를 이루었다. 하지만 그것으로 문제가 말끔히 해결되지는 않는다. 다른 사람의 의견이 나의 의견과 같다는 것을 증명할 수 있어야 한다. 매사에 항상 같을 수는 없더라도 대체로는 그래야 한다. 하지만 그렇지 않은 게 현실 아닌가? 사회 전체는 말할 것도 없고 단 두 사람의 의견 통일도 이루기 쉽지 않은 게 현실이다. 그래서 하버마스는 현대사회에 들어 의사소통 과정에서 생겨난 적신호와 장애물을 극복하는 데 관심을 둔다.

상호주관성으로 연관된 세계

"너 자신을 알라."

2500년 전에 소크라테스가 한 말인데(실은 델포이의 아폴론 신전 기둥에 새겨진 문구지만 어쨌든 소크라테스 덕분에 유명해졌다), 철학에서 나온 경구 중에 이 말처럼 일반에 널리 쓰이는 것도 없다. 일반적으로는 자기 주제와 분수를 모르고 함부로 행동하는 것을 비아냥거릴 때 쓴다. 소크라테스는 궤변을 일삼고 그것으로 돈을 버는 속물스런 소피스트들을 겨냥했으므로 그 일반적인 의미와 어느 정도 통한다. 그런데 소크라테스는 너 자신을 알라고만 했을 뿐 네 주제나 분수를 알라는 식으로 명시하지는 않았다. 즉 그는 '너 자신'의 어떤 속성이나 기능을 가리키지 않고 '너 자신'을 총체적으로 포괄하여 지칭한 것이다. 그러므로 여기에는 은연중에 '알아야 할 너'와 '아는 너'가 따로 존재한다는 것, 즉 주체와 대상이 분열된다는 것이 전제되어 있다.

여기까지는 좋다. 문제는 소크라테스의 그 말이 단지 주체와 대상의 분리에 그치는 것이 아니라 주체 자체의 분열을 나타낸다는 데 있다. 주체는 이성을 수단으로 주체 바깥의 세계를 하나씩 대상으로 삼아오다가 마침내 자기 자신마저도 대상으로 삼게 된 것이다. 주체의 세계 사냥은 마침내 자신에게까지 칼끝을 겨누게 되었다. 사실 주체 역시 세계 속에 존재하고 있으므로 그것은 불가피한 결과이기도 하다.

주체와 대상의 분리라는 근대의 이원론은 결국 주체의 분열을 가져왔다. 이제 물음은 "너 자신을 알라."에 그치지 않는다. 주체는 존재하면서도 "나는 어떻게 존재하는가?"를 묻고, 인식하면서도 "인식이란 무엇인가?"를 묻는다(하이데거를 괴롭힌 바로 그 문제다). 이 주체의 분열증은 어떻게 치료할 수 있을까?

하버마스는 그 문제를 아주 가볍게 극복하고 있다. 문제 자체를 피해버렸기 때문이다. 물론 말 그대로 그 문제를 무시한다는 뜻은 아니다. 하버마스는 문제를 그렇게 설정하는 것 자체가 이미 잘못이라고 본다. 주체를 세계 속에 존재하면서 동시에 세계를 대상화하는 입장으로 본다면 문제는 결코 해결될 수 없다. 그렇게 하면 필연적으로 주체의 위치를 세계 외적 위치(반성적 주체, 초월적 자아)와 세계 내적 위치(전반성적 주체, 경험적 자아)의 두 군데로 분열시키게 될 수밖에 없기 때문이다. 이렇게 분열된 주체는 치료할 방법이 없다. 두 개의 주체를 매개하는 것은 아예 불가능해진다.

그것을 억지로 매개하려 하면 결국 실증주의의 덫에 빠질 수밖에 없다. 실증주의에서의 주체는 세계 속의 실체를 보는 관점과 똑같이 자기 자신을 볼 때도 지나치게 단순화시킨다. 이 경우 주체는 자신을 세계의 지배자로 보거나, 아니면 세계 속에 있는 실체 가운데 하나로 보게 될 수밖에 없다. 주체는 세계의 주인이거나 아니면 세계 속의 사물에 불과해진다. 두 가지 모두 옳지 않다는 것은 철학적으로만이 아니라 역사적으로도 검증되었다. 주체가 세계의 주인이 될 때는 세계대전이 벌어졌고, 주체가 세계의 사물이 될 때는 억압과 소외가 자행되었으니까.

하버마스에 따르면, 주체의 분열은 애초에 문제 삼을 필요가 없다. 사실 주체의 분열은 그것을 자꾸 분열로 규정하기 때문에 분열인 것처럼 보일 뿐이다. 상식을 토대로 생각해보자. 실제로 주체는 분열되어 있지 않다. 다른 사람과 내가 의견을 나누고 뜻이 통한다는 것은 내가 이미 살아 있다는 사실, 언어를 구사할 줄 안다는 사실, 인간이 이미 사회를 이루고 있다는 사실로부터 이미 자명하다. 이렇게 자명한 사실을 (후설처럼) 굳이 증명하려 애쓸 이유가 있을까?

완벽하게 고립된 주관도 없고 완벽하게 고립된 객관도 없다. 주체와 대상은 이미 서로 연관되어 있고 항상 관계를 맺고 있다. 이것을 하버마스는 상호주관성이라 부른다. 이 개념을 이용하면 하이데거처럼 인간존재의 특수성에 대해 고심할 필요가 없다.

인식 주체가 자기 자신뿐만 아니라 세계 속의 실체들을 객관화하여 대하는 태도는 더 이상 특권화될 수 없다. 상호 이해의 패러다임에서 근본적인 것은 그것이 아니라, 세계 내에 있는 존재에 관해 서로 의견을 나눔으로써 자신들의 행위 계획을 조정하는 상호작용의 참여자들의 행위적인 태도다. 자아가 언어 행위를 실행하고 타자가 그것에 대해 자신의 입장을 밝히면, 이 두 사람은 상호 인격적인 관계를 시작하는 것이다.

바꿔 말하면 주체는 이미 언어를 통해 상호작용에 참여하고 있기 때문에 주관과 객관을 논하기 이전에 상호주관적이라는 것이다. 누구나 다 이 상호작용의 참여자로서 서로 연관을 맺고 있다. 주체를 분열적인 존재로 보면 주체가 자기 자신을 향하는 반성 과정조차 단순하게 대상화되는 것을 피할 길이 없다. 하지만 상호주관성의 관점에서 보면, 주체가 그런 반성의 입장에 설 때도 타자의 입장에서 자연스럽게 이해할 수 있다. 역지사지, 입장 바꿔 생각해보면 된다. 자신이 실행한 행위를 머릿속에서 재실행해보면 타자의 입장을 취하는 게 충분히 가능하다. 그건 주체의 분열이 아니냐고? 천만의 말씀, 그것은 주체의 재구성이고 반성적 사유다.

철학자들은 자명한 문제를 쓸데없이 의문시했다. 탐구의 출발점을 탐구의 목적으로 삼았다. 이렇게 관점을 전환하면 문제는 주체의 분열이 아니라 오히려 주체와 주체 간의 의사소통이다. 의사소통이 막혀 있다면 상호주관성 자체가 불가능해지기 때문이다. 그래서 하버마스는 그 의사소통에 왜곡된 요소는 없는지, 의사소통 과정에 장애물은 없는지에 관심을 기울인다.

생활세계가 뒷받침하는 의사소통

의사소통의 목적은 동의와 합의에 있다. 의사소통의 참여자들은 서로 진지하게 다양한 의견을 나누고, 서로에 대해, 또 자기 자신에 대해 비판적 태도를 취함으로써 서로 간에 동의를 얻어낼 수 있고, 경우에 따라서는 만장일치에 도달하는 것도 가능하다. 아름답고 달콤한 이야기다. 그런데 현실적으로 과연 그런가? 현실에서 그런 의사소통의 목적이 쉽게 달성되는가?

누구나 그렇지 않다는 것을 안다. 그렇게 의견 일치가 쉽다면 이렇게 현대 세계가 언제나 시끄러울 리가 없다. 그런 달콤한 의사소통이 가능하려면 무엇보다 의사소통의 과정이 자유로워야 한다. 참여자들이 자유롭지 못하다면 합의를 이룰 수도 없을뿐더러 설사 이루어진다 해도 그것은 진정한 합의가 될 수 없을 것이기 때문이다. 그런데 자유로운 의사소통이 현실적으로 가능한가? 물론 하버마스도 소박한 생각에서 그런 의사소통을 주장하는 것은 아니다.

오히려 하버마스는 현대사회에서 의사소통이 "체계적으로 왜곡되어 있다."라고 말한다. 관료제를 예로 들어보자. 상명하복의 수직 질서를 기본으로 하는 관료제에서는 애초부터 자유로운 의사소통이 불가능하다. 예를 들어 한강 다리가 무너지면 대통령은 두 번 다시 그런 일이 일어나지 않도록 모든 공사를 철저히 감독하라고 명령을 내리지만, 불행하게도 그 명령은 막상 그것을 실천해야 하는 실무진까지 이르지 못한다. 우선 관료제에서는 명령이 거쳐 가야 할 통로가 너무 많다. 명령은 아래로 내려갈수록 점점 농도가 옅어진다. 또한 관료제적 사고에서는 그런 일이 생길 경우 위에서는 으레 그런 명령을 내리고 아래에서는 으레 어떠어떠하게 대처해야 한다는 절차가 단조로운 수학 공식처럼 정해져 있다.

그래도 관료제와 같은 공적 영역의 경우에는 그럴 수밖에 없나 보다 하고 넘어갈 수도 있다. 더 큰 문제는 사적 영역에서도 의사소통이 왜곡되어 있다는 사실이다. 그것은 공적 영역이 사적 영역으로 침투하기 때문에 생겨나는 현상이다. 하버마스는 이것을 가리켜 '생활세계^{Lebenswelt}의 식민지화'라고 부른다.

하버마스에게 생활세계는 프로이트의 무의식이나 소쉬르의 언어 구조와 같은 위상을 지니는 개념이다. 다만 무의식과 언어 구조는 모두 비인격적이고 개별 주체가 참여할 수 있는 영역을 인정하지 않는 데 반해, 생활세계는 참여자들의 의사소통 행위로 끊임없이 재생산되는 영역이다. 의사소통의 두 주체, 즉 말하는 이와 듣는 이는 공통적인 생활세계의 지평 안에서 움직인다. "생활세계는 등 뒤에서 참여자들을 받쳐주고 있는 배경으로서, 우리는 그것을 직관적으로 알고 있다. 그것은 아무런 문제점이 없고 분해될 수도 없는 총체적인 배경이다." 의사소통은 이렇게 공통된 생활세계를 배경으로 하고 있기에 가능하다.

하버마스에 따르면, 의사소통의 참여자들은 '직관적으로' 생활세계를 이해하고 있다. 생활세계란 물론 무의식적인 것은 아니지만, 단지 배후에서만 인식될 수 있을 뿐 대상화될 수는 없는 총체이므로 일반적인 인식의 대상이 아니다. 그렇다고 여기서 하버마스가 또 다른 형이상학적·선험적 요소를 도입하는 게 아닌가 하는 의구심을 품을 필요는 없다. 왜냐하면 생활세계는 의사소통의 결과물이 아니라 전제 조건이기 때문이다. 즉 상호주관적 의사소통이 가능하다는 사실 자체가 이미 참여자들이 생활세계의 존재와 기능을 이해하고 있다는 사실을 말해주는 것이다. 따라서 하버마스는 그 생활세계의 존재를 굳이 증명하려 애쓸 필요가 없다고 본다. 다른 대다수 현대 철학자들은 쓸데없는 노력을 기울이고 있는 것이다(아마 하버마스는 철학자들의 그런 노력을 가능케 하는 것 자체가 생활세계라고 말할지도 모른다).

정작으로 그가 중시하는 것은 생활세계의 메커니즘을 밝히는 게 아니라 현대사회에서 이 생활세계가 공적 영역에 의해 식민지화되고 있다는 점이다. 자본 축적의 경제적 메커니즘이나 국가 또는 관료제의 정치 행정 등이 생활세계의 고유한 논리를 위협하고 있는 것이다. 그 이유는 현대사회에서 공적 영역을 움직이고 있는 것이 바로 비판과 반성의 기능을 상실한 도구적 이성이기 때문이다.

이성의 힘과 해방을 믿자

앞에서 보았듯이, 아도르노는 도구적 이성의 맹목적인 힘에서 벗어날 수 있는 가능성을 회의적으로 바라보았지만, 하버마스는 아도르노와 같은 프랑크푸르트학파의 지적 배경을 가지고 있으면서도 이성에 대해 훨씬 더 낙관적인 입장을 취한다. 오히려 그는 이성의 비판적 기능이 쉽게 회복될 수 있고 극대화될 수 있다고 생각한다.

하버마스가 그런 입장을 취하는 이유는 이성의 개념을 폭넓게 설정하고 있기 때문이다. 흔히 이성을 하나의 동질적인 것으로 보지만, 그의 생각은 다르다. 그는 이성이 발달하면서 이성에도 분화가 생겨났다고 본다. 그에 따르면, 이성은 인지적·도구적 영역, 규범적·도덕적 영역, 표현적·미학적 영역의 세 가지로 분화되었다. 현대사회의 의사소통을 체계적으로 가로막는 것은 그 가운데 바로 첫 번째 것일 뿐이다. 인지적·도구적 이성이 지나치게 비대화된 결과, 인간은 세계를 사물과 사태의 총체로, 즉 객관적 세계로만 이해하게 되었으며, 그 객관적 세계에 상응하는 진리 문제의 해결만을 합리적인 것으로 여기게 되었다. 하지만 규범적 이성이나 표현적 이성은 도구적 이성과는 달리 여전히 제 기능을 보존하고 있다.

따라서 이성 자체를 해체 또는 폐기 처분해야 한다거나, 이성은 이제 끝났다는 식의 주장은 섣부른 판단이다. 무엇보다 현대사회가 지나치게 이성 중심적이라고 보는 시각은 완전히 잘못이며 착각이다. 하버마스에 따르면, 지금의 문제는 이성의 과도함이 아니라 오히려 이성의 부족함에 있다. 도구적 이성만이 과도할 뿐 나머지 이성은 모두 부족한 상태이기 때문이다. 따라서 부분적 이성으로 인해 생겨난 현대사회의 병리적 현상은 총체적 이성으로 얼마든지 풀어낼 수 있다. 그 방법은 한편으로 이성 자체가 지닌 비판적 기능을 회복하는 것이며, 다른 한편으로 도구적 이성 외에 다른 이성의 영역들이 제자리를 찾는 것이다.

하버마스는 철학의 역할이 인간의 역사에서 자유로운 의사소통을 방해하는 요소를 발견하고 이를 제거함으로써 자율과 책임을 향한 인류의 발전을 촉진하는 데 있다고 본다. 마치 도덕 교과서에 나오는 이야기처럼 전통적이면서도 어딘가 공허하게 들리지만 나름 장점이 있다. 그는 철학의 궁극적 목적이 인간 해방에 있다는 계몽주의의 틀을 포기하지 않는다. 그런 점에서 그는 전통 철학의 연장선에 있으면서 전통 철학의 과제를 유지하는 전통의 수호자다.

사실 말인즉슨 옳다. 이성이 스스로 매듭을 지어 도구화되었으니 그 매듭을 푸는 것도 이성이 해야 한다. 자기가 뿌린 씨는 자기가 거두어야 하듯이. 하지만 그러기 위해서는 단순히 이성만이 필요한 게 아닐지도 모른다. 하버마스는 지나치게 낙관하는 게 아닐까?

위르겐 하버마스 Jürgen Habermas, 1929~
독일의 철학자이자 사회학자. 비판적 사회철학의 보루를 굳건히 지키는 그는 이성의 부정적 측면을 극복하는 길은 이성의 해체가 아니라 오히려 이성의 완성에 있다고 주장하면서, 이른바 '포스트모더니즘' 계열의 사상적 조류와 스스로 구분되고자 한다.

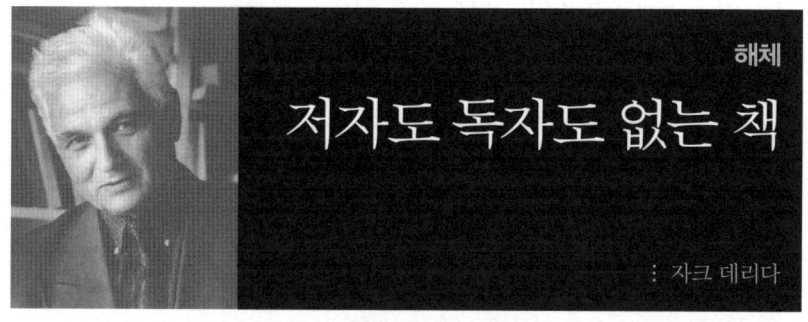

해체
저자도 독자도 없는 책

: 자크 데리다

JacquesDerrida

 잊을 만하면 터져 나오는 대중음악의 고질적인 문제로 표절이 있다. 어떤 가수가 외국의 누구 노래를 그대로 베꼈다느니, 멜로디는 물론 코러스 부분까지 똑같다느니, 창법이 닮았다느니, 인트로와 분위기가 똑같다느니 등등 표절 시비는 다양한 초점으로 전개된다. 그때마다 저작권법이 운위되곤 하지만 사실 표절은 애초부터 법 따위로 해결될 문제가 아니다. 항상 겉으로 드러난 것, 명시적인 것만을 문제 삼을 수밖에 없는 법의 관점에서는 닮은 정도를 반드시 양적인 지수로 나타내야 한다는 한계가 있기 때문이다. 따라서 아무리 정밀한 저작권법이라 해도 표절의 문제를 근본적으로 판결하지는 못하고, 기껏해야 몇 마디 이상 멜로디가 같으면 표절이라는 식으로 무식하게 규정하는 게 고작이다.

 사실 엄밀한 의미에서 표절이란 없다. 한 곡의 노래가 처음부터 끝까지 어떤 노래와 똑같다면 그것은 같은 곡이지 표절이 아니다. 또한 멜로디와 코러스가 비슷하고 가사나 리듬이 약간 다른 정도라면 그것은 번안곡이다. 창법이나 분위기가 비슷하다면 그것은 유행을 따른 것뿐이다. 어떤 가수가 간주 부분에 존 콜트레인의 색소폰 연주를 일부 따서 넣었다면 그것은 활용이다. 그런 것들을 모두 표절이라고 간주한다면 작곡가들은 자신이 창작하지 않은 도미솔, 도파라 화음조차 써서는 안 될 것이다.

더구나 진정한 창작자라면 의도적인 표절 행위 따위는 하지 않는다(물론 여기에 속하지 않는 '창작자'들이 많아서 문제지만). 여덟 마디짜리 짧은 노래 하나를 만드는 경우라 해도 우선 작곡자는 악보를 쓸 줄 알아야 하고 기본적인 연주를 할 줄 알아야 한다. 더욱이 음악은 작곡가 혼자서 만드는 게 아니다. 그가 듣고 배운 음악, 화성, 리듬 양식 등등이 모두 음악 안에 녹아들어 있기 때문이다. 작곡자는 무의 상태에서 음표들을 건져 올리는 게 아니라 이미 존재하는 양식에 따라 음표를 배열할 뿐이다. 그렇게 보면 표절이라는 게 있을 수 없다. 그 노래는 애초부터 그가 만든 게 아니니까.

더불어 그렇게 보면 표절이 아니라 창작이라는 개념 자체가 무의미하고 불가능하다. 창작은 뭔가를 만들어낸다기보다 이미 만들어진 요소들을 이리저리 배치하고 편집하는 행위에 불과하다.

이렇게 창작자가 자신의 분신처럼 창작물을 소유하고 있다는 고전적인 창작의 관념을 무참히 부순 사람이 데리다다. 그에 따르면, 창작물은 창작자의 의도가 담겨 있는 게 아니며, 심지어 창작물은 창작자가 지은 게 아니다. 그렇다면 창작물은 당연히 창작자의 소유가 아니므로 표절도 없다. 그렇게 말하는 그도 역시 자신의 저작물에 대해 저작권료를 받았겠지만. 그리고 혹시 그것을 누가 베끼면 표절이라고 화를 냈겠지만.

책 읽기의 해체

데리다는 음악을 말하려는 게 아니다. 그의 관심은 책에 있다. 잘 알다시피 책에는 저자와 독자가 있다. 책을 매개로 저자와 독자는 서로 만난다. 독자는 그 책의 저자가 무엇을 어떻게 말했는지 알기 위해 책을 읽는다. 교과서든 소설이든 철학서든 만화책이든 모두 마찬가지다. 책을 통해 저자와 독자는 대화를 나누는 것이다. 저자가 말하는 바를 제대로 이해했을 때 독자는 그 책을 잘 읽었다고 생각한다. 이것이 상식적인 책 읽기다. 그런데 당연해 보이는 이런 상식에는 맹점이 있다.

저자는 어떤 주제에 관해서 글을 쓰며, 독자 역시 저자가 설정한 주제를 염두에 두고 책을 읽는다. 이 경우에 독서법은 무수히 많다. 우선 저자의 입장과 독자의 입장으로 나눌 수 있다. 책의 논리(저자의 논리) 속에 뛰어들어 그것에 따라 책을 읽을 것인가, 아니면 독자가 자신의 논리에 따라 그 책을 자기 나름의 방식으로 소화할 것인가? 앞의 것이 학습이라면 뒤의 것은 비평이다.

여기서 자문해보자. 학습이 올바른 독서인가, 비평이 올바른 독서인가? 이게 마음에 들지 않으면 다른 구분도 있다. 예를 들어 마르크스가 쓴 《자본론》은 자본주의경제를 탁월하게 분석하고 있는, 지금도 여전히 유효한 '경제서'로 봐야 할까, 아니면 자본주의 출범 초기에 정확한 문제의식을 담아냈던 책이지만 이제는 하나의 '역사서' 혹은 '고전'이 되었다고 봐야 할까? 경제서라면 《자본론》의 경제학적 '이론'을 이어받아야 할 것이고, 역사서라면 《자본론》의 역사적·해방적 '정신'을 이어받아야 할 것이다.

이렇듯 단순해 보이는 책 읽기라는 행위는 생각만큼 단순하지 않다. 그런데 데리다는 한술 더 떠 그런 해석학적 구분을 아예 무시한다. 그런 구분은 적어도, 책 속에는 저자의 의도라는 게 존재한다고 가정하고 있다는 것이다. 그게 왜 이상할까? 책을 쓴 사람의 의도가 책 속에 있는 거야 당연하지 않은가? 그것을 그대로 읽든, 독자가 나름대로 재구성하고 해석을 가하든 책에 저자와 관련된 모종의 의미와 내용이 있다는 것은 틀림없는 사실이 아닐까? 그런데 데리다가 보기에는 그렇지 않다.

책은 저자와 독자가 다정하게 대화하는 의사소통의 통로가 아니다. 책은 저자가 자신의 의도를 완벽하게 담아내는 매체가 아니며, 독자가 수동적으로 저자의 의도를 읽어내는 매체도 아니다. 데리다는 저자가 책을 통해 독자에게 말한다는 전통적인 책 읽기의 관념을 해체할 뿐 아니라, 나아가 저자도 독자도 존재하지 않는다고 말한다. 저자와 독자가 존재하지 않는다니? 물론 이 말은 물리적으로 존재하지 않는다는 뜻이 아니다.

저자는 책을 쓸 당시에 특정한 독자를 미리 연상할 수 없다. 또한 독자는 저자의 의도야 어떻든 그 책을 자기 마음대로 읽을 권리가 있다. 따라서 저자와 독자는 전통적인 책 읽기에서 생각하는 것만큼 서로 투명하게 친한 사이가 아니며, 오히려 서로에 대해 전혀 모르는 낯선 관계다. 저자도 독자도 확정된 실체가 아닌데 어떻게 저자에게서 독자에게로 의미가 순조롭게 흐를 수 있겠는가?

앞에서 말한 작곡의 과정처럼 글을 쓴다는 행위도 완전한 창작이 아니다. 글을 쓰는 것은 이미 존재하는 문법과 개념, 어휘 등을 이용하는 행위이며, 동시에 그것들의 제약을 받고 있다. 아무리 상상력이 풍부한 작가라 해도 그것으로부터 탈피할 수는 없다. 몇몇 개념이나 어휘를 자기 나름대로 만들어 쓸 수는 있어도 문법 자체를 모조리 창조할 수는 없다. 제임스 조이스처럼 '의식의 흐름'으로 소설을 쓰거나 앙드레 브르통처럼 자동기술법으로 시를 쓴다 해도 근본적으로는 다를 바 없다. 때로는 글쓰기의 외적 한계가 애초에 구상했던 글의 내용을 송두리째 뒤엎는 경우도 얼마든지 있다. 구체적인 예로, 짧은 메일 하나를 작성할 때도 문구를 고르고 문장을 잇는 와중에 처음에 생각해둔 내용으로부터 일탈하는 사례가 얼마나 많은가?

전통적인 책 읽기에서는 독자가 책을 통해 저자의 의도와 진리를 발견할 수 있다고 믿었다. 하지만 데리다에 따르면 저자와 독자가 존재하지 않으므로 책의 내용도 역시 존재하지 않는다. 한 권의 책을 관통해 흐르는 일관된 내용과 진리, 전체 같은 것은 애초부터 없다. 책은 독자에게 모르는 것을 가르쳐주거나 특정한 감동을 주지 않는다. 독자는 단지 손에 들고 있는 책을 읽음으로써 직접 뭔가를 생산할 수 있을 뿐이다. 데리다의 말을 빌리면, "진리는 겉으로 드러날 수 있는 것이 아니고 단지 끝없는 해석만이 존재한다." 바둑 한 판을 두면서 대국자들은 수많은 판을 머릿속에서 두듯이, 그리고 어떻게 편집하느냐에 따라 같은 필름을 가지고 수많은 영화를 만들어낼 수 있듯이, 한 권의 책은 독자의 머릿속에서 수많은 책을 (재)생산한다. 그렇다면 책의 저자는 대체 누구라고 해야 할까?

자크 데리다-해체

음성과 문자와 형이상학

　책 읽기의 해체는 데리다의 거대한 해체 기획의 일부다. 데리다는 이성을 기반으로 하는 서양철학 전체에 대한 대규모 해체를 염두에 두고 있다. 그는 무엇을 해체하려는 걸까? 그것은 바로 형이상학이다.

　서양철학은 자기 완결성을 지닌 거대한 형이상학 체계다. 이 체계는 자체 내에 기원을 두고 있고, 자체 내에 중심을 가지고 있다. 형이상학은 닫힌 체계이므로 모든 진리도 그 범주 안에 있을 수밖에 없다. 물론 아직까지는 진리가 다 밝혀지지 않았지만, 어쨌든 진리가 존재하는 영역은 형이상학의 내부이므로 이성의 힘으로 꾸준히 정진하다 보면 결국 절대적인 앎, 진리에 도달할 것은 확실하다. 이것이 형이상학적 진리관이다.

　그런데 그렇지 않았다. 현대에 와서 형이상학은 더 이상 앞으로 나아갈 수 없게 되었다. 전진은커녕 그 자리에 좌초하고 말았으니 진리를 찾아 나서는 것은 불가능해졌다. 오랜 세월 자체 하중을 꾸준히 늘린 게 원인이다.

　자동차의 엔진은 자체의 무게를 이동시킬 수 있는 힘과 더불어 사람과 짐을 실어 나를 수 있는 힘도 가져야 한다. 그래야 적어도 자동차라고 부를 수 있다. 겨우 자체의 무게만을 움직일 수 있다면 자동차의 구실을 할 수 없다. 그런데 엔진 자체의 무게가 자꾸만 커진다면 결국에는 자체의 무게만을 겨우 추스를 수 있는 힘밖에 가지지 못하게 되고, 거기서 더 심해지면 꼼짝할 수 없게 된다. 전성기의 젊은 형이상학은 기원과 근거를 자체 내에 지니면서 진리를 추구하는 힘도 갖춘 힘센 엔진이었다. 그런데 진리를 추구하는 도정에서 얻어지는 부산물들을 자신의 무게에 자꾸

더하다가 마침내 더 이상 앞으로 나아갈 힘을 잃게 되었다.

후진을 모르던 형이상학의 엔진에 제동을 건 것은 바로 언어다. 형이상학은 마침내 자신의 언어로 말할 수 없는 것을 말해야 하는 질곡에 처하게 되었다. 지금껏 형이상학은 자신의 근거를 다지는 기능과 진리를 향해 나아가는 기능의 두 가지를 동시에 수행하면서 아슬아슬하게 줄타기를 해왔으나 마침내 최대의 위기를 맞게 되었다. 무의식을 의식의 언어로, 차이를 동일성의 언어로, 분산을 일관성의 언어로, 구조를 경험의 언어로, 존재를 존재자의 언어로 말해야만 하는 장벽에 맞닥뜨린 것이다. 데리다는 그 장벽을 차연差延이라는 말로 설명한다(소쉬르는 차이라는 뜻으로 'différence'라는 일반 용어를 썼지만 데리다는 이것과 발음이 같고 철자만 살짝 바꾼 'différance'라는 말을 임의로 만들어 썼다. 그래서 이 용어를 보통 '차연'이라고 번역하는데, 실은 데리다식의 '차이'라고 보면 된다).

차연은 데리다 스스로도 인정했듯이 소쉬르의 언어 분석에서 나온 차이의 체계에 상응하는 개념이다. 하지만 차연은 차이의 체계와 다르다. 우선 차연은 닫힌 체계가 아니며, 실체적인 것이 아니다. 더욱이 그것은 경험을 있게 하는 것이지 경험의 대상이 아니므로 개별 인식으로 포착해낼 수도 없다. 그럼 차연은 어떤 방식으로 '존재를 드러내는가?' 그 자체로 모습을 드러내는 게 아니라 언제나 흔적으로 나타난다. 차연은 모든 개별적 인식과 경험 속에 개입하면서 흔적을 남긴다.

흔적이라는 말 속에는 이미 시간성이 내포되어 있다. 바퀴가 지나간 후에야 바퀴 자국이 남지 않던가? 데리다의 차연이 지니는 중요한 의미는 바로 이 시간성에 있다.

데리다는 서양철학의 전통을 음성 중심주의로 규정짓는다. 형이상학의 무기는 바로 음성이다. 음성은 무시간성을 특징으로 한다. 음성은 그것을 내는 자가 동시에 그것을 듣기 때문이다. 형이상학은 마치 발로 드럼 치고, 손으로 기타 치고, 입으로 하모니카를 부는 집시 연주자처럼 음성을 내고, 그것을 듣고, 그 의미를 이해하는 삼중의 작업을 동시에 수행해 왔다. 이처럼 음성은 동시적이므로 자명하고 명증적이다. 이것이 바로 형이상학이 자기 동일성을 유지하는 근거가 되었다.

또한 음성은 일회적이며 반복되지 않는다. 그래서 그 일회성을 보완하는 수단으로 문자가 이용된다. 즉 문자는 음성을 보조하는 역할이다. 문자는 음성에 종속되어 있으며, 음성의 의미를 보존하는 장치일 뿐이다. 마치 단 한 번 있었던 신의 음성(말씀)을 문자로 보존해 성서를 만들었듯이.

그러나 현대에 와서는 그런 음성 중심주의가 유지되지 못한다. 소쉬르가 말했듯이, 기표는 기의를 담는 그릇에 불과한 게 아니다. 기표는 기의와 무관하게 기표들끼리의 관계에서 (차이를 통해) 생산된다. 심지어 현대 사회에서는 애초부터 기의와 아무런 연관이 없는 기표들도 얼마든지 있다. 기의로부터 일탈한 기표들의 체계, 이 차이의 그물, 즉 차연을 형이상학은 설명하지 못하며 표상하지도 못하고 사유하지도 못한다.

음성 중심주의가 해체되면서 그와 더불어 근대 철학의 주체도 해체된다. 무릇 음성에는 주인이 있다. 음성이 힘을 잃으면 주인도 마찬가지 신세가 된다. 그러나 앞서 데리다의 해체적 책 읽기에서 알 수 있듯이, 음성과는 달리 문자는 애초부터 주인이 없다. 그 덕분에 음성이 무너지자 그동안 음성에 노예처럼 종속되어 있던 문자가 해방된다. 음성과는 달리 문자는 반복 가능하며 흔적을 남긴다. 이 차연의 흔적을 읽어내는 일이 바로 해체적 책 읽기다.

형이상학의 극복

이제 맨 앞에 던졌던 물음의 답을 알 수 있다. 저자도 독자도 없는 책의 저자는 누굴까? 그것은 바로 차연이다. 책은 차연의 흔적이며, 차연이 짜나가는 차이의 그물이다. 전통적 형이상학에서 생각했던 것처럼 책 속에는 저자가 지시하는 어떤 내용이 있는 게 아니다. 문자가 음성을 담지 않듯이, 또 기표가 기의를 담지 않듯이 책은 어떤 기의나 의미나 메시지 같은 것을 담고 있지 않다. 책의 안팎에는 아무것도 없다. 책은 근대 형이상학처럼 자기 완결적이다. 이리하여 데리다는 책과 음성과 기의와 형이상학을 모두 해체하는 데 성공한다.

우리에게는 다행히도 데리다가 말하는 해체는 파괴가 아니다. 파괴와는 달리 해체라는 말은 재건을 전제로 한다. 즉 무엇을 건설하기 위해 기존의 것을 무너뜨리는 게 해체다. 그럼 데리다는 해체를 통해 무엇을 재건하려는 것일까? 그것은 바로 형이상학이다. 형이상학을 해체하고 형이상학을 재건한다? 이 말이 무슨 뜻일까? 물론 재건되는 형이상학은 해체되는 형이상학과는 다르다.

데리다는 니체와 하이데거를 이어받아 '형이상학의 극복'을 철학의 과제로 설정한다. 앞에서 말한 것처럼 현대의 형이상학은 위기에 처해 있다. 단적으로 말해 그 위기의 정체는 말할 수 없는 것을 말해야 하는 데 따르는 문제다. 그렇게 된 이유는 현대에 들어 자기 완결적인 형이상학 체계의 범주 바깥에서 새로운 것이 자꾸만 생겨나기 때문이다. 이것은 조심스레 다루어야 한다. 자칫 섣부르게 그것을 말했다가는(아직은 그것을 제대로 형용할 수 있는 언어가 없다) 다시 전통적인 형이상학의 질곡에 걸려들어 순환논법에 빠지게 될지도 모른다. 형이상학은 바로 특유의 자기 방어력으로 그동안 먹고 살 수 있었지만 이제는 더 이상 그런 방식으로 존속하는 게 불가능해졌다.

기존의 형이상학이 새로운 것을 설명할 수 없다면 새로 형이상학을 만들어야 한다. 이것이 바로 데리다의 최종 결론이다. 그렇다면 어떻게 만들어야 새로운 형이상학이라 할 수 있을까?

그것을 위해 데리다는 음성과 기의로부터 완전히 해방된 문자를 가정했다. 그리고 에크리튀르criture라는 그럴듯한 이름을 붙였다(에크리튀르란 문자 일반을 뜻하는 프랑스어다). 이 문자는 음성처럼 주인이 없이도 살 수 있으며, 익명적으로 자신의 흔적을 남길 수 있다.

그러나 차연의 개념을 설정한 데서도 낌새를 느낄 수 있었듯이, 데리다의 에크리튀르는 또 다른 선험적 가정 혹은 신비주의의 의혹을 완전히 떨쳐내지 못한다. 그것은 혹시 그가 해체하려 했던 기존 형이상학의 또 다른 자기 방어 메커니즘이 아닐까? 이런 의문을 원천 봉쇄하려면, 또 그가 철학적 '에스페란토'를 주창하는 게 아니라면, 아마도 다음 과제로는 누군가 에크리튀르를 실제로 사용하는 모범이나 실례를 보여야 할 터이다.

자크 데리다 Jacques Derrida, 1930~2004
프랑스의 철학자. 자기 완결성을 기반으로 전개되어온 서구 형이상학이 드디어 장벽에 부딪혔다고 본 그는 '해체'를 통해 새로운 형이상학을 재건해야 한다고 주장했다. 새것을 낡은 것의 언어로 기술할 수는 없으므로 그는 동일성이 아닌 '차이(차연)'를 기술할 수 있는 언어를 사용하는 '차이의 철학'을 주창했다.

아비튀스
매개라는 이름의 줄타기
: 피에르 부르디외

Pierre Bourdieu

팝이나 록이라면 몰라도 재즈는 대중음악 가운데 그리 접하기 쉬운 장르가 아니다. 재즈는 팝처럼 확실한 멜로디 라인을 갖춘 음악도 아니고 록처럼 에너지로 가득한 열광적인 음악도 아니다. 그만큼 초보자가 즐기기란 어렵다는 이야기다. 더욱이 재즈는 노래보다 연주, 그것도 즉흥연주가 큰 비중을 차지하므로, 가무음곡을 전통적 미덕인 것처럼 내세우는 우리나라에서 화려하게 꽃피운 노래방 문화와는 거리가 멀다.

그런데도 재즈가 우리 사회에서도 인기를 잃지 않는 이유는 뭘까? 몇 가지 이유를 들 수 있을 것이다. 예컨대 재즈 하면 떠오르는 대표적 악기인 색소폰의 부드러운 음색이 우리 입맛에 맞아떨어진다고 할 수도 있다. 또 사물놀이와 같은 국악의 장르가 재즈의 리듬 전개 방식과 잘 어우러진다는 이유도 있다. 하지만 색소폰이 재즈의 대표 악기가 된 것은 우리나라에서만 그럴 뿐이고, 사물놀이와 재즈가 어울리는 것은 국악과 재즈의 친화성 때문이라기보다는 타악기 특유의 즉흥성 덕분이다.

사실 재즈란 원래 마니아들을 위한 음악이지 일반 음악 팬을 위한 게 아니다. 재즈를 제대로 아는 사람보다 재즈를 입에 올리는 사람이 훨씬 많다는 점에서 재즈의 인기는 과장된 것이고 일종의 거품이라는 사실이 드러난다. 자유로운 영혼을 모태로 하고 다양성을 기반으로 하는 재즈가, 역설적이게도 피아노 하면 무조건 빌 에번스, 색소폰 하면 좌우간 존 콜트레인, 트럼펫 하면 죽어도 마일스 데이비스 하는 식으로 획일화하고 박제화하는 우리의 재즈 수용 방식이 그 점을 반증한다.

하지만 어찌 되었든 재즈의 인기는 식지 않을 것이다. 아무런 이유도 없이 생겨나는 현상은 없다. 재즈의 거품 같은 인기는 어떻게 해서 계속 유지되는 것일까? 단순하게 말해서, 왜 재즈를 잘 알지 못하면서도 이왕이면 '올 댓 재즈'라는 이름이 붙은 카페에 들어가야 하고 레코드점에 가면 재즈 코너를 꼭 기웃거려야 하는 걸까?

부르디외라면 그것을 소부르주아지의 아비튀스^{habitus}라고 말할 게다. 소부르주아지는 경제적인 측면에서는 프롤레타리아트보다 별반 나을 게 없으면서도 문화적인 측면에서는 스스로 하층계급과 구분 지으려는 적극적 욕구를 지니고 있기 때문이다. 부르디외는 과학과 역사에 대한 지식, 영화와 재즈에 대한 교양을 쌓으려는 적극적 욕구를 소부르주아지의 커다란 특징이라고 본다.

구조주의의 빈틈을 메우다

1930년생의 프랑스 철학자, 사회학자라면 충분히 예측할 수 있듯이 부르디외는 구조주의의 막강한 영향력 아래에서 지적 활동을 시작했다. 그런 점에서 그를 일단 구조주의자라고 부를 수 있을 것이다. 그러나 그는 일반적인 의미의 구조주의자와는 다르다(하기야 구조주의의 생리상 전형적인 구조주의자가 어디 있을까?).

구조주의는 마르크스가 헤겔을 거꾸로 세워 자신의 사상적 토대로 삼은 이래 가장 중요한 또 하나의 사상적 뒤집기였다. 구조주의는 단순한 이론의 범주에 그치는 것이 아니라 하나의 방법론이자 사상 체계였으며, 이론들의 배후에서 이론들을 감독하는 역할을 하는 메타이론이었다. 그러므로 구조주의는 특정한 부문에서의 새로운 시도라는 의미에 그치지 않고 학문과 사상의 전체적 뿌리를 뒤흔드는 크나큰 영향력을 행사했다. 이런 측면에서 보면 구조주의에서 말하는 구조는 현상에 대한 심층구조의 의미(이론적 의미)만이 아니라 각 부문 이론에 대한 심층 이론의 의미(메타이론적 의미)도 지니는 셈이다.

그러나 그렇게 전일적인 영향력을 지니는 만큼이나 구조주의에 내포된 결함도 컸다. 게다가 그 결함은 바로 구조주의의 가장 깊은 뿌리에서 발견되는 것이었다. 구조주의의 가장 큰 공헌이라면 인간을 세계의 중심이라는 위치에서 끌어내림으로써 데카르트적·근대적 관점을 폐기 처분한 데 있다. 그렇게 해서 비워진 중심의 자리에 심층구조를 갖다놓든, 언어나 무의식을 갖다놓든 아무래도 좋다. 좌우간 구조주의의 기본은 인간(의식)을 배제하는 데 있다.

거기까지는 탁월하면서도 혁명적인 전환이었다. 플라톤은 이데아와 현실을 양립시켜 이원론을 개척했고, 데카르트는 그 이원론을 세련화시켰으며, 칸트는 물자체를 인간의 오성으로 감각할 수 없는 영원한 피안으로 도피시켜 그 이원론을 완성했다. 그 반면 구조주의는 인간을 아예 인식의 주체로 인정하지 않음으로써 인식 주체와 인식 대상이라는, 2500년 철학사의 숙명적인 이원론을 가장 냉정하고도 깔끔하게 해결했다. 그런데 또 다른 문제가 생겼다. 인간이 완전히 배제되면서 객관적 구조의 개념이 물신화되는 양상을 보이게 된 것이다.

인간을 권좌에서 끌어내리고 구조를 대신 갖다놓은 것까지는 좋았는데, 인간을 배제하고 보니 구조라는 것이 아예 근본과 기원이 없는 존재가 되어버렸다. 사실 구조주의에서 말하는 구조 역시 인간(인간 개인은 아니지만)이 만든 것, 혹은 한발 양보해서 표현하면 인간 활동의 결과로서 생겨난 게 아니던가? 레비스트로스의 심층구조인 근친상간 금지라는 원칙 역시 사회를 구성하는 인간 활동의 결과이며, 소쉬르의 랑그가 아무리 인간의 언어 행동과 무관하게 독립적으로 존재한다 해도 언어를 처음으로 만들어 쓴 것은 역시 인간이 아니던가?

이런 사실은 구조주의의 두 가지 결함을 드러내준다. 하나는 인간 활동, 즉 실천의 요소가 사라지는 것이며, 또 하나는 생성과 시간의 문제, 즉 역사성의 요소가 사라지는 것이다. 구조주의자들은 구조가 언제나/이미 객관적인 것으로만 존재해왔다고 말할 뿐 그 기원이 무엇인지, 혹은 인간이 구조를 어떻게 변화시킬 수 있는지에 대해서는 대답을 회피한다.

부르디외가 주목한 것은 바로 그러한 구조주의의 결함이다. 어떻게 하면 구조주의의 지나친 객관성과 몰역사성, 정태성을 시정할 수 있을까?

처방은 단 하나, 인간을 개입시키는 것이다. 그러나 섣부르게 인간을 세계의 중심으로 컴백시킨다든지 하면, 구조주의가 애써 극복하고자 한 근대적 관점으로 회귀하거나, 자칫하면 구조주의의 영원한 맞수인 현상학적 주관주의로 빠질지도 모른다.

인간을 다시 예전의 지위로 복권시키려는 게 아니라면 기존의 방법은 더 이상 쓸 수 없다. 그렇다고 가수가 은퇴를 번복하고 컴백할 때 구구하게 변명을 늘어놓는 것처럼 유치한 구실을 만들어낼 수도 없다. 인간을 새로운 방법으로 다시 무대 위로 불러오기 위해서는 모종의 장치가 필요하다. 그래서 부르디외는 아비튀스라는 교묘한 장치를 고안한다.

인간과 구조의 재결합

사실 인간 개개인의 행위는 예측할 수 없다. 아까 통화할 때 경원이는 내일 모임에 꼭 나오겠다고 약속했지만, 실제로 그럴지 어떨지는 내일이 되어봐야 안다. 내가 응원하는 야구팀은 이번 시즌에 상대 팀에 압도적인 우위를 보이고 있지만, 과연 챔피언 시리즈에서도 이길지는 여전히 의문이다. 물론 천재지변이나 불가피한 변수로 인해 인간 행위가 예측 불가능한 것도 사실이지만, 그보다도 인간은 워낙 변덕스러운 존재가 아닌가? 언제든지 언제 그랬느냐는 듯이 얼굴을 바꿀 수 있는 게 인간이다. 어떤 사람들은 그것을 인간의 본래적(혹은 실존적, 필연적) 자유라고도 말하지만 그것 때문에 꽤나 골치 아픈 것도 사실이다.

그에 비해 구조란 얼마나 깔끔하고 아름다운가? 변덕스러운 인간 개

개인의 행위와 무관하게 존재하므로 법칙적이고 미학적으로 그 의미를 읽어낼 수 있다. 어디 그뿐인가? 구조를 제대로 파악하고 있으면 인간의 영원한 꿈인 앞날에 대한 과학적 예측도 가능할 것이다. 참, 예언은 신의 영역이던가? 그래서 구조는 자칫하면 물신화되기 쉬운 걸까?

어쨌든 구조주의가 그런 힘까지 얻으려면 우선 자체 내의 결함을 극복해야 한다. 인간 행위를 규정하고 있는 구조 역시 인간 행위의 결과물이라는 이중적 의미를 상세히 해명할 수 있어야 한다. 구조와 인간 행위를 올바르게 매개하려면 양자 간의 동형성, 닮은꼴임을 입증해야 한다. 그래서 부르디외는 사회구조와 인간의 정신 구조가 연계되어 있고 서로 유사성을 가진다고 말한다. 과감하면서도 어딘가 무모해 보이는 주장이다. 언뜻 융이 말하는 원형과 집단 무의식도 연상케 하는데, 융과는 달리 부르디외에게는 양자를 매개하는 고리가 있다. 그것이 바로 아비튀스다.

아비튀스란 인간 행위를 생산하는 체계를 가리킨다. 인간 행위는 그 행위 주체의 자의적인 결정만으로 이루어지는 것도, 모종의 심층구조에 의해 일방적으로 결정되는 것도 아니며, 바로 아비튀스에 의해 선택되고 행해진다.

예컨대 내가 햄버거를 사먹으러 맥도널드에 간다면, 그 행위에는 최소한 세 가지의 매개 고리가 관련되어 있다. 우선 햄버거를 먹고 싶다는 나의 개인적인 욕구와 선택, 다음으로 곳곳에 체인점을 마련해놓은 맥도널드 사의 광범위한 마케팅, 마지막으로 햄버거를 간이식사로 용인하고 받아들이는 나의 문화적 경험과 자세다. 아비튀스는 그 가운데 셋째 것을 가리킨다.

아비튀스는 경험적으로 인식할 수 없는 경직된 구조와 경험의 수준에서 벌어지는 말랑말랑한 인간 행위를 매개하는 역할을 한다. 특정한 인간 행위의 동기는 무엇인가? 하나로 뭉뚱그려 말한다면 그것은 인간 집단의 성향 체계다. 따라서 비슷한 성장 환경을 지닌 한 사회 계급의 성원들 간에는 그 계급의 고유한 아비튀스가 생겨나게 된다(재즈를 수용하는 소부르주아지의 취향이 그런 예다). 그 계급의 아비튀스는 계급 구성원 각 개인의 역사를 통해 형성된 것이지만, 그와 동시에 그 개인의 내면에 구조화되고 '신체화'되어 있다. 그래서 개인은 자신의 아비튀스를 처음부터 당연한 것으로 받아들이며, 무의식적으로 그것을 운용한다. 바로 이렇게 아비튀스는 개인의 일상적 행위, 실천을 구조화해 예측 가능한 것으로 만들어주기 때문에 개인과 구조의 매개 역할을 할 수 있는 것이다.

아비튀스가 행위 결정의 요인이라고 해서 또 다른 층위에서 구조를 도입하려는 게 아니냐고 지레 겁먹을 필요는 없다. 부르디외는 그런 오해를 피하기 위해 아비튀스의 개념을 매우 섬세하게 다루고 있다. 아비튀스는 개인의 행위 결정에 무의식적으로 관여하지만 구체적인 행위 자체를 결정하지는 않는다. 한 계급의 아비튀스를 안다고 해서 그 계급 구성원이 언제 어떤 상황에서 반드시 특정한 방식으로 행동한다고 예측할 수는 없다. 만약 그게 가능하다고 본다면 또다시 구조주의의 함정 속에 빠져들고 말 것이다.

그런데 아비튀스가 구조와 실천을 매개하는 역할을 한다면 그 역할을 얼마나 충실히 하고 있는지는 무엇으로 보증할 수 있을까? 부르디외에 따르면, 그것은 통계적 규칙성이다. 갑자기 뚱딴지같이 통계가 왜 나올까? 개인의 아비튀스를 임의로 정해놓고 어떤 때는 어떻게 행동하더라 하는 인간 실험이라도 했다는 말인가? 물론 그것은 아니다. 부르디외가 통계라고 말하는 것은 바로 경제적 자본과 문화적 자본의 통계다.

'자본'만이 자본이 아니다

아비튀스의 개념을 보면 당연히 알 수 있듯이, 한 계급의 아비튀스를 형성하는 데 가장 중요한 것은 교육과 문화다. 이것은 전통적인 마르크스주의의 계급 구분과는 사뭇 다르다. 마르크스주의에서는 사유재산, 그 가운데서도 특히 생산수단을 소유하고 있느냐의 여부에 따라 자본계급과 노동계급을 나누었다. 하지만 부르디외는 그와 같은 경제적 측면만이 아니라 문화적 측면까지 고려해 계급을 구분한다.

이왕 재즈로 이야기를 시작했으니 여기서도 음악의 예를 들어보자. 법대 교수인 김씨는 카잘스가 연주한 바흐의 무반주 첼로 모음곡을 좋아하고, 24시간 체인점 점원인 박 군은 하루 종일 매장에서 비틀스의 음반들만 틀어놓는다. 일반적으로 말한다면 바흐의 음악은 비틀스의 음악보다 고급한 취향이라고 할 수 있다. 하지만 김 교수가 알고 보니 저명한 연극 연출가를 아버지로 두었고 음악대학에서 첼로를 가르치는 어머니 밑에서 성장했다면, 고급한 취향이라는 말은 의미가 없어진다. 그런 집안에서 그런 문화적 여건과 그런 교육을 받았다면 김 교수의 그 취향은 고급, 저급을 논하기 이전에 당연한 것이기 때문이다.

김 교수는 어렸을 때부터 고전음악에 묻혀 살았을 테고, 무의식적으로 그 취향에 대한 아비튀스를 키워왔을 터이다. 반면 비틀스를 좋아하는 박 군은 어렸을 때부터 삼촌이 듣던 FM 라디오에서 비틀스의 노래를 들으며 그런 음악에 자연스레 익숙해졌을 것이며, 그 역시 자신에게 어울리는 아비튀스를 만들어왔을 터이다. 부르디외는 이것을 가리켜 문화적 자본이 (경제적 자본과 마찬가지로) 상속되는 것이라고 말한다. 그래서 그가 말하는 통계란 곧 각 계급 구성원들의 경제적 조건, 문화적 환경, 교육 정도, 직업과 소득, 기호와 취미 등등이 통계적인 규칙성을 보이고 있다는 뜻이다.

경제적 자본만으로 계급을 정의하면 구분 기준은 훨씬 뚜렷하겠지만 각 계급의 특징적인 행위를 설명하지는 못한다. 마르크스주의의 계급 구분은 각 계급의 집합적 행위, 그리고 계급 세력들의 힘이 하나로 결집되어 계급들 간의 대치 상황이 첨예해지는 혁명의 시기를 설명하는 데는 설득력이 있다. 그러나 계급 특유의 문화적 취향, 그리고 일상적인 시기와 일상적인 실천을 설명하기에는 난점이 따른다.

마르크스주의가 오해한 것은 지배계급이 공공연하게 지배 행위를 수행하고 있다고 가정한 데 있다. 그러나 부르디외에 따르면 지배계급은 피지배계급에게 자신을 따를 것을 강요하지도 않으며, 어떤 음모에 의해 피지배계급을 악의적으로 억압하려 하지도 않는다(이 점에서 부르디외는 그람시와 견해를 같이한다). 지배계급과 피지배계급은 각기 다른 아비튀스를 지니고 있고, 그것을 무의식적으로 내화시켜 각기 자신의 행위를 수행해 나갈 뿐이다. 그런 점에서 부르디외는 좌파와 우파 모두에게서 비난을 받을지 모르는 묘한 줄타기를 하고 있는 셈이다. 마치 현상학적 주관주의와 구조주의적 객관주의 사이에서 아비튀스라는 장치로 교묘하게 줄타기를 하고 있는 것처럼.

부르디외의 아비튀스가 실제로 구조와 주체를 훌륭하게 맺어줄지는 의문이다. 양자는 탈현대사회로 접어들면서 워낙 사이가 멀어진 데다 아직 '냉각기'가 충분히 지나지 않아 다시 결합하기는 어려운 상황이기 때문이다. 그러나 앞으로 언젠가 구조와 주체가 다시 관계를 맺게 된다면 부르디외의 작업은 적어도 선구자적 역할로서 평가 받을 수 있을 것이다. 그가 사회학자로서 드물게 큰 인기를 끈 이유는 그런 점에 있을지도 모른다.

피에르 부르디외 Pierre Bourdieu, 1930~2002
프랑스의 사회학자. 주체와 실천의 지평이 부족한 기존의 구조주의를 극복하기 위한 대안으로 구조주의 내에 주체를 집어넣으려 했다. 주체와 구조를 잇는 매개 고리로서 그가 제안한 아비튀스라는 개념은 결정론적 구조와 의지론적 주체를 매개하는 역할을 한다.

| 찾아보기 |

ㄱ

가미카제 206
가치 14, 16~24, 30, 55, 203, 229, 256, 301, 307~309
가타리 276, 279~285
갈릴레오 96
개별 무의식 85
거시경제학 108, 111
경상수지 104
계급 124~131, 159, 236, 269, 309, 337~339
계급의식 125, 127, 129~132
계몽 33, 34, 201, 202, 204~206, 208, 229, 270, 272
고용 21, 22, 106, 252
《고용·이자·화폐에 관한 일반 이론》 110
고전 경제학 102~104, 106, 108~110
공시성 54, 57
과학적 인식 32, 116, 117, 119, 256

《과학적 정신의 형성》 262
과학철학 115, 116, 122, 263, 298
《과학혁명의 구조》 262
광기 289~292, 295, 298
광자 181~183, 185
교환가치 16~18, 205, 308
구조언어학 57, 149, 153, 154, 227, 229, 231
구조주의 57, 177, 191, 192, 196, 199, 223, 224, 228~231, 241, 244~246, 253, 268, 333~337, 339, 340
《구토》 220
국가 21, 75, 78, 104~106, 108, 159~162, 194, 195, 204, 248, 280~282, 292, 318
국민국가 73
권력 77~79, 173, 202, 205, 238, 292~298, 303, 304, 309
권력의지 30, 31, 33, 34, 279

그람시 157, 159~165
근친상간 227, 228, 230, 231, 334
금욕주의 29
금융 정책 106
기의 53~55, 146, 153, 239~241, 328~330
기표 53~56, 146, 173, 175, 239~241, 328, 329
《기호의 정치경제학 비판》 310
꿈 39, 41, 81, 82, 85, 86, 89, 336
《꿈의 해석》 82

ㄴ

노동계급 126, 127, 160, 308, 338
노동력 21, 22, 124~126, 252
노블레스 오블리주 26, 29
노에마 65
노에시스 65
논리실증주의 145, 147, 154
《논리철학논고》 146
농노 21, 125, 126, 130, 202
누벨바그 264
누보로망 264
뉴에이지 264
뉴웨이브 264
니체 27~35, 139, 213, 279, 283, 285,
293, 298, 329

ㄷ

다자인 135~138, 142, 215
대자 존재 214, 218, 219
《데미안》 300
데카르트 31, 43, 60, 61, 65, 69, 121, 135, 136, 167, 214, 215, 266, 268, 271, 333, 334
도구적 이성 203~210, 318, 319
동시대성 55, 69, 99, 182, 186, 224
들뢰즈 34, 177, 276, 279~285
디랙 117

ㄹ

라부아지에 260, 261
라캉 44, 167~170, 173~177, 244, 248, 250, 278, 285
랑그 48~51, 55~57, 334
러셀 147, 153
레닌 71, 75~79, 124, 125, 129, 158, 164, 165, 247, 254
레비스트로스 86, 87, 223~231, 244, 246, 334
로자 룩셈부르크 75

로캉탱 220, 221

루카치 124, 127~132, 165

르네상스 190, 216, 255, 266, 268, 277, 289, 304

르메트르 117

〈르몽드〉 273

리오타르 266, 268~274

릴케 44, 45, 139

ㅁ

마르크스 14~20, 23, 24, 74, 76~78, 121, 129, 131, 132, 156~159, 163~165, 205, 206, 208, 246~250, 253, 307, 308, 310, 323, 333

마르크스주의 129, 131, 160, 221, 244, 245, 269, 285, 338, 339

무계급사회 129

무역수지 104

무의식 31, 37~45, 49, 55, 56, 59, 81, 82, 84~88, 128, 129, 137, 153, 167, 168, 175, 176, 224~228, 230, 250, 251, 267, 279~281, 292, 317, 318, 327, 333, 336

문제틀 119, 196, 262, 263

ㅂ

바르트 233~241

바슐라르 114~122, 196, 247, 262, 263

반성적 주관 137

보드리야르 300~310

보어 101, 179, 181~183, 185, 187

부르디외 332, 334~340

부르주아사회 234~236

부르주아지 21, 76, 127~129, 236~238, 269

분열 43, 74, 88, 174, 176, 177, 193, 313~316

불확정성 33, 117, 183~186

브로델 190~192, 194~199

비트겐슈타인 116, 145~150, 152~154, 187, 226

빌리 그레이엄 240, 241

ㅅ

사고실험 94, 95, 99

《사기》 190

사르트르 213, 214, 217~221

사용가치 16~18, 205, 306~308

사이버스페이스 300, 301

상대성이론 91, 95, 99~101, 116, 120, 182, 185, 186

상보성원리 101
생기론 280
생산관계 157, 164, 246
생산원가 14
생활세계 317, 318
생활양식 152
선험적 자아 43, 65, 137
세계-내-존재 134~137
《세계를 뒤흔든 10일》 117
소비에트 77, 78, 132, 254
소비에트 사회주의혁명 78
소쉬르 47, 48, 51~57, 146, 148, 149, 168, 229, 239, 244, 246, 317, 327, 328, 334
순수직관 66
스탈린 79, 158
스티븐 호킹 116
시공간 91, 93, 98
시뮬라크르 301~303
시뮬레이션 300, 301, 305, 306
시민사회 159~161
시민혁명 76
신화 42, 81~83, 85, 86, 217, 233~235, 237~240
실증주의 59~63, 65, 66, 154, 203, 205, 272, 273, 314
심층구조 333, 334, 336

ㅇ

아도르노 201~204, 207~210, 319
아리스타르코스 258
〈아비뇽의 처녀들〉 68
아비튀스 332, 335~340
아인슈타인 43, 91~101, 107, 110, 116, 118, 121, 153, 182, 184~186, 188, 272
알튀세르 121, 243~251, 253
앤더슨 117
야스퍼스 213
야콥슨 227
약한 고리 76, 77, 79, 157
양성자 117, 178
양자 136, 181, 182
양자 도약 182, 183, 187
양자역학 101, 153, 179, 182, 185, 187
양전자 가설 117
언어 게임 150, 268
에크리튀르 330
연금술 87~89
열소 260
영구혁명론 78
영주 21, 125, 126
오이디푸스콤플렉스 42, 175
욕망 16, 42, 168, 175, 176, 277~282, 284

우파 339

원시공동체 125

원억압 174

원형 82~85, 87, 336

유물론자 249

유토피아 132, 163, 270, 309

유효슈요 75, 105~108, 306

융 81~89, 209, 336

의사소통 47, 312, 316~319, 324

의식 37~45, 56, 59~67, 82, 84~87, 92, 127, 139, 163, 167, 175, 176, 219, 224~226, 230, 234, 250, 251, 278~280, 327, 333

이데올로기 44, 71, 132, 163, 234~238, 241~243, 246~253

이드 41, 42

이성 23, 24, 27, 28, 32~35, 41, 101, 116, 120, 137, 140, 201~210, 249, 266~270, 272, 277, 279, 289, 295, 296, 313, 319, 320, 326

이윤 14, 21~23, 72, 105

이자 관계 171, 172, 174~176

인식론적 단절 118, 119, 121, 122, 247, 253, 262

일반상대성이론 97

임금 21~23, 106, 124, 126

임금노동자 126

입체주의 68, 69

잉여가치 22, 23

ㅈ

자기 동일성 103, 171, 328

자기비판 150

자기소외 174

자본가 21~23, 75, 76, 126, 236, 252, 309

《자본론》 24, 247, 323, 324

자본주의 21, 23, 24, 75, 76, 78, 105, 106, 111, 121, 125~131, 156, 158, 161, 162, 201, 205, 206, 236, 247, 267, 269, 280~282, 307, 310, 323

자유 109, 125, 126, 128, 129, 174, 197, 205, 208, 212~214, 217~221, 270

자유방임 105, 106

잠재의식 39, 40

장기 지속 192~194, 197, 199

전설 232, 233

전의식 39, 40

《젊은 베르테르의 슬픔》 299

정신분석학 43~45, 55, 167, 168, 189, 227, 244, 250, 278, 289

《정치경제학 비판 요강》 156, 310

정치혁명 160, 162, 164

제정러시아 71, 74
존 리드 117
존재근거 213, 214, 216, 217, 220
《존재와 무》 220
좌파 237, 238, 338
중력장 97~99
중성자 117, 178
즉자 존재 214, 218, 220
지배계급 161, 162, 339
지식 16, 28, 29, 53, 63, 65, 118, 119, 173, 177, 179, 205, 256, 263, 271~273, 287~297
진리 27~32, 58, 67, 86, 97, 100, 153, 185, 243, 246, 249~251, 277, 287, 288, 293, 296, 319, 325~327
집단 무의식 84~87, 89, 336

ㅊ

《차라투스트라는 이렇게 말했다》 35
차연 327~330
채드윅 117
천동설 258, 289
《철학적 탐구》 146
초실재 305, 306
초자아 42
총체성 128, 129, 131

최면술 39

ㅋ

카를 리프크네히트 75
칸트 17, 25~27, 61, 65, 66, 92, 154, 261, 267, 334
케인스 75, 104~111
콘텍스트 50, 51, 150, 293
쿤 255~257, 260~263
키르케고르 213

ㅌ

타자 175~177, 285, 295, 296, 298, 315
텍스트 50, 51, 150, 293
토머스 모어 132
통시성 54, 57
투명 인간 133, 134, 138
트로츠키 78
트루베츠코이 227
특수상대성이론 96, 97, 110

ㅍ

파롤 48~51, 56
판단중지 66, 68

한눈에 읽는 현대 철학

초판 1쇄 발행일 1997년 1월 10일
개정판 1쇄 발행일 2012년 5월 29일
개정판 5쇄 발행일 2023년 5월 8일

지은이 남경태

발행인 김학원
발행처 (주)휴머니스트출판그룹
출판등록 제313-2007-000007호(2007년 1월 5일)
주소 (03991) 서울시 마포구 동교로23길 76(연남동)
전화 02-335-4422 **팩스** 02-334-3427
저자·독자 서비스 humanist@humanistbooks.com
홈페이지 www.humanistbooks.com
유튜브 youtube.com/user/humanistma **포스트** post.naver.com/hmcv
페이스북 facebook.com/hmcv2001 **인스타그램** @humanist_insta
편집주간 황서현 **기획** 최윤영 박상경 김희은 **편집** 임미영 **디자인** 김태형
스캔·출력 희수 com. **조판** 새일기획 **용지** 화인페이퍼 **인쇄** 청아디앤피 **제본** 민성사

ⓒ 남경태, 2012

ISBN 978-89-5862-498-1 03100

- 이 책은 저작권법에 따라 보호받는 저작물이므로 무단 전재와 무단 복제를 금합니다.
- 이 책의 전부 또는 일부를 이용하려면 반드시 저자와 (주)휴머니스트출판그룹의 동의를 받아야 합니다.
- 이 책에 쓰인 이미지는 정해진 절차에 따라 저작권자의 허락을 받아 사용했습니다. 게재 허락을 받지 못한 이미지에 대해서는 저작권자가 확인되는 대로 게재 허락을 받고 통상적인 기준의 사용료를 지불하겠습니다.

패러다임 122, 256~258, 260~263, 315
포스트모더니즘 35, 265, 266, 272, 274, 320
포스트모던 266, 274
폭력혁명 162
표절 321~323
푸코 216, 287~298
프로이트 38~45, 54~57, 81, 82, 84~86, 89, 167~169, 175~177, 187, 224, 226, 227, 248, 267, 285, 317
프롤레타리아트 74, 127~131, 269, 309, 332
프리모던 266
프톨레마이오스 258, 259
플라톤 82, 116, 246, 278, 334
플랑크 180~182
플로지스톤 260, 261
피지배계급 128, 130, 131, 161, 237, 339
피투성 220

학제적 198, 199
합성의 오류 109
해체 32, 34, 52, 99, 101, 103, 137, 215, 271, 319, 320, 324, 326, 328~330
허위의식 243, 248, 250, 251, 253
헤게모니 157, 161, 162
헤겔 34, 88, 89, 249, 267, 270, 274, 333
혁명 52, 76~79, 101, 130, 157~164, 167, 182, 237, 254, 258, 260, 261, 307~309, 339
현상학 67, 69, 137, 143, 213, 215, 216, 221
현존재 135
후설 59, 61~69, 137, 143, 213, 215, 296, 315
흄 32, 67, 214, 215, 283
히틀러 206, 209

ㅎ

하버마스 312, 314, 315~320
하이데거 134~143, 187, 209, 213, 224, 226, 314, 315, 329
하이젠베르크 33, 101, 117, 179, 185, 187, 188